国家出版基金项目
NATIONAL PUBLICATION FOUNDATION

欧亚历史文化文库

总策划 张余胜

兰州大学出版社

田作畜牧

—— 公元前2世纪至公元7世纪前期西域绿洲农业研究

丛书主编 余太山

李艳玲 著

图书在版编目（ＣＩＰ）数据

田作畜牧 ：公元前2世纪至公元7世纪前期西域绿洲
农业研究 / 李艳玲著. -- 兰州 ：兰州大学出版社，
2014.8
（欧亚历史文化文库 / 余太山主编）
ISBN 978-7-311-04544-9

Ⅰ．①田… Ⅱ．①李… Ⅲ．①西域－绿洲－农业－研
究－古代 Ⅳ．①F329

中国版本图书馆CIP数据核字(2014)第207453号

策划编辑　施援平
责任编辑　施援平　王淑燕
装帧设计　张友乾

书　　名　田作畜牧
　　　　　　——公元前 2 世纪至公元 7 世纪前期西域绿洲农业研究
丛书主编　余太山
作　　者　李艳玲　著
出版发行　兰州大学出版社　（地址:兰州市天水南路 222 号　730000)
电　　话　0931-8912613(总编办公室)　0931-8617156(营销中心)
　　　　　　0931-8914298(读者服务部)
网　　址　http://www.onbook.com.cn
电子信箱　press@lzu.edu.cn
印　　刷　天水新华印刷厂
开　　本　700 mm×1000 mm　1/16
印　　张　18(插页 2)
字　　数　242 千
版　　次　2014 年 10 月第 1 版
印　　次　2014 年 10 月第 1 次印刷
书　　号　ISBN 978-7-311-04544-9
定　　价　54.00 元

（图书若有破损、缺页、掉页可随时与本社联系）
淘宝网邮购地址:http://lzup.taobao.com

出 版 说 明

　　随着 20 世纪以来联系地、整体地看待世界和事物的系统科学理念的深入人心，人文社会学科也出现了整合的趋势，熔东北亚、北亚、中亚和中、东欧历史文化研究于一炉的内陆欧亚学于是应运而生。时至今日，内陆欧亚学研究取得的成果已成为人类不可多得的宝贵财富。

　　当下，日益高涨的全球化和区域化呼声，既要求世界范围内的广泛合作，也强调区域内的协调发展。我国作为内陆欧亚的大国之一，加之 20 世纪末欧亚大陆桥再度开通，深入开展内陆欧亚历史文化的研究已是责无旁贷；而为改革开放的深入和中国特色社会主义建设创造有利周边环境的需要，亦使得内陆欧亚历史文化研究的现实意义更为突出和迫切。因此，将针对古代活动于内陆欧亚这一广泛区域的诸民族的历史文化研究成果呈现给广大的读者，不仅是实现当今该地区各国共赢的历史基础，也是这一地区各族人民共同进步与发展的需求。

　　甘肃作为古代西北丝绸之路的必经之地与重要组

成部分,历史上曾经是草原文明与农耕文明交汇的锋面,是多民族历史文化交融的历史舞台,世界几大文明(希腊—罗马文明、阿拉伯—波斯文明、印度文明和中华文明)在此交汇、碰撞,域内多民族文化在此融合。同时,甘肃也是现代欧亚大陆桥的必经之地与重要组成部分,是现代内陆欧亚商贸流通、文化交流的主要通道。

基于上述考虑,甘肃省新闻出版局将这套《欧亚历史文化文库》确定为2009—2012年重点出版项目,依此展开甘版图书的品牌建设,确实是既有眼光,亦有气魄的。

丛书主编余太山先生出于对自己耕耘了大半辈子的学科的热爱与执著,联络、组织这个领域国内外的知名专家和学者,把他们的研究成果呈现给了各位读者,其兢兢业业、如临如履的工作态度,令人感动。谨在此表示我们的谢意。

出版《欧亚历史文化文库》这样一套书,对于我们这样一个立足学术与教育出版的出版社来说,既是机遇,也是挑战。我们本着重点图书重点做的原则,严格于每一个环节和过程,力争不负作者、对得起读者。

我们更希望通过这套丛书的出版,使我们的学术出版在这个领域里与学界的发展相偕相伴,这是我们的理想,是我们的不懈追求。当然,我们最根本的目的,是向读者提交一份出色的答卷。

我们期待着读者的回声。

总　序

　　本文库所称"欧亚"(Eurasia)是指内陆欧亚,这是一个地理概念。其范围大致东起黑龙江、松花江流域,西抵多瑙河、伏尔加河流域,具体而言除中欧和东欧外,主要包括我国东三省、内蒙古自治区、新疆维吾尔自治区,以及蒙古高原、西伯利亚、哈萨克斯坦、乌兹别克斯坦、吉尔吉斯斯坦、土库曼斯坦、塔吉克斯坦、阿富汗斯坦、巴基斯坦和西北印度。其核心地带即所谓欧亚草原(Eurasian Steppes)。

　　内陆欧亚历史文化研究的对象主要是历史上活动于欧亚草原及其周邻地区(我国甘肃、宁夏、青海、西藏,以及小亚、伊朗、阿拉伯、印度、日本、朝鲜乃至西欧、北非等地)的诸民族本身,及其与世界其他地区在经济、政治、文化各方面的交流和交涉。由于内陆欧亚自然地理环境的特殊性,其历史文化呈现出鲜明的特色。

　　内陆欧亚历史文化研究是世界历史文化研究中不可或缺的组成部分,东亚、西亚、南亚以及欧洲、美洲历史文化上的许多疑难问题,都必须通过加强内陆欧亚历史文化的研究,特别是将内陆欧亚历史文化视做一个整体加以研究，才能获得确解。

中国作为内陆欧亚的大国，其历史进程从一开始就和内陆欧亚有千丝万缕的联系。我们只要注意到历代王朝的创建者中有一半以上有内陆欧亚渊源就不难理解这一点了。可以说，今后中国史研究要有大的突破，在很大程度上有待于内陆欧亚史研究的进展。

古代内陆欧亚对于古代中外关系史的发展具有不同寻常的意义。古代中国与位于它东北、西北和北方，乃至西北次大陆的国家和地区的关系，无疑是古代中外关系史最主要的篇章，而只有通过研究内陆欧亚史，才能真正把握之。

内陆欧亚历史文化研究既饶有学术趣味，也是加深睦邻关系，为改革开放和建设有中国特色的社会主义创造有利周边环境的需要，因而亦具有重要的现实政治意义。由此可见，我国深入开展内陆欧亚历史文化的研究责无旁贷。

为了联合全国内陆欧亚学的研究力量，更好地建设和发展内陆欧亚学这一新学科，繁荣社会主义文化，适应打造学术精品的战略要求，在深思熟虑和广泛征求意见后，我们决定编辑出版这套《欧亚历史文化文库》。

本文库所收大别为三类：一，研究专著；二，译著；三，知识性丛书。其中，研究专著旨在收辑有关诸课题的各种研究成果；译著旨在介绍国外学术界高质量的研究专著；知识性丛书收辑有关的通俗读物。不言而喻，这三类著作对于一个学科的发展都是不可或缺的。

构建和发展中国的内陆欧亚学，任重道远。衷心希望全国各族学者共同努力，一起推进内陆欧亚研究的发展。愿本文库有蓬勃的生命力，拥有越来越多的作者和读者。

最后，甘肃省新闻出版局支持这一文库编辑出版，确实需要眼光和魄力，特此致敬、致谢。

余太山

2010 年 6 月 30 日

目　录

绪　论

　　农业是人类衣食之源、生存之本,是社会经济发展的基础。农业生产是人类在特定地域内有意识地利用动植物体生理机能的过程,又是在一定社会生产方式下进行的经济生产活动。这就决定了农业生产具有地域差异性与历史延续性的双重特点。因地域差异而形成的各个农业区,有着各自不同的发展兴衰历程,共同构成了我国古代农业发展的历史。而西域,即古代新疆,具有典型的干旱环境,绿洲是当地居民繁衍生息的主要场所,在西北干旱区中最具代表性。西域又是古代东西交通之冲要,东西文明交流之枢纽,民族与文化的变迁融合异常频繁,形成了独具特色的绿洲文明。该地区在地理环境与历史文化面貌上皆有别于中原农业区。开展西域绿洲农业研究,无疑将有助于认识我国农业历史发展的多样性与不平衡性,在此基础上可以推动对我国古代农业整体发展历史的深入研究,并丰富和完善西域历史乃至整个中国历史的研究。

　　绿洲作为一种独特的生态地理景观,是"天然降水稀少的荒漠区局部地域,因外来补给具一定水资源而形成的绿色植被密集、动物繁多、人类活动集中的区域",[1]在世界各地的荒漠多有分布。面对荒漠化加剧与绿洲面积缩小的趋势,强化绿洲和绿洲地带的生态环境研究成为学术界的共识,绿洲荒漠化现象已是当代社会可持续发展研究中最被关注的课题之一。近年来,国内倡导建立"绿洲学",主张将自然科学与社会科学相结合,对绿洲展开系统全面的研究,为绿洲的现代化建设提供理论基础与实践参考依据。[2] 这需要历史学研究领域贡

---

〔1〕傅小锋:《绿洲经济可持续发展研究》,科学出版社 2008 年第 1 版,第 2 页。

〔2〕黄盛璋主编:《绿洲学研究》,科学出版社 2003 年版。

献相应力量。研究历史时期与西域绿洲自然环境直接相关的农业生产,总结人类改造利用绿洲的经验教训,亦属于绿洲学的研究内容,学术上有助于推动绿洲综合研究的进一步发展;实践上可以为更好地发展今天新疆乃至整个西北地区的绿洲农业生产提供借鉴。

本书以公元前2世纪至公元7世纪前期的西域绿洲农业为研究对象,目前学界与此相关或对此有所涉及的研究成果颇为丰硕,现择要述之。第一类是区域史及区域专史类著作对西域农业的关注。J.哈尔马塔与B. A.李特文斯基分别主编的《中亚文明史》第2、3卷论及西域绿洲的农业生产,其中第2卷明确提出西域绿洲以依存于灌溉的农业、园艺业、畜牧业为经济基础,但没有展开论述。[1] 另有钱云、金海龙等编著的《丝绸之路绿洲研究》一书,[2]对7世纪前期以前西域农业生产有所涉及,但十分简略,且以中原政权进行分期论述,没有全面展现西域农业的生产内容及其动态变迁。

赵俪生主编的《古代西北屯田开发史》[3]与刘光华著《汉代西北屯田研究》[4],专以中原政权在西北地区的屯田为研究对象,后书是前书两汉部分的更为详尽版。两书首先考察屯田背景,其次分区域论述西北地区的屯田地理分布,然后分析屯田的具体经营管理及其作用,书中对包括西域在内的西北屯田开发有较为系统的研究,但部分内容仍可进一步深入探讨。

专以西域为研究对象的,以殷晴《丝绸之路与西域经济——十二世纪前新疆开发史稿》[5]一书为代表。该书是西域经济史研究的集大成之作,以东西文化交流背景下的丝绸之路与西域经济的盛衰嬗变为主线,分原始、汉代、魏晋南北朝、隋唐、唐宋之际五个时段,对12世纪

---

〔1〕〔匈牙利〕J.哈尔马塔主编,徐文堪、芮传明译:《中亚文明史》(第2卷),中国对外翻译出版公司2002年版,第175、183-184页。〔俄〕B. A.李特文斯基主编,马小鹤译:《中亚文明史》(第3卷),中国对外翻译出版公司2003年版,第242-243、261页。

〔2〕钱云、金海龙等编著:《丝绸之路绿洲研究》,新疆人民出版社2010年版,第94-99页。

〔3〕赵俪生:《古代西北屯田开发史》,甘肃文化出版社1997年版,第1-153页。

〔4〕刘光华:《汉代西北屯田研究》,兰州大学出版社1988年版。

〔5〕殷晴:《丝绸之路与西域经济——十二世纪前新疆开发史稿》,中华书局2007年版。

前西域的政治、经济、交通等问题进行研究,力图揭示丝绸之路和西域经济发展与社会政治形势、生态环境的内在关系。书中涉及农业的部分,考察了屯田生产、农业生产结构、土地制度与赋役、生产技术等问题,是目前关于西域农业研究较为深入的论著。但作者未充分注意到西域内部农业生产的地域差异,缺乏对农业生产内容变迁原因的综合考察。

对西域内部某一绿洲或地区进行研究的,以关注精绝、楼兰或鄯善王国、高昌地区为多。艾特武德(Ch. Atwood)根据佉卢文分析了精绝绿洲的经济生产,涉及农业的经营单位、生产关系,以及农业在当地经济结构中的地位等问题。[1] 孟凡人在《楼兰新史》中论及两汉魏晋在楼兰的屯田生产,他根据楼兰汉文文书,较深入分析了魏晋楼兰屯田的地理分布、亩数、管理人员、水利建设等问题。[2] 刘文锁在《沙海古卷释稿》一书中,对鄯善王国的动植物种类、赋役与土地制度有所考察。[3] 长泽和俊的《楼蘭王国史の研究》,[4] 也是以整个鄯善王国为研究对象,书中利用楼兰汉文文书,探讨了魏晋政权在楼兰的屯田机构设置及屯田的经营情况;依据佉卢文书,分析了鄯善王国的畜牧业生产与该国的赋税征收问题。王素的《高昌史稿——交通编》《高昌史稿——统治编》分别关注了吐鲁番盆地的农业品种、西汉中期至西晋时期吐鲁番盆地屯田及屯田官员戊己校尉的问题。[5] 孟宪实的《汉唐文化与高昌历史》,对西汉时期的西域屯田及戊己校尉的设置、麹氏高

〔1〕Ch. Atwood, "Life in Third-fourth Century Cadh'ota: A Survey of information gathered from the Prakrit documents found north of Minfeng(Niyä)", *Central Asiatic Journal*, Vol. 35, No. 3 - 4, 1991.

〔2〕孟凡人:《楼兰新史》,光明日报出版社、新西兰霍兰德出版有限公司1990年版,第140-153页。

〔3〕刘文锁:《沙海古卷释稿》,中华书局2007年版,第82-130、159-173页。

〔4〕長澤和俊:《楼蘭王国史の研究》,雄山阁出版株式会社1996年版,第163-242、355-396页。

〔5〕王素:《高昌史稿——交通编》,文物出版社2000年版,第85-107页;《高昌史稿——统治编》,文物出版社1998年版,第74-104页。

昌国时期的中央机构屯田曹等问题有所新论。[1] 宋晓梅在《高昌国——公元五至七世纪丝绸之路上的一个移民小社会》一书中,简要考察了吐鲁番盆地绿洲的水土资源、动植物资源等,以及当地的精耕细作的耕作技术,并探讨了当地精耕农业引进与内地居民移居高昌的关系。[2] 另有马国荣的《汉唐时期和田地区之经济述略》[3]、尚衍斌的《汉唐时期龟兹经济的几个问题》,[4] 分别简略述及汉唐时期于阗、龟兹绿洲的农业生产。

第二类是针对西域农业的专题研究,国内外学者从不同时段、地域、角度和层面加以探讨。通史性研究,以钮仲勋《历史时期新疆地区的农牧开发》一文为代表。[5] 该文分原始社会至西汉前期、西汉前期至唐前期、唐前期至清前期、清前期至清末期四个阶段论述。文中强调了西域天山南北种植业与畜牧业并举的历史现象及两种生产类型的地域差异、屯田对当地农业开发的巨大推动作用,并考察了生产技术的发展状况。对西域农业进行较长时段研究的论作,主要是张泽咸的《汉唐间西域地区的农牧生产述略》,[6] 文中将西域单独作为一个区域,以中原王朝为分期标准,较详细地梳理了汉唐间西域地区的种植业与畜牧业的生产内容。但钮、张两文未利用已释译出的佉卢文等其他文字资料。另外,吕卓民、陈跃《两汉南疆农牧业地理》一文,[7] 指出两汉时期南疆已形成典型的山前河流绿洲种植业区和山间盆地与山麓草原游牧区,前者以种植业为主,畜牧业为辅,而后者反之,文中还考察了当时的农作物品种。

---

〔1〕孟宪实:《汉唐文化与高昌历史》,齐鲁出版社2004年版,第38-44、48-70、128-132页。

〔2〕宋晓梅:《高昌国——公元五至七世纪丝绸之路上的一个移民小社会》,中国社会科学出版社2003年版,第22-41、128-133页。

〔3〕马国荣:《汉唐时期和田地区之经济述略》,载《新疆历史研究》,1985年第3期。

〔4〕尚衍斌:《汉唐时期龟兹经济的几个问题》,载《新疆师范大学学报》,1989年第4期。

〔5〕钮仲勋:《历史时期新疆地区的农牧开发》,载《中国历史地理论丛》,1987年第1期。

〔6〕张泽咸:《汉唐间西域地区的农牧生产述略》,载《唐研究》(第4卷),北京大学出版社1998年版,第275-318页。

〔7〕吕卓民、陈跃:《两汉南疆农牧业地理》,载《西域研究》,2010年第2期。

有关单纯考察农作物种植业生产的论著,王炳华撰写的《新疆农业考古概述》《从考古资料看新疆古代的农业生产》两文,[1]根据考古资料,主要论述了唐代以前塔里木盆地与吐鲁番盆地的农作物品种、生产工具、水利灌溉及屯田生产等问题。宫崎纯一专门考察8世纪以前的塔里木盆地和吐鲁番盆地的种植业生产,[2]他利用汉文文献与考古资料,按吐鲁番、焉耆、库车、喀什、和田(包括尼雅和楼兰)等地区加以论述,但文中主要限于对各区所种植农作物品种的考察。马国荣在《两汉时期的新疆农业》一文中,[3]分区域探讨了两汉时期整个新疆种植业的生产情况,主要内容包括种植业的生产活动、农作物品种、生产工具与牛耕技术、水利设施、输入中原地区的农产品等。

专门考察畜牧业方面的论作,以殷晴的《新疆古代畜牧业的发展》一文为代表。[4]该文大致根据中原王朝划分时段,论述了公元8世纪以前新疆畜牧业的发展情况。文中较注重量化分析,注意到了新疆畜牧业生产的地域性差异,并指出塔里木盆地与吐鲁番盆地是以种植业为主,兼营畜牧业。文章总体分析较为深入,但一些内容仍有进一步探讨的空间,某些结论也有待商榷。

围绕西域某一地区农业展开研究的,有山本光朗的《"寄田仰谷"考》。[5]该文对《汉书·西域传》中有关塔里木盆地"寄田仰谷"的记载加以详细考述,分析了这种农业经济活动出现的要素及其影响,但文中没有探讨"寄田""仰谷"的具体开展情况。其他更多的成果是对鄯善王国与吐鲁番盆地的研究,这与佉卢文书的释读及吐鲁番文书的出土整理密切相关。钱伯泉依据佉卢文书分析了鄯善王国的土地制

〔1〕王炳华:《新疆农业考古概述》,载《农业考古》,1983年第1期;《从考古资料看新疆古代的农业生产》,载氏著:《西域考古历史论集》,第212－232页。
〔2〕〔日〕宫崎纯一著,白玉美译:《关于八世纪以前的中亚农业问题——以塔里木盆地为中心》,载《农业考古》,1987年第1期。
〔3〕马国荣:《两汉时期的新疆农业》,载《新疆文物》,1992年第1期。
〔4〕殷晴:《新疆古代畜牧业的发展》,载《西域研究》,1993年第4期。
〔5〕山本光朗:《"寄田仰穀"考》,载《史林》,第67卷第6号,1984年。

度,以及在此基础上形成的阶级关系。[1] 王欣在《古代鄯善地区的农业与园艺业》一文中,[2]考察了鄯善王国种植业的经营及其生产技术,并强调葡萄类园艺业的重要性。王欣与常婧合撰的《鄯善王国的畜牧业》,[3]则对鄯善王国畜牧业的经营管理、畜种及其使用等问题加以论述。

关于吐鲁番盆地的农业,以高昌国时期的田制、土地种类、土地租佃经营及相应的赋役问题的研究成果最为宏富。土地制度方面,学者们对麹氏高昌国土地所有权性质及该地有无实行均田制提出了不同观点。[4] 土地种类方面,学者对常田、卤田、石田、部田、泽田、潢田等做出了解释。[5] 土地租佃经营方面,已有成果对北凉至麹氏高昌国时期吐鲁番地区的租田种类与数量、租佃形式、租价支付方式和支付形式及数额、租佃双方的权责及关系、租佃关系发达的原因等一系列问题,有较深入的分析。[6] 在与土地相关的赋役问题上,主要涉及北凉

---

〔1〕钱伯泉:《魏晋时期鄯善国的土地制度和阶级关系》,载《中国社会经济史研究》,1988 年第 2 期。

〔2〕王欣:《古代鄯善地区的农业与园艺业》,载《中国历史地理论丛》,1998 年第 3 期。

〔3〕王欣、常婧:《鄯善王国的畜牧业》,载《中国历史地理论丛》,2007 年第 2 期。

〔4〕参见马雍:《麹斌造寺碑所反映的高昌土地问题》,载氏著《西域史地文物丛考》,文物出版社 1990 年版,第 154 - 162 页。杨际平:《麹氏高昌土地制度试探》,载《新疆社会科学》,1987 年第 3、4 期。卢开万:《麹氏高昌未推行均田制度论》,载《敦煌学辑刊》,1986 年第 1 期。陈国灿:《高昌国的占田制度》,载《魏晋南北朝隋唐史资料》第 11 期,1991 年。吴震:《麹氏高昌国土地形态所有制试探》,载《新疆文物》,1986 年第 1 期。姚崇新:《麹氏高昌王国官府授田制初探》,载中国吐鲁番学学会秘书处编:《中国吐鲁番学学会第一次学术研讨会论文集》(内部资料),乌鲁木齐 1991 年版,第 131 - 147 页。

〔5〕朱雷:《吐鲁番出土北凉赀簿考释》,载氏著:《敦煌吐鲁番文书论丛》,甘肃人民出版社 2000 年版,第 1 - 24 页。池田温:《〈西域文化研究〉第二〈敦煌吐鲁番社会经济资料(上)〉批评と纽介》,《史学雑誌》69 编第 8 号,1960 年。马雍:《麹斌造寺碑所反映的高昌土地问题》。杨际平:《试考唐代吐鲁番地区"部田"的历史渊源》,载《中国经济史研究》,1982 年第 1 期;《再谈麹氏高昌与唐代西州"部田"的历史渊源》,载《中国史研究》,1988 年第 2 期。

〔6〕参见胡如雷:《几件吐鲁番出土文书反映的十六国时期租佃契约关系》,载《文物》,1978 年第 6 期。孔祥星:《唐代前期的土地租佃关系》,载《中国历史博物馆馆刊》,1982 年第 4 期。韩国磐:《从〈吐鲁番出土文书〉中夏田券来谈高昌租佃的几个问题》;杨际平:《麹氏高昌与唐代西州、沙州租佃制研究》,分载韩国磐主编:《敦煌吐鲁番出土经济文书研究》,厦门大学出版社 1986 年版,第 199 - 224 页、第 225 - 292 页。赵文润:《隋唐时期吐鲁番地区租佃制发达的原因》,载《陕西师范大学学报》,1987 年第 1 期。

时期及麹氏高昌时期的赋役制度和种类等内容[1]。至于吐鲁番盆地具体的农业生产活动,宋晓梅考察了高昌郡时期精耕细作的种植业生产技术[2]。吴震以高昌寺院经济为研究主体,较深入地分析了公元7世纪前后吐鲁番地区的农业生产特色,包括亩产量、人均占有土地量、租税、农产品商品率等内容[3]。限于资料,有关吐鲁番盆地畜牧业经济的研究成果不多。魏迎春的《古代高昌地区畜牧业状况管窥》,[4]依据吐鲁番文书,简要论述了畜牧业的经营管理、牲畜饲养技术等问题。

西域屯田向为学界关注的焦点,其中又以两汉时期的屯田为研究重点,涉及两汉在西域屯田原因、地域及其变化、屯田的组织管理系统、屯田意义、屯田特征等[5]。关于其他时期的屯田,伊藤敏雄对楼兰汉文文书所反映的魏晋时期楼兰屯戍机构设置、运转及生产事宜有较为

〔1〕朱雷:《吐鲁番出土文书中所见的北凉"按赀配生马"制度》,载氏著:《敦煌吐鲁番文书论丛》,第25-30页。林日举:《高昌郡赋役制度杂考》,载《中国社会经济史研究》,1993年第2期。程喜霖:《吐鲁番文书中所见的麹氏高昌的计田输租与计田承役》,《出土文献研究》,文物出版社1985年版,第159-174页。郑学檬:《高昌实物田租探讨——〈吐鲁番出土文书〉读后札记》,见韩国磐主编:《敦煌吐鲁番出土经济文书研究》,第113-128页。陈国灿:《对高昌国某寺全年月用帐的计量分析——兼析高昌国的租税制度》,载《魏晋南北朝隋唐史资料》第9、10期,1988年。杨际平:《麹氏高昌赋役制度管见》,载《中国社会经济史研究》,1989年第2期。谢重光:《麹氏高昌赋役制度考辨》,载《北京师范大学学报》,1989年第1期。冻国栋:《麹氏高昌役制研究》,载《敦煌学辑刊》,1990年第1期。關尾史郎:《高昌〈田畝(得·出)銀錢帳〉について》(上、中、下),《吐鲁番出土文物研究会会報》,第64-66号,1991年;《高昌田租試論——二系列の田租を論じて土地制度に及ぶ》,《吐鲁番出土文物研究会会報》第71号,1991年;《トゥルファン出土高昌国税制関係文书の基礎的研究》(一~九),载《人文科学研究》,第84-99辑,1988—1999年。

〔2〕宋晓梅:《吐鲁番出土文书所见高昌郡时期的农业活动》,载《敦煌学辑刊》,1997年第2期。

〔3〕吴震:《7世纪前后吐鲁番地区农业生产的特色——高昌寺院经济管窥》,载殷晴主编:《新疆经济开发史研究》(上),新疆人民出版社1992年版,第43-88页。

〔4〕魏迎春:《古代高昌地区畜牧业状况管窥》,载《敦煌学辑刊》,2000年第1期。

〔5〕韩儒林:《汉代西域屯田与车师伊吾的争夺》,见氏著:《穹庐集——元史及西北民族史研究》,上海人民出版社1982年版,第444-458页。彭慧敏:《两汉在西域屯田论述》,载《新疆大学学报》,1985年第1期。张德芳:《从悬泉汉简看两汉西域屯田及其意义》,载《敦煌研究》,2001年第3期。朱宏斌:《两汉西域屯田及其在中西农业科技文化交流中的作用》,载《中国农史》,2003年第2期。张运德:《两汉时期西域屯垦的基本特征》,载《西域研究》,2007年第3期。李炳泉:《西汉西域渠犁屯田考论》,载《西域研究》,2002年第1期;《西汉西域伊循屯田考论》,载《西域研究》,2003年第2期。李宝通:《两汉楼兰屯戍源流述考》,《简牍学研究》(第1辑),甘肃人民出版社1997年版,第179-183页。

深入细致的研究。[1] 李宝通在《试论魏晋南北朝高昌屯田的渊源流变》一文中,[2]分析了高昌屯田繁盛的原因及屯田性质的演变。松田寿男专门对隋朝屯田伊吾进行了考证。[3]

不少学者专就西域某类或某种农业品种的生产进行研究,殷晴曾对西域的主要果蔬品种及其起源加以考察。[4] 目前果蔬作物类的研究中,有关葡萄的论述最多且较深入,包括西域或其内部某地区葡萄种植的起源、经营管理与葡萄酒税及酿造业等。[5] 经济类作物方面,主要涉及棉花、桑树(包含与之相关的育蚕业)。已有成果对西域棉花的引种时间、来源及种植规模等问题都有分析,但存在诸多争议。[6] 桑蚕业方面的研究,主要关注了西域蚕桑业的传入时间及其在和田、吐鲁番盆地的发展。[7] 谷物方面,卫斯考察了汉唐时期水稻在西域的种植情况,[8]町田隆吉深入分析了6至8世纪吐鲁番盆地谷物一年两

---

〔1〕伊藤敏雄:《魏晋楼蘭屯戍における水利開発と農業活動——魏晋楼蘭屯戍の基礎的整理(三)》,《歴史研究》,第28卷,1991年。

〔2〕李宝通:《试论魏晋南北朝高昌屯田的渊源流变》,载《西北师大学报》,1992年第6期。

〔3〕松田寿男:《伊吾屯田考》,《和田博士古稀記念:東洋史論叢》,講談社1961年版,第871－882页。

〔4〕殷晴:《物种源流辨析——汉唐时期新疆园艺业的发展及有关问题》,载《西域研究》,2008年第1期。

〔5〕陈习刚:《葡萄、葡萄酒的起源及传入新疆的时代与路线》,载《古今农业》,2009年第1期。张南:《古代新疆的葡萄种植与酿造业的发展》,载《新疆大学学报》,1993年第3期。卫斯:《从佉卢文简牍看精绝国的葡萄种植业》,载《新疆大学学报》,2006年第6期。孙振玉:《试析魏氏高昌王国对葡萄种植经济以及租酒的经营管理》,载敦煌吐鲁番学新研究中心、《新疆文物》编辑部编:《吐鲁番学研究专辑》(内部资料),乌鲁木齐1990年版,第218－239页。卢向前:《魏氏高昌和唐代西州的葡萄、葡萄酒及葡萄酒税》,载《中国经济史研究》,2002年第4期。王艳明:《从出土文书看中古时期吐鲁番的葡萄种植业》,载《敦煌学辑刊》,2001年第1期。

〔6〕沙比提:《从考古发掘资料看新疆古代的棉花种植和纺织》,载《文物》,1973年第10期。王炳华:《从考古资料看古代新疆植棉及棉纺织业发展》,见氏著:《西域考古历史论集》,第316－328页。吴震:《关于古代植棉研究中的一些问题》,载新疆吐鲁番地区文物局编:《吐鲁番学研究:第二届吐鲁番学国际学术研讨会论文集》,上海辞书出版社2006年版,第27－36页。刘进宝:《不能对古代新疆地区棉花种植估计过高》,载《中国边疆史地研究》,2005年第4期。

〔7〕魏长洪:《新疆丝绸蚕桑的传入与发展》,载《新疆大学学报》,1979年第1－2期。李吟屏:《和田蚕桑史述略》,载《新疆地方志》,1987年第2期。陈良文:《吐鲁番文书中所见的高昌唐西州的蚕桑丝织业》,载《敦煌学辑刊》,1987年第1期。武敏:《从出土文书看古代高昌地区的蚕丝与纺织》,载《新疆社会科学》,1987年第5期。

〔8〕卫斯:《我国汉唐时期西域栽培水稻疏议》,载《农业考古》,2005年第1期。

熟的复种制与一年一熟单种制的具体内容。[1]

关于西域水利灌溉的研究,王炳华根据考古发现的古代人类遗址、岩画及吐鲁番文书,分析了唐代以前西域的水利建设与管理。[2]钮仲勋从屯田开发的角度对两汉魏晋南北朝时期的新疆水利建设和发展概况进行论述。[3] 黄盛璋着重从水利设施修筑技术方面探讨新疆水利,将其分为中原内地、西面中亚水利技术的传播和发展及本地的创造发明三方面加以分析,并认为坎儿井的修筑技术由中亚传入。[4] 这与先前王国维指出西域的坎儿井源于中原的井渠的观点明显不同。[5] 直至现在,国内外学者对西域坎儿井的起源仍有争论。另外,饶瑞符、陈戈专门考察汉唐时期罗布泊地区米兰的水利灌溉渠系。[6] Arnaud Bertrand 从文化交流角度探讨了精绝王国的水利设施体系。[7] 柳洪亮、町田隆吉依据吐鲁番文书分析了十六国时期高昌郡及 5 世纪后期吐鲁番盆地的水利制度、管理问题。[8]

---

〔1〕町田隆吉:《六～八世紀トゥルファン盆地の穀物生産——トゥルファン出土文書からみた農業生産の一側面》,《堀敏一先生古稀記念:中国古代の国家と民衆》,汲古書院 1995 年版,第 633 - 648 頁。

〔2〕王炳华:《唐代以前西域水利事业》,载氏著:《西域考古历史论集》,第 749 - 769 页。

〔3〕钮仲勋:《两汉时期新疆的水利开发》,载《西域研究》,1998 年第 2 期;《魏晋南北朝时期新疆的水利开发》,载《西域研究》,1999 年第 1 期。

〔4〕黄盛璋:《新疆水利技术的传播和发展》,载《农业考古》,1984 年第 1、2 期。黄先生另有文章详细探讨坎儿井的起源及传播问题,见黄盛璋:《新疆坎儿井的来源及其发展》,载《中国社会科学》,1985 年第 1 期;《再论新疆坎儿井的来源与传播》,载《西域研究》,1994 年第 1 期。

〔5〕王国维:《西域井渠考》,载氏著《观堂集林(附别集)》上,中华书局 1959 年版,第 620 - 622 页。

〔6〕饶瑞符:《米兰古代水利工程与屯田建设》,《干旱区地理》,1982 年第 Z1 期。陈戈:《新疆米兰古灌溉渠道及其相关的一些问题》,载《考古与文物》,1984 年第 6 期。

〔7〕Arnaud Bertrand, "Water Management in Jingjue 精绝 Kingdom: The Transfer of a Water Tank System from Gandhara to Southern Xinjiang in the Third and Fourth Centuries C. E. ", *Sino-Platonic Papers*, 223, 2012.

〔8〕柳洪亮:《十六国时期高昌郡水利考》,载《新疆社会科学》,1985 年第 2 期;《略谈十六国时期高昌郡的水利制度——吐鲁番出土文书研究》,载《新疆大学学报》,1986 年第 2 期;《吐鲁番出土文书中所见十六国时期高昌郡的水利灌溉》,载氏著:《新出吐鲁番文书及其研究》,新疆人民出版社 1997 年版,第 330 - 338 页。町田隆吉:《五世紀吐鲁番盆地における灌溉をめぐって——吐鲁番出土文書の初歩的な考察》,《佐藤博士退官記念:中国水利史論叢》,国書刊行会 1984 年版,第 125 - 151 页。

关于生产工具的研究,王炳华论述了新疆犁耕技术的起源及至新中国成立初的发展进程。[1] 张平曾对新疆砍土镘的出现及演进过程加以梳理。[2]

在现今生态环境问题日益凸显的背景下,绿洲农业开发与生态环境变迁之间的关系已为学者们所注意。以谢丽的《绿洲农业开发与楼兰古国生态环境的变迁》为代表,[3]强调人类农业生产对西域绿洲生态环境恶化乃至消失的影响。

另有其他相关研究成果,在此不一一引述。综合来看,学界有关西域农业方面的研究,尚缺少专门以西域绿洲农业为研究对象者。已有的成果,在研究的地域上,或是整个古代新疆,或是新疆内部某个、某几个绿洲。在研究时限上,短时间段的研究较多,长时间段的研究较少,缺乏对农业开发的动态性关注,研究时段又往往以中原王朝为划分标准。在研究内容上,专题论述较多,并主要集中在农业品种、农业管理、土地制度、赋税制度、生产技术等方面,缺少对农业的整体研究。正因这种专题式研究,研究者多无法将农业放置在社会大系统内加以考察,从而容易导致相应的分析具有孤立性和静态性,得出的结论也难免失之偏颇,甚至错误。对于复杂的、长时段农业发展的研究结果更是如此。本书希冀在前人研究的基础上,将西域绿洲农业置于社会历史整体之中,对公元前2世纪至公元7世纪前期的西域绿洲农业进行较为全面、动态的分析研究。

需要说明的是,《汉书·西域传》界定的西域地理范围是“匈奴之西,乌孙之南。南北有大山,中央有河,东西六千余里,南北千余里。东则接汉,以玉门、阳关,西则限以葱岭”,即今阳关、玉门关以西,帕米尔以东,天山以南,昆仑山、阿尔金山以北地区。但传文实际描述的西域范围是,今玉门关、阳关以西的广大地区,使“西域”有了广、狭二义。[4]

〔1〕王炳华:《新疆犁耕的起源和发展》,载氏著:《西域考古历史论集》,第233 – 243页。

〔2〕张平:《新疆砍土镘农具的产生及其发展》,载《新疆文物》,1989年第1期。

〔3〕谢丽:《绿洲农业开发与楼兰古国生态环境的变迁》,载《中国农史》,2001年第1期。

〔4〕参见余太山:《两汉魏晋南北朝正史西域传要注》,中华书局2005年版,第59 – 60页注1。

之后的正史记录的西域地理范围,也随时代不同而发生变化。考虑到公元7世纪前期唐朝之前的中原政权,在阳关、玉门关以西的核心经营区始终限于狭义的西域范围内,且该地域在自然地理、文化要素、历史进程等方面具有特殊性、连续性及完整性,属于一个独具特色的区域,本书论述的为狭义西域内的绿洲,亦即包括今塔里木盆地、吐鲁番盆地、哈密盆地的绿洲。国内对农业的定义也有广义和狭义之分。狭义的农业仅指种植业,广义的包括种植业和畜牧业。与中原地区以种植业为主的农业生产体系不同,古代西域绿洲的经济生产中,畜牧业占据重要地位,而不是一种附带性的存在。鉴于此,本书所探讨的农业包括种植业和畜牧业两种生产类型。另外,绿洲居民的农业生产一般附有渔猎经济,但因资料有限,书中只间或提及,不做重点论述。

本书在研究体例上,对西域绿洲农业实行分阶段分区域研究。从公元前2世纪到公元7世纪前期,时间跨度长约800年。在这一长时段的历史时期,西域的历史发展具有阶段性。考虑农业发展延续性的同时,书中注意对西域绿洲农业进行分阶段的细致研究。关于阶段划分,本书以西域自身社会历史的发展特征为划分依据,不再只以中原王朝为分期标准。另外,西域地理范围广阔,散布其中的绿洲都处于荒漠地带,具有相对孤立性和封闭性,自然环境与社会环境并不相同,各绿洲的农业因此往往存在地域性差异。书中根据绿洲的自然环境,并主要根据绿洲依存的河流,结合社会环境,将西域内部划分出若干亚区域。通过考察亚区域的农业,充分探讨西域绿洲农业的整体发展状况及特点。

研究内容上,本书拟从四个层面论述西域各个阶段的绿洲农业。一是农业资源;二是农业经营管理;三是农业生产技术;四是农产品贸易。农业资源主要从人口资源、农业品种等方面进行分析。农业经营管理,分官营与私营两种,其中包括官府采取的政策措施、官方与私人经营下的生产结构、经营方式、生产关系等问题。生产技术包括种植业生产技术与畜牧业生产技术两类。农产品贸易粗略分为绿洲(国)内部贸易和绿洲国与外部势力的贸易。在此基础上,注重探讨这四个层

·欧·亚·历·史·文·化·文·库·

面之间的关系,分析西域绿洲农业与自然、社会诸因素之间的相互作用,力图最终揭示公元前 2 世纪至公元 7 世纪前期,西域绿洲农业总的发展趋势及其阶段性特征。

1 西域绿洲农业生产的自然地理环境

农业生产依存于特定的地域进行,以当地的自然地理环境为前提。本章利用相关的文献、考古资料及现代科学考察成果,从与农业密切相关的水、土、气候等方面,简单考察西域绿洲农业生产的自然地理环境。

1.1 地文

西域深处欧亚大陆腹地,四周高山耸立。北有天山横亘,西有帕米尔高原,南有昆仑山与东南的阿尔金山逶迤绵延。天山平均高度在4000米以上,帕米尔高原的一般高度也在5000~5500米,昆仑山平均高约6000米,阿尔金山一般高度在3000~4000米。诸山系环抱着塔里木盆地,仅在盆地东端有宽70千米的缺口,与甘肃河西走廊相连接。该盆地东西长约1500千米,南北最宽处约600千米,中部为面积约33万平方千米的塔克拉玛干沙漠。盆地西南部海拔1200~1400米,向东向北缓倾,最低处位于东部海拔780米的罗布泊洼地。塔里木盆地东北部的吐鲁番盆地与哈密盆地是十分封闭的山间断陷盆地,位于东天山与噶顺戈壁之间,东西长600千米,南北宽约70~80千米。吐-哈盆地整个地势北高南低,吐鲁番盆地的最低处位于艾丁湖,低于海平面154米。哈密盆地的最低处沙尔湖海拔81米。西域由此形成强烈对比的封闭型高山-盆地系统。盆地周围的高山冰雪融水和山洪出山时携带大量泥沙碎屑,在山前形成一系列寸草不生的冲积洪积砾石戈壁滩,其前缘为亚砂土质或砂土质的洪积冲积平原。西域地貌格局从边缘到内部呈现不对称环状(吐-哈盆地为半环状)结构,由外向内大体依次是高山带——砾石戈壁带——洪积冲积平原带——沙漠带。

洪积冲积平原为绿洲分布区。绿洲沿河流以带状形式或斑点状镶嵌在盆地周围和内部,与戈壁沙漠相间分布。[1]

绿洲中的土壤主要是"吐加依"土,其质地是轻沙壤、轻壤,底土中常有细砂和粗砂,富含有机质,透水性好,适于农业耕作。这类土壤分布在河流两岸和洪积冲积扇的扇缘。这些地段地下水位不深,矿化度低,密布胡杨和灰杨林、柽柳等灌丛。绿洲中还有盐土分布,包括盐生草甸土与和盐沼土。盐土的形成与地下水位较高有密切联系。盐生草甸土分布于河漫滩、三角洲与洪冲积扇扇缘地下水溢出带,质地为沙土、沙壤土或轻壤土,适宜芦苇、甘草、罗布麻、骆驼刺及花花柴等植物生长。这类草地具有放牧价值及保护地面生态的重要功能。[2] 盐沼土分布于冲积扇扇缘洼地、扇间积水洼地、大河河漫滩与淡水湖湖滨低地上,土壤盐碱重。盐沼土上面密布的芦苇等沼泽水生植物,亦可用于放牧。[3] 绿洲中复杂多样的土壤及植被分布,为人类发展种植业和畜牧业相结合的农业生产提供了自然条件。

1.2 气候[4]

西域地处暖温带,又深居欧亚大陆腹地,远离海洋。盆地南部及东南部一系列山地阻隔东方太平洋和南方印度洋的海洋气流,西部帕米尔及北部天山阻拦大西洋、北冰洋的气流,导致西域降水量非常少,而蒸发量极大。西域降水量分布不均,其规律是:山地多于盆地,北多于南、西多于东、从西北向东南减少;降水量以夏季最多,其次是春季,多大降水。绿洲所在的盆地中,塔里木盆地北部和西部边缘年降水量为50～70毫米,东部和南部多在50毫米以下,其中东南的且末、若羌一

---

〔1〕有关西域地貌的论述,参见中国科学院新疆综合考察队、中国科学院地理研究所等编著:《新疆地貌》,科学出版社1978年版。

〔2〕樊自立主编:《塔里木河流域资源环境及可持续发展》,科学出版社1998年版,第69页。

〔3〕关于西域绿洲土壤、植被的论述,参见中国科学院新疆综合考察队、中国科学院植物研究所主编:《新疆植被及其利用》,科学出版社1978年版。

〔4〕本部分内容主要参见李江风主编:《新疆气候》,气象出版社1991年版。

带仅 20 毫米左右;吐鲁番盆地降水最少,其中托克逊 1961 至 1980 年平均降水量仅 6.9 毫米。山区中,天山南坡、帕米尔、昆仑山的年降水量一般为 200~300 毫米,少数高山地区可超过 400 毫米,东南部的阿尔金山年降水量在 100 毫米以下。塔里木盆地西部春、夏季降水各占全年的 30%~35%,塔里木盆地北部、阿尔金山北麓及吐-哈盆地,夏季降水占全年的 50% 以上,昆仑山北麓夏季占 40% 左右,春季 30% 左右。山区降水主要集中在夏季,天山南坡夏季降水占全年的 70% 左右,帕米尔和昆仑山占 50%。西域的蒸发量却是山区小于盆地,北小于南,西部小于东部,夏季蒸发量最大。塔里木盆地为 2000~3000 毫米,其中北部的阿克苏河流域为 1900 毫米左右,东南部且末、若羌一带在 2800~2900 毫米之间,东北部吐-哈盆地 3000~4000 毫米。盆地降水量与蒸发量的极大反差,使西域绿洲处在极端干旱的温带荒漠性气候中,且这种干旱气候的性质自历史时期以来没有改变。[1]

与干旱气候相伴随的是空气中水分含量低、云量少,有利于光、热资源积累。光照强度对植物积累有机物质的过程有重要意义。西域全年日照时间的整体分布规律是自东向西、自北往南减少;天山南坡,从盆地到山区的年日照数随高度递减,昆仑山北坡则相反。塔里木盆地北部达 2900~3100 小时,南部为 2600~3000 小时,但盆地西南部不足 2600 小时。吐鲁番盆地全年日照时数超过 3000 小时,哈密盆地更超过 3300 小时。另外,西域的年平均日照百分率在全国属于较大的,多在 60% 以上,吐-哈盆地最大,在 75% 左右。在农作物生长季节的 4—9 月,西域的平均日照百分率普遍大于全年平均值,这对当地农业生产

〔1〕参见夏训诚、樊自立:《关于塔里木盆地环境变化和气候变迁问题》,载夏训诚主编:《罗布泊科学考察与研究》,科学出版社 1987 年版;《中国罗布泊》,科学出版社 2007 年版,第 267 - 327 页。杜忠潮:《中国近两千多年来气候变迁的东西分异及对丝绸之路兴衰的影响》,载《干旱区地理》,1996 年第 3 期,第 50 - 57 页。钟巍、熊黑钢、塔西甫拉提等:《南疆地区历史时期气候与环境演化》,载《地理学报》,2001 年第 3 期,第 345 - 351 页。舒强、钟巍、熊黑钢等:《南疆尼雅地区 4000a 来的地化元素分布特征与古气候环境演化的初步研究》,载《中国沙漠》,2001 年第 1 期,第 12 - 17 页。陈锐:《克里雅河流域全新世绿洲环境变迁》,载《第四纪研究》,2002 年第 3 期。张芸、孔昭宸、阎顺等:《新疆地区的"中世纪温暖期"——古尔班通古特沙漠四厂湖古环境的再研究》,载《第四纪研究》,2004 年第 6 期,第 701 - 707 页。

十分有利。

在气温上,西域的总体情况是:冬季东部冷于西部,盆地中心低于边缘,中低山带有逆温现象;夏季西部略低于东部,盆地中心形成热中心,盆地到山区气温递减现象明显。西域盆地气温年较差大,冬季平均气温多为 -10 至 -20℃,夏季平均气温是 20~30℃。吐鲁番盆地气温最高,可达 39.9℃,素有"火州"之称。春、秋两季气温的月际变化较大,气温多变,对农事安排不利,但春季气温上升快,利于早春播种。盆地内年平均气温日较差亦较大,一般在 14~16℃,夏季大于冬季。这有利于作物体内营养物质的积累,从而对作物生长和发育有利。积温是衡量热量的指标之一。西域的积温分布特征是山地低于盆地,西部低于东部。塔里木盆地与吐-哈盆地 ≥10℃ 持续日数可达 180 天以上,累积温度多在 4000℃ 以上。其中,吐鲁番盆地持续 215 天,累积温度在 4500℃ 以上。山区积温随海拔上升很快减少。另外,西域的无霜冻期从北向南逐渐减少,从盆地到山地逐渐缩短。塔里木盆地与吐-哈盆地的无霜期平均为 200~220 天,最短年 170~200 天,最高的吐鲁番盆平均 270~300 天,最短年 217 天,十分利于农作物的复种。[1]

受地形和气压的影响,西域成为多风区。塔里木盆地西部和西南盛行西北风和西风,其他地区及吐-哈盆地多东北和偏东风。这种东北风和西风的分界线,冬季在尼雅河附近,夏季在克里雅河附近。大风天气在吐-哈盆地和塔里木盆地东部、东南部地区最为频繁,八级以上大风出现日数多,且集中在春夏季节。[2] 清代《回疆风土记》曾描写吐鲁番盆地鄯善东十三间房地区大风:"凡风起皆自西北来,先有声如地震,瞬息风至。屋顶多被掀去,卵大石子飞舞满空。千斤之载重车辆,一经吹倒,则所载之物,皆零星吹散,车亦飞去。独行之人畜,有吹去数十百里之外者,有竟无踪影者。其风春夏最多,秋冬绝少。"[3] 这

[1]参见新疆农业地理编写组:《新疆农业地理》,新疆人民出版社 1980 年版,第 3~9 页。

[2]参见李江风主编:《塔克拉玛干沙漠和周边山区天气气候》,科学出版社 2003 年版。新疆农业地理编写组:《新疆农业地理》,第 173 页。

[3]七十一:《回疆风土记》,中华书局 1936 年版,第 14 页。

种天气在 7 世纪前期以前的文献中也有记载。《魏书》记"且末西北方流沙数百里,夏日有热风为行旅之患……其风迅驶,斯须过尽,若不防者,必至危毙",[1]描述了西域东南部的夏季热风暴天气。《大唐西域记》载于阗"气序和畅,飘风飞埃",[2]显示古代于阗绿洲也多大风扬沙天气。春夏季节正是农作物生长的季节,大风会风蚀土壤,引起沙尘暴,进而可埋没田渠,甚至拔掉幼苗,或使作物倒伏减产,又影响授粉,对农业生产造成严重危害。吐鲁番文书中的土地租佃契约,多写有预灾性的"风破水旱"、[3]"风虫(蟲)贼破"类语句,[4]反映吐鲁番盆地绿洲民众将风灾视为经常性而又无法抵御的天灾。

总体上,绿洲所在的地带光照时间长,有效积温高,无霜冻期长,其丰富的光热资源为农业生产提供了有利条件,但干旱少雨、风沙频繁的气候特点,对农业发展极为不利。

1.3 水文

前已提及西域山区降水相对丰富,盆地内降水尤为稀少。盆地降水对区域内的水资源补给与绿洲农业生产的意义不大。但西域周边的天山、帕米尔高原、昆仑山及阿尔金山山系,在永久积雪线以上有大量冰川和永久积雪。高山冰雪融水及山区降水形成径流,向地势低洼的盆地内部汇集,构成向心水系,并成为绿洲水资源的主体,引河灌溉也就成为绿洲农业生产的前提。《宋云行记》载且末绿洲"土地无雨,决水种麦";山地中的揭盘陁国(今塔利库尔干)"人民决水以种,闻中国田待雨而种,笑曰:'天何由可共期也?'"[5]即反映了西域干旱少雨,只能灌溉以农的情况,明显不同于中原地区。高山融雪与山区降水汇流成的河流年平均流量较稳定,利于农业生产的发展。但这种径流

〔1〕《魏书》卷 102,第 2262 页。
〔2〕玄奘、辩机著,季羡林等校注:《大唐西域记校注》(下),中华书局 2000 年版,第 1001 页。
〔3〕唐长孺:《吐鲁番出土文书》图文版(第 2 册),文物出版社 1994 年版,第 100 页。
〔4〕唐长孺:《吐鲁番出土文书》图文版(第 1 册),文物出版社 1992 年版,第 354 页。
〔5〕杨衒之著,杨勇校笺:《洛阳伽蓝记校笺》,中华书局 2006 年版,第 209、211 页。

的形成具有滞后现象,多集中在夏季,常形成夏汛;初春和冬季径流量小,容易出现春旱。

西域的河流绝大部分属于内流河。《汉书·西域传》记西域"中央有河……其河有两原:一出葱岭山,一出于阗……于阗在南山下,其河北流,与葱岭河合,东注蒲昌海。蒲昌海,一名盐泽者也",[1]简单勾勒出了塔里木河汇集盆地西、南面山地河流的水流,东注蒲昌海即罗布泊的水系概况。西域古今河流水系无疑发生了变迁,现有有关公元7世纪前期以前西域水文的文献,只有《水经注》对塔里木盆地水道进行了系统记述。但该书所载塔里木盆地水道是对官方记载和佛教徒为主的私人记载的机械叠加,存在诸多讹误。[2] 我们只能结合现代考察资料,探寻公元7世纪前期以前孕育西域绿洲的河流水文状况。

上引《汉书》中源出于阗的河流,即今和田河,发源于南部昆仑山。《周书》提到于阗"城东二十里有大水北流,号树枝水,即黄河也。城西十五里亦有大水,名达利水,与树枝俱北流,同会于计戍",[3]明确记载和田河的东西两条支流,分别对应今玉龙喀什河和喀拉喀什河。两支流合流为和田河,向北注入塔里木河。但在20世纪50年代,除洪水季节外,和田河已无水进入塔里木河。和田河年径流总量达39亿立方米。两支流冲积扇砾石带较窄,只有大约十数千米,水流渗漏较少,使绿洲伸向山口深处。冲积扇下部向北至沙漠边缘的大部分地区,地下潜水埋藏较浅,局部地段有地下水溢出。[4] 这使在当地发育的古于阗绿洲水资源较为丰富,《梁书》即称于阗"地多水潦沙石"。[5]

源于西部葱岭山的"葱岭河",即《水经注》之"北河",《大唐西域记》之"徙多河",为今叶尔羌河。叶尔羌河年径流量60亿立方米,流

---

〔1〕《汉书》卷96上,第3871页。

〔2〕余太山:《〈水经注〉卷二(河水)所见西域水道考释》,载氏著:《两汉魏晋南北朝正史西域传研究》,中华书局2003年版,第439-476页。关于《水经注》中所记西域水道与今之水道的比定,亦参见该文,不一一注出。

〔3〕《周书》卷50,第917页。

〔4〕参见中国科学院新疆综合考察队、中国科学院地质研究院、中国科学院新疆分院:《新疆地下水》,科学出版社1965年版,第220-230页。

〔5〕《梁书》卷54,第814页。

域内还有水量较小的提孜那甫河和乌鲁克乌斯塘河,两河年径流量共约 9 亿立方米。三条河流的冲积扇联成辽阔的冲积平原。规模最大的叶尔羌冲积扇仅在最上部极狭窄地段有砾石出露,几乎整个扇带的表面都有细粒土覆盖,[1]古莎车绿洲形成于其上。

《水经注》记"北河""暨于温宿之南,左合枝水。枝水……东南流迳疏勒城下"。[2]枝水为今塔里木盆地西部的喀什噶尔河水系,流经疏勒城,在古温宿绿洲南汇入叶尔羌河,最终注入塔里木河。[3]喀什噶尔河流域由发源于葱岭和北部天山的几条不相连的河流构成,其中最大的河流克孜勒河年径流量达 24 亿立方米,库山河、盖孜河年径流量共 23 亿立方米。各河流冲积洪积扇沿山麓分布,冲积扇中上部的砾石卵石带宽 10~30 公里,但河流在冲积扇中上部切割不深,在这一部位即成网状散开,便于引水灌溉,保证冲积扇的土地得到充分的利用。克孜勒河冲积扇规模最大,且砾石卵石带甚狭,绿洲区几乎占据了整个冲积扇的面积。[4]此即为古疏勒绿洲所在地。

古莎车和古疏勒绿洲面积广阔,田地肥沃,农业生产条件较好。东汉班超力主西域屯田时,就曾指出"莎车、疏勒田地肥广,草牧饶衍,不比敦煌、鄯善间也"。[5]但目前,叶尔羌河与喀什噶尔河流程都已缩短,喀什噶尔河至巴楚断流,不再与叶尔羌河相汇进入塔里木河。叶尔羌河在巴楚以下河道接近断流,只在洪水期间才有水继续向东北流与阿克苏河汇合,流入塔里木河。[6]

按《水经注》记载,叶尔羌河汇流喀什噶尔河后,"又东迳姑墨国南,姑墨川水注之"。自此以东,有"龟兹川"与"敦薨之水"注入"北

〔1〕中国科学院新疆综合考察队、中国科学院地质研究院、中国科学院新疆分院:《新疆地下水》,第 186-200 页。

〔2〕郦道元著,陈桥驿校证:《水经注校证》,中华书局 2007 年版,第 38 页。

〔3〕喀什噶尔河流域并不包括余太山先生所谓的托什干河,托什干河属于阿克苏河的支流。

〔4〕中国科学院新疆综合考察队、中国科学院地质研究院、中国科学院新疆分院:《新疆地下水》,第 173-174 页。

〔5〕《后汉书》卷 47,第 1576 页。

〔6〕参见汤奇成、郭知教、张蕴威:《新疆水文地理》,科学出版社 1966 年版,第 23-24 页。

河"。[1] 姑墨川为今阿克苏河,古姑墨绿洲分布在其冲积平原上。"龟兹川"含东西两川。西川水为今木扎提河－渭干河,出山东南流,分为三支。东川水即今库车河,库车河出山后亦有分支,最后与西川枝水合流注入塔里木河。龟兹东西两川构成今渭干河流域,该地河网密集,古龟兹绿洲在此基础上发展。

按《水经注》记载,龟兹东川水出山后的主流"东南流迳于轮台之东也",东南与西川枝水合流"又东南迳乌垒国南",复东南注入塔里木河。[2] 可见轮台、乌垒等绿洲国处于渭干河流域末端。两绿洲国东至渠犁还有迪那河、阳霞等较小的河流灌溉,这一地区可总称为迪那河流域。[3] 西汉桑弘羊建议屯田渠犁时指出:"故轮台东捷枝、渠犁皆故国,地广,饶水草,有溉田五千顷以上,处温和,田美",[4]说明当地水资源相对充足,适于农业生产。

以上塔里木盆地北部几条河流中,阿克苏河年径流为95亿立方米,渭干河流域的渭干河年径流量30.9亿立方米、库车河年径流量为2.3亿立方米,这两个流域各自形成的冲积扇规模较大。迪那河年径流量2.53亿立方米,加上其他几条小河,总径流量亦不过6.4亿立方米,形成的冲积扇规模较小。这些冲积扇都有延伸较远的砾石带,但其顶部的河床切割不深,河流一出山口即分散流开,对开渠引水和充分利用冲积扇中上部的土地十分有利。[5] 现在渭干河下游已无水流入塔里木河,只有阿克苏河能持续向塔里木河供给水源的河流。

"敦薧之水"即今开都河－孔雀河。《水经注》记其有东西二源,西源分左、右水,使焉者"城居四水之中";东源亦分为二,流于"敦薧之薮"。各"川流所积,潭水斯涨,溢而为海",敦薧之水自海出"迳尉犁

---

〔1〕郦道元著,陈桥驿校证:《水经注校证》,第38－39页。
〔2〕郦道元著,陈桥驿校证:《水经注校证》,第39页。
〔3〕关于迪那河流域的水系构成及下文提到的其总径流量,见中国科学院塔克拉玛干沙漠综合科学考察队:《塔克拉玛干沙漠地区水资源评价与利用》,科学出版社1993年版,第38－39页。
〔4〕《汉书》卷96下,第3916页。
〔5〕中国科学院新疆综合考察队、中国科学院地质研究院、中国科学院新疆分院:《新疆地下水》,第158－172页。

国……又西出沙山铁关谷",西南流,至渠犁(应为"尉犁")国西,又流至尉犁国南。[1] 进而南与"北河"合流,最后向东流注罗布泊。[2] 西源左水为开都河,右水为哈布齐垓河(今乌拉斯台河),东源为清水河。各河流汇聚于敦薨之薮,即博斯腾湖,从湖西南流出者则为孔雀河。开都河作为流域内最大的河流,年径流量达36.6亿立方米,其注入的博斯腾湖为淡水湖,湖面广至980平方千米,湖西有约400平方千米的沼泽。孔雀河年径流量为11.5亿立方米。在开都河的冲积平原北部还有曲惠沟、乌什塔拉河等许多小河流。[3] 开都河-孔雀河流域内地表径流丰富,水网密布,为古焉耆等绿洲所在地。《大唐西域记》载焉耆"泉水交带",[4]《魏书》记焉耆"土田良沃……有鱼盐蒲苇之饶",[5]正是古焉耆绿洲拥有优越自然环境的写照。

上已提到孔雀河与塔里木河合流东注罗布泊,《水经注》记载,汇流之后的河水东经墨山国南,经注宾城南,又东经楼兰城南注入罗布泊;另有阿耨达水即车尔臣河,北经且末城西,又经且末城北,同于阗"南河"合流为注宾河,"东迳鄯善国北",再东注"楼兰海"。[6] 按车尔臣河所汇之于阗"南河"实为塔里木河,楼兰海即罗布泊,则车尔臣河与经墨山国南下的塔里木河的一支流合流,继续东流,注入罗布泊。《汉书·西域传》提到"蒲昌海,一名盐泽者也……广袤三百里。其水亭居,冬夏不增减",[7]显示当时作为终端湖的罗布泊水域辽阔,水源稳定。但因当地地势低洼,为塔里木盆地的积盐中心,在强烈蒸发作用下,罗布泊含盐度高,固有盐泽之称。罗布泊西部及西南地区诸多考古遗迹的发现,证明塔里木河汇流开都河-孔雀河、车尔臣河后注入罗

〔1〕关于敦薨之水出沙山铁关谷后所流经的"渠犁"为"尉犁"之误,见徐松:《汉书西域传补注》,载徐松著,朱玉麒整理:《西域水道记(外二种)》,中华书局2005年版,第474－475页。

〔2〕郦道元著,陈桥驿校证:《水经注校证》,第39－40页。

〔3〕中国科学院新疆综合考察队、中国科学院地质研究院、中国科学院新疆分院:《新疆地下水》,第133－135页。

〔4〕玄奘、辩机著,季羡林等校注:《大唐西域记校注》(上),中华书局2000年版,第48页。

〔5〕《魏书》卷102,第2265页。

〔6〕郦道元著,陈桥驿校证:《水经注校证》,第40、36－37页。

〔7〕《汉书》卷96上,第3871页。

布泊的河道分布密集,交错纵横,该地的绿洲曾有较大规模的开发。20世纪50年代,大西海子水库建成,孔雀河与塔里木河在流经大西海子水库之后完全断流。车尔臣河也不能再与塔里木河相通,无水进入罗布泊。20世纪70年代,罗布泊已完全干涸,沦为一片荒漠。

上述车尔臣河发源于昆仑山东部及阿尔金山,是塔里木盆地东南部最大的河流,因山区降水量少,其年径流量为6.02亿立方米。在且末河东西各有数条小河,东部地区有瓦石峡河、若羌河、米兰河,年径流量分别为0.47、0.84、1.44亿立方米;西部地区多为间歇性小河,有安迪尔河、牙通古孜河,年径流量分别为2.07及0.65亿立方米。且末河及这些小河所形成的冲积洪积扇宽度达60~70千米,北部为冲积平原,是古且末、鄯善等绿洲的分布地。河水在冲积洪积扇处渗失量较大,特别是且末以西的间歇河水,因冲积扇的砾石带宽、坡度缓,河水几乎全部渗失在山麓地带,导致供给绿洲的水源较少。在强烈蒸发的作用下,冲积平原表面有盐壳,土层中含石膏及芒硝结晶体,具有高度荒漠化的特征,尤以今若羌-米兰一带为甚。[1] 正如《汉书》记载,鄯善"乏水草","地沙卤,少田……多葭苇、柽柳、胡桐、白草"。但若羌河等小河流域也存在小块丰美之地,同书记鄯善"国中有伊循城,其地肥美",[2] 即是一例。

《大唐西域记》提到于阗东有媲摩城,自"媲摩川东入沙碛,行二百里,至尼壤城……在大泽中"。[3] 媲摩川是有水流灌注的广袤平野,尼壤城所在的大泽当是尼雅河流域。[4] 根据考古研究,尼雅河最末端绿洲北部28公里的荒漠地区有精绝国遗址,[5] 可知古代尼雅河的流程长于现在。尼雅河西部有较大的河流——克里雅河,该河下游的沙漠

---

〔1〕中国科学院新疆综合考察队、中国科学院地质研究院、中国科学院新疆分院:《新疆地下水》,第231-239页。

〔2〕《汉书》卷96上,第3876、3878页。

〔3〕玄奘、辩机著,季羡林等校注:《大唐西域记校注》(下),中华书局2000年版,第1030页。

〔4〕周连宽:《大唐西域记史地研究丛稿》,中华书局1984年版,第261-274页。

〔5〕于志勇:《关于尼雅聚落遗址考古学研究的若干问题》,载《新疆文物》,2000年第1、2期,第46-56页。

中有 3、4 世纪的喀拉墩遗址群,其西北约 40 公里有更早时期的圆沙古城,[1] 表明古代克里雅河远较今深入沙漠。克里雅河与和田河之间还有策勒河及一些小的间歇河流。和田河流域与叶尔羌河流域之间存在皮山河、桑株河等小河。克里雅河年径流量为 7.01 亿立方米,尼雅河为 1.987 亿立方米,策勒河为 1.214 亿立方米,皮山河与桑株河分别为 3.046、2.568 亿立方米。[2] 这些河流形成的冲积扇砾石带宽达 40~50 公里,使水流大量散失于此,流域内潜水补给来源不丰且埋藏较深,只是在策勒河与克里雅河之间的地区潜水埋藏较浅,形成大片溢出带。[3] 依靠这些河流形成的绿洲面积较小,《汉书》记精绝国"地阸狭"的记载,[4] 恰显示出水资源对绿洲面积的限制。

　　上述发源于塔里木盆地周边山区的河流,随地势向盆地内部汇集。但只有水量较大的和田河、叶尔羌河、喀什噶尔河、阿克苏河、渭干河、开都河－孔雀河,以及盆地东南部的车尔臣河,穿过沙漠,先后汇入塔里木河,逶迤东注罗布泊。其余的克里雅河与策勒河、皮山河、迪那河、若羌河与米兰河、安迪尔河与牙通古孜河、尼雅河等,因水量有限,消失于沙漠中。

　　有关吐－哈盆地的河流水系记载较少。《汉书》提到"车师前国,治交河城。河水分流绕城下,故号交河",[5]《旧唐书》载"交河,水源出县北天山",[6] 指出了吐鲁番盆地交河的水流发源地。吐鲁番盆地源于西北部山区的河流主要有大河沿河、白杨沟、二塘沟、煤窑沟、塔尔

　　[1] 参见新疆克里雅河及塔克拉玛干科学探险考察队:《克里雅河及塔克拉玛干科学探险考察报告》,中国科学技术出版社 1991 年版。李吟屏:《克里雅河末端古遗址踏察简记及有关问题》,载《新疆文物》,1991 年第 1 期,第 54－58 页。新疆文物考古研究所、法国科学研究中心 315 所 中法克里雅河考古队:《新疆克里雅河流域考古调查概述》,载《考古》,1998 年第 12 期,第 28－37 页。
　　[2] 关于克里雅河与策勒河的年径流量,参见中国科学院塔克拉玛干沙漠综合科学考察队:《塔克拉玛干沙漠地区水资源评价与利用》,第 133－134 页表 1.6。
　　[3] 中国科学院新疆综合考察队、中国科学院地质研究院、中国科学院新疆分院:《新疆地下水》,第 220－239 页。
　　[4]《汉书》卷 96 上,第 3880 页。
　　[5]《汉书》卷 96 下,第 3921 页。
　　[6]《旧唐书》卷 40,第 1645 页。

欧·亚·历·史·文·化·文·库

23

郎沟、阿拉沟等,这些河流靠融雪水及山区降水补给,年径流量都较小,总量共为6.65亿立方米,有的河流甚至在冬春季节干枯。河水流出山口后,部分灌溉绿洲,部分沿途渗入戈壁砾石带,转为地下径流,向盆地中心的艾丁湖汇聚。但随着阿拉沟等河流注入水量的减少,艾丁湖几近消失。来自北部山区的地下径流受阻于盆地中部的火焰山,于火焰山北麓造成廻水,形成高水位带或潜水溢出带,溢出带内有许多泉水集为河流。火焰山以北多为砾石戈壁带,只在紧邻火焰山北麓的冲积洪积扇带前缘有绿洲形成;火焰山以南的各个山口则存在大小不等的洪积扇,其下部的冲积平原上分布着绿洲。[1] 但盆地内地表径流总体贫乏,《魏书》记高昌国"地多沙碛……厥土良沃",[2] 即反映了当地有河流滋润的肥美绿洲,同时又有荒漠广布的自然境况。

哈密盆地的河流水系不见于公元7世纪前期以前的文献记载。后修的《元和郡县图志》记伊州伊吾县有"咸池海,在县南三百里。周回百余里。州东北四涧水并南流,至州南七八里合流为一水。侧近皆有良田"。[3] 按伊州治今哈密市附近,咸池海当位于今哈密市南部雅满苏镇的东盐池一带,[4] 东北四涧水即为源于北部天山的河流,包括庙尔沟、榆树沟、石城子河等小河。与唐时四涧水合流为一水不同,目前只有石城子河与榆树沟合流。这些河流及注入盆地的其他河流,多为间歇河,流量甚小,各河的年径流量分别为0.3~0.5亿立方米,汇入盆地的年径流总量为5亿立方米。盆地北部冲积扇砾石带宽度达20~30公里,河流多流出山口不远就全部渗于其上,部分转化为地下水,在冲积扇外缘不少地带以沼泽或泉流形式出现,如哈密市西北及北部一带都有较大的泉流出现,流向盆地中部,[5] 与东北部的石城子河等

---

〔1〕中国科学院新疆综合考察队、中国科学院地质研究院、中国科学院新疆分院:《新疆地下水》,第118-157页。

〔2〕《魏书》卷101,第2243页。

〔3〕李吉甫撰、贺次君点校:《元和郡县图志》,中华书局1983年版,第1029-1030页。

〔4〕关于咸池海的位置,经余太山先生提醒,在此谨致谢忱。

〔5〕中国科学院新疆综合考察队、中国科学院地质研究院、中国科学院新疆分院:《新疆地下水》,第118-157页。

共同灌溉古伊吾绿洲。

西域绿洲处于极端干旱的温带荒漠性气候中,生态环境十分脆弱,农业生产受到极大限制,但丰富的光热资源及向心水系提供给绿洲的稳定水源则成为农业发展的有利条件。在地形地貌、气候和水资源等多种因素的综合影响下,绿洲的自然地理环境存在显著区域性差异。大河流域的自然环境明显优于小河流域,其中以叶尔羌河、喀什噶尔河、阿克苏河、渭干河、开都河－孔雀河、和田河等较大河流流域的绿洲自然生产条件为优,水资源缺乏的若羌－米兰地区及吐－哈盆地较差。总体上呈现北部自然环境优于南部,西部优于东部的格局。

2　公元前2世纪以前西域绿洲农业生产概况

在公元前2世纪末期西汉势力进入西域之前，文献中对西域地区少有记载，但该地区有丰富的考古文化遗存。这一地区尚未发现确切的石器时代遗存，学界根据现有考古遗存，一般认为西域在公元前2000年已进入青铜时代，公元前1000年前后进入早期铁器时代。[1]所以这里主要利用考古资料，简略考察公元前2世纪末期以前这两个阶段西域绿洲农业生产情况。

2.1　公元前2000年至公元前1000年前后的绿洲农业生产

西域东部的罗布泊地区沿孔雀河下游流域，分布着公元前1800年左右的古墓沟墓葬群、铁板河墓地，以及公元前1650—1450年的小河墓地。[2]墓地随葬有牛羊角或牛羊骨，古墓沟墓地一座墓葬随殉的

---

〔1〕学界对西域青铜时代和早期铁器时代的分界，意见不一。在此只采用推定的大概年代，见陈戈：《关于新疆地区的青铜时代和早期铁器时代文化》，载《考古》，1990年第4期，第366－374页。另外，韩建业认为西域在公元前第2千纪末期已进入早期铁器时代偏早阶段，见氏著：《新疆的青铜时代和早期铁器时代文化》，文物出版社2007年版，第122－123页。郭物将公元前9世纪作为两个时代的分界，见氏著：《新疆史前晚期社会的考古学研究》，上海古籍出版社2012年版，第18－27页。

〔2〕王炳华：《孔雀河古墓沟发掘及其初步研究》，载氏著：《西域考古历史论集》，第274－292页。穆舜英：《楼兰古墓地发掘简况》；《楼兰古尸的发现及其研究》，载穆舜英、张平主编：《楼兰文化研究论集》，新疆人民出版社1995年版，第122－126、370－391页。新疆文物考古研究所：《2002年小河墓地考古调查与发掘报告》，《边疆考古研究》（第3辑），科学出版社2004年版，第338－397页。新疆文物考古研究所：《新疆罗布泊小河墓地2003年发掘简报》，载《文物》，2007年第10期，第4－42页。

牛、羊角即多达 26 支。葬具一般用牛、羊皮覆盖包裹,死者的衣物也均是源自牛、羊的皮毛制品。由此足见当地对以牧养牛、羊为主的畜牧业经济的依赖。死者衣物与毡帽、箭杆上多装饰着鸟羽,或帽子上缀伶鼬,以及铁板河墓地出土的鱼骨骸,古墓沟墓地发现的残破渔网,则反映了渔猎经济的重要地位。古墓沟、小河墓地常见随葬数量不多的小麦粒或黍粒,古墓沟墓区出土的一件可用于种植业生产并有长期使用痕迹的木质生产工具,[1]说明该地还有小规模的种植业。古墓沟出土的人骨微量元素含量的分析结果显示居民以肉类食物为主,植物类食物所占比重较小,[2]进一步证实当时罗布泊地区的农业生产是以畜牧业为主、种植业为补充。

至于这一地区的农业生产主体,墓葬出土古尸的体质人类学研究结果表明是欧洲人种,且 mtDNA 分析显示古墓沟墓地居民为单一欧洲人种,属于原始欧洲类型。铁板河墓地干尸也接近原始欧洲人种类型。[3]但小河墓地人群的遗传结构具有东亚人群和欧洲人群的混合特征,其中早期人群是一个东西方混合人群,且其东部欧亚谱系具有高频率低多态性的特点;晚期人群以欧洲成分为主体,同时东亚成分和南亚成分也逐渐增多。这种差异是由人群构成发生改变引起的。另外,小河墓地出土的小麦是西亚来源的六倍体小麦,黍的遗传特征与中国来源的黍完全相同,出土的牛是驯化的黄牛,很可能起源于西部欧亚大陆。[4]这表明罗布泊地区的农业生产是东西方人群扩张、文化交流的结果。

---

〔1〕王炳华:《从考古资料看新疆古代的农业生产》,载氏著:《西域考古历史论集》,第 212 – 232 页。

〔2〕张全超、朱泓、金海燕:《新疆罗布淖尔古墓沟青铜时代人骨微量元素的初步研究》,载《考古与文物》,2006 年第 6 期,第 99 – 103 页。

〔3〕韩康信:《孔雀河古墓沟墓地人骨研究》,载韩康信著:《丝绸之路古代居民种族人类学研究》,新疆人民出版社 1993 年版,第 33 – 70 页。崔银秋、许月、杨亦代等:《新疆罗布诺尔地区铜器时代古代居民 mtDNA 多态性分析》,载《吉林大学学报》,2004 年第 4 期,第 650 – 652 页。王博:《新疆楼兰铁板河女尸种族人类学研究》,载《新疆大学学报》,1994 年第 4 期,第 68 – 71 页。

〔4〕参见 Chunxiang Li, Hongjie Li, Yinqiu Cui, et al., "Evidence that a West-East admixed population lived in the Tarim Basin as early as the early Bronze Age", in *BMC Biology*, 8:15, 2010, pp. 1 – 12. 李春香:《小河墓地古代生物遗骸的分子遗传学研究》,吉林大学博士学位论文,2010 年。

东北部吐－哈盆地中,分布在哈密市天山北路林场和雅满苏矿办事处一带的天山北路墓地,年代约为公元前19—13世纪。随葬的陶器有砂红、灰陶,器形包括单耳或双耳罐、杯、钵等,多平底器。铜器主要是装饰品,另有少量刀、镞、锥、镰、泡、扣等。石器器形有珠、簪、石杵。墓葬中还随葬牛骨、羊骨等,其中以羊骨为多。[1] 根据这些出土物,可知当地存在畜牧业经济。另外,墓地出土人骨的稳定同位素分析结果显示:当地居民的日常饮食中,肉类食物在占相当大的比重,或以羊肉为主。植物类食物的摄入以 C3 类植物为主,很可能来源于小麦;而占比例较小的 C4 植物,应该是糜或粟。[2] 从而不难推测,当时哈密盆地的居民以畜牧业经济为主,辅以种植业。关于当地的农业生产者,墓地出土的古尸在体质特征上分为欧罗巴人种和蒙古人种,在收集的 13 具颅骨中,明显以蒙古人种占据优势。[3] 对墓地人骨的线粒体 DNA 分析也表明,其 mtDNA 谱系欧亚大陆东部和西部谱系共同构成,而以东部谱系为主。[4]

开都河－孔雀河游流域,和硕新塔拉遗址位于新塔拉乡。距今约3500 年的早期遗址出土的陶器多夹砂红、灰褐陶,器形有单耳或双耳罐、杯、钵等。另有石锤、石球、砺石、石杵、石磨盘以及铜制的刀、镞、锥等用具。遗址内还发现大量牛羊骨和已经碳化的粟标本。塔尔奇乡曲惠大队南约 4 公里的戈壁滩上的曲惠遗址的陶器残片所反映的陶器类

〔1〕吕恩国、常喜恩、王炳华:《新疆青铜时代考古文化浅论》,载宿白主编:《苏秉琦与当代中国考古学》,科学出版社 2001 年版,第 179－184 页。常喜恩:《哈密市雅满苏矿、林场办事处古代墓葬》,《中国考古学年鉴 1989》,文物出版社 1990 年版,第 274－275 页。哈密墓地发掘组:《哈密林场办事处、雅满苏矿采购站墓地》,《中国考古学年鉴 1990》,文物出版社 1991 年版,第 330－331 页。

〔2〕张全超、常喜恩、刘国瑞:《新疆哈密天山北路墓地出土人骨的稳定同位素分析》,载《西域研究》,2010 年第 2 期,第 38－43 页。

〔3〕王博、常喜恩、崔静:《天山北路古墓出土人颅的种族研究》,载《新疆师范大学学报》,2003 年第 1 期,第 97－107 页。但魏东等人认为该墓人群由分别具有东西方体质特征的祖先人群混杂融合而成,是处于当时大人种分布过渡地带的过渡人群。见魏东、赵永生、常喜恩等:《哈密天山北路墓地出土颅骨的测量性状》,载《人类学学报》,2012 年第 4 期,第 395－406 页。

〔4〕高诗珠:《中国西北地区三个古代人群的线粒体 DNA 研究》,吉林大学博士学位论文2009 年,第 55－67 页。

型与新塔拉遗址相似,该遗址也采集到石磨盘、石球、石杵等工具。[1]可见当地居民经营畜牧业的同时,兼营种植业。考虑到新塔拉遗址和曲惠遗址出土的生产生活用具类别与上述天山北路墓地大体相似,或可推测这一流域的绿洲居民亦是以畜牧业经济为主。

克里雅河流域的北方墓地与前述小河墓地文化遗存非常相似,有相同的丧葬习俗和墓葬形式,年代当相差不远。该墓地以牛皮包裹棺具,出土的服饰均为皮、毛、毡制品,或缀有羽饰。墓内亦随葬草编小篓,篓里装有食物。古尸都具有欧洲人种特征。[2]可推知该墓地所反映的农业经济形态与小河墓地相同。但该墓地古尸是否同小河墓地出土古尸的遗传结构相同,因尚无 DNA 检测结果,不能断言。当较北方墓地为晚的圆沙北青铜时代遗址,发现的遗物以陶器残片为主,多为夹砂红、灰、红褐色陶片,器形有罐、杯、缸等。还见有石锥、石镞、砺石、石磨盘,以及铜泡、铜镞、铜针、铜刀等。[3]从这些生产生活用具看不出该流域绿洲的农业生产发生了很大变化。

尼雅河流域,尼雅遗址以北地区发现的遗物主要有石器、陶器、铜器等。石器包括磨盘、镰、纺轮、石球、石斧等。陶器多夹砂红、灰陶,不见彩陶,器类有双耳或单耳罐、杯、钵等,且多平底,圜底器极少。铜器中有铜刀、斧。另外还发现了禽类长骨磨制成的骨珠,羊距骨、齿碎片和火烧过的羊骨。[4]则当地也是畜牧业和种植业经济并存,或以畜牧业经济为主,兼营狩猎。

以上几处绿洲遗址和墓葬的考古遗存,反映出公元前 2000 年至公

〔1〕新疆考古所:《新疆和硕新塔拉遗址发掘简报》,载《考古》,1988 年第 5 期,第 399 - 407,476 页。新疆文物考古研究所、新疆维吾尔自治区博物馆:《和硕县新塔拉和曲惠遗址调查》,载《考古与文物》,1989 年第 2 期,第 16 - 19 页。

〔2〕陈一鸣、张迎春:《北方墓地惊现记》,载《南方周末》,2008 年 6 月 12 日 D27 版;《神秘的北方墓地》,载《科学与文化》,2008 年第 11 期,第 22 - 23 页。张迎春、伊弟利斯·阿不都热苏勒:《北方墓地:埋藏在大漠腹地的千古之谜》,载《新疆人文地理》,2009 年第 3 期,第 68 - 75 页。

〔3〕新疆维吾尔自治区文物局编:《新疆维吾尔自治区第三次全国文物普查成果集成:和田地区卷》,科学出版社 2011 年版,第 143 页。

〔4〕张铁男、于志勇:《新疆民丰尼雅遗址以北地区考古调查》,载《新疆文物》,1996 年第 1 期,第 16 - 21 页。岳峰、于志勇:《新疆民丰县尼雅遗址以北地区 1996 年考古调查》,载《考古》,1999 年第 4 期,第 11 - 17 页。

元前1000年前后,在东西方人群及其文明扩张影响下,西域绿洲的农业当是以牧养羊、牛的畜牧业经济为主,种植业和狩猎业并存,种植的农作物包括小麦、黍,或还有粟等。至于农业生产主体,东北部的哈密盆地以蒙古人种占优势,罗布泊地区和克里雅河流域则以欧洲人种占主导地位,其中罗布泊地区曾分布属于原始欧洲人种的古欧洲人类型,后来出现两大人种融合的现象。

2.2 公元前1000年前后至公元前2世纪末期的绿洲农业生产

吐-哈盆地中,地处火焰山前风蚀的沙漠戈壁地带的洋海古墓葬群,延续时代较长,相对早期的年代约为公元前12—3世纪。墓地出土的器物有陶、木、铜、石、骨器等。陶器以彩陶居多,器形有釜、罐、杯、钵、盆、豆等。铜器包括锥、刀、斧、扣、马衔等。木器和骨器分别有木鞭杆、木弓箭、骨制马镳等。整体观之,墓葬内普遍随葬铜刀、带扣、马衔和马镳、马鞭、砺石、弓箭等,常见皮革制品及毡毛织物;并多出土羊头,也见整羊、羊排骨或羊腿、牛头、整马、马距骨、马下颌和马肩胛骨、狗等。这反映了当地畜牧业经济的发达。墓地随葬的植物食品较少,有糜、小麦、青稞等。其中一座墓葬的草篓内盛满大麻籽叶。墓区还出土一条葡萄藤。[1] 经鉴定,青稞、小麦、糜这些作物皆为本地栽培。其中的大麦属青稞,与藏青稞不同,小麦属普通六倍体小麦。这两种作物应起源于西亚,而糜起源于华北,大麻一般被认为起源于中亚地区。葡萄

〔1〕新疆文物考古研究所、吐鲁番地区文物局:《新疆鄯善县洋海墓地的考古新收获》,载《考古》,2004年第5期,第3-7页。新疆吐鲁番学研究院、新疆文物考古研究所:《新疆鄯善洋海墓地发掘报告》,载《考古学报》,2011年第1期,第99-150页。

的发源地则在东地中海沿岸等地区。[1]

公元前5—3世纪的苏贝希遗址及墓地,位于吐峪沟河西岸。房屋遗址及墓地出土的陶器多夹砂红陶,也有彩陶,器形主要是釜、罐、钵、碗、壶等,并有带流杯。石器有石磨盘、石杵、石锤、石斧、纺轮等。木器包括俎、豆、碗、勺、钻木取火器、木箭、鞭杆等。铁器有刀、针、镞、带钩等。死者服饰有羊皮和毛纺织两类。墓地还随葬羊头、烤羊头、羊骨、取火板、骨扣、皮制弓箭袋、马鞍辔、小米和肉块等物品。随葬陶器内多盛放糜类食品,可见糜子是当时居民种植的主要农作物之一。墓中还出土了一件或与种植业生产相关的木铣。[2] 另外,三个桥墓地早期墓葬之间分布着马或骆驼坑,每坑葬一匹整马或马、驼同葬,随葬有陶、铜、铁、木、角器和大量毛、皮、毡制衣物。陶器多夹砂红陶,有一定数量的彩陶,器形主要有单耳罐或杯、壶、盆、钵、碗等。石器中有砺石,铁器包括刀,随葬的木盘和陶钵内常见羊腿和糜谷类食物。[3]

这几处遗址同属苏贝希文化遗存,[4]出土文物总体上反映当时吐鲁番盆地居民的农业生产是以畜牧业为主,兼营种植业和狩猎业。苏

〔1〕蒋洪恩:《吐鲁番洋海墓地植物遗存与古洋海人及环境之间的关系》,中国科学院研究生院博士学位论文2006年,第8—27页。蒋洪恩、李肖、李承森:《新疆吐鲁番洋海墓地出土的粮食作物及其古环境意义》,载《古地理学报》,2007年第5期,第551—558页。蒋洪恩、姚轶峰、李承森:《新疆全新世植物遗存、自然环境和人类活动》,《中国植被演替与环境变迁》(第2卷),凤凰出版传媒集团、江苏科学技术出版社2009年版,第170—212页。对于西域所种植小麦的起源地,王炳华倾向于认为起源于当地。王炳华:《从考古资料看新疆古代的农业生产》,载氏著:《西域考古历史论集》,第215页。

〔2〕吐鲁番地区文管所:《新疆鄯善苏巴什古墓葬》,载《考古》,1984年第1期,第41—50页;《新疆鄯善县苏巴什古墓群的新发现》,载《考古》,1988年第6期,第502—506页。新疆文物考古研究所、吐鲁番地区文管所:《鄯善苏贝希墓群一号墓地发掘简报》,载《新疆文物》,1993年第4期,第1—13页。新疆文物考古研究所:《新疆鄯善县苏贝希考古调查》,载《考古与文物》,1993年第2期,第26—29页。新疆文物考古研究所、吐鲁番地区博物馆:《新疆鄯善县苏贝希遗址及墓地》,载《考古》,2002年第6期,第42—57页。新疆文物考古研究所、吐鲁番地区博物馆:《鄯善县苏贝希墓群三号墓地》,载《新疆文物》,1994年第2期,第20,32页。

〔3〕新疆文物考古研究所等:《新疆鄯善县三个桥古墓葬的抢救清理发掘》,载《新疆文物》,1997年第2期,第1—21页;《新疆鄯善三个桥墓葬发掘简报》,载《文物》,2002年第6期,第46—56页。

〔4〕陈戈:《新疆史前时期又一种考古学文化——苏贝希文化试析》,载宿白主编:《苏秉琦与当代中国考古学》,第153—171页。

贝希墓地和洋海墓地的颅骨与人骨的线粒体 DNA 分析结果显示,该地古代居民由欧洲人种的地中海类型、古欧洲人类型、中亚两河类型及他们的混合类型和蒙古人种共同构成,而以欧洲人种成分占优势,其中又以地中海类型居多,另外还存在欧亚谱系融合的现象。[1]

哈密焉不拉克墓地位于三堡乡焉不拉克村,其延续时代较长,约公元前 1300—565 年。墓地随葬的物品中,陶器大部分是夹砂红陶,彩陶较多,器形主要有单耳罐、单耳杯、钵、豆、壶、双耳罐等,也有带流小杯。石器有石铲、磨石、石臼、石杵等。铜器包括铜刀、铜锥、铜扣、铜镞等。铁器有铁剑残尖、铁刀等。另有骨锥、骨针、骨纺轮和木碗、木桶、木勺、木铲、木纺轮等。墓葬还出土了马、牛、羊、骨,以及不少毛、毡、皮制物。[2] 这些生产生活用具及动物骨骼,显示出该地的农业经济是种植业和畜牧业并存。

哈密五堡墓地,虽然主体年代为公元前 1300—1000 年左右,但其晚期的年代可能同于焉布拉克墓地晚期。墓中随葬器物有陶器、木器、铜器、骨器等,陶器以素面陶为主,彩陶较少,器形包括单耳罐、壶、杯钵等。随葬物品还有糜谷类烤饼残块。此外,死者衣物皆由牛羊皮、毛、毡制成,墓室填土中则有羊骨、牛羊皮毛织物残片、麦草、大麦穗和谷

---

〔1〕陈靓:《鄯善苏贝希青铜时代墓葬人骨的研究》,载《青果集——吉林大学考古系建系十周年纪念文集》,知识出版社 1998 年版,第 237 - 254 页。王博:《吐鲁番盆地青铜时代居民种族人类学研究》,载解耀华主编:《交河故城保护与研究》,新疆人民出版社 1999 年版,第 387 - 395 页。崔银秋、段然慧、朱泓等:《吐鲁番古墓葬人骨遗骸的线粒体 DNA 分析》,《边疆考古研究》(第 1 辑),科学出版社 2002 年版,第 352 - 356 页。崔银秋、张全超、段然慧:《吐鲁番盆地青铜至铁器时代居民遗传结构研究》,载《考古》,2005 年第 7 期,第 83 - 88 页。

〔2〕新疆维吾尔自治区文化厅文物处、新疆大学历史系文博干部专修班:《新疆哈密焉不拉克墓地》,载《考古学报》,1989 年第 3 期,第 325 - 362 页。学界对焉布拉克墓地的具体分期有不同见解,参见陈戈:《略论焉不拉克文化》,载《西域研究》,1991 年第 1 期,第 81 - 96 页。王博、覃大海:《哈密焉不拉克墓葬的分期问题》,载《新疆文物》,1990 年第 3 期,第 30 - 38 页。李文瑛:《哈密焉不拉克墓地单人葬、合葬关系及其相关问题探讨》,载《新疆文物》,1997 年第 2 期,第 23 - 30 页。邵会秋:《新疆史前时期文化格局的演进及其与周邻地区文化的关系》,吉林大学博士学位论文 2007 年,第 60 - 67 页。考虑到该墓地已晚至公元前 6 世纪,这里只将其划归早期铁器时代加以讨论,下面提到的哈密五堡墓地和艾斯克霞尔墓葬也做如此处理。关于哈密五堡墓地与艾斯克霞尔墓地年代的推断,见邵会秋文。

穗,另有两根三角形掘土器和一件木耜见于墓地。[1] 从出土资料看,五堡墓地古代居民兼营畜牧业和种植业,畜牧业经济在当时的农业生产中占据相当的比重,畜种有牛、羊、驴等。[2] 与焉不拉克墓地晚期墓葬年代相近的艾斯克霞尔墓地,位于哈密市五堡乡西南约30公里的南湖戈壁荒漠处,此墓地以南又有同时代的艾斯克霞尔南墓地和居址。两墓地随葬品有陶、木、铜、石、骨、角器和毛织品、皮制品。陶器为夹砂红陶,器形有单耳罐、腹耳壶、单耳杯、钵等。木器包括盘、杯、锨、桶等。铜器有小刀、镞、锥、扣等。石器有臼、砺石等。出土衣物均为羊毛布织物和皮革制品。艾斯克霞尔南墓地还有狗、羊头、羊后肢、面食及弓箭和黄羊角等随葬物品,墓口铺草中发现了谷穗。艾斯克霞尔墓地则有含有粟壳的面饼,而居址遗址内发现较多的石磨盘和石球等遗物。[3]

这些考古遗存同属焉不拉克文化,反映哈密地区总体上也当是以畜牧业经济为主,兼营种植业和狩猎业。[4] 对焉布拉克墓地颅骨的测量分析表明,该墓地的古代居民包含东、西方两个大人种支系成分,东方蒙古人种支系占优势,同时有一部分西方欧罗巴人种支系混居其间,但在较晚期的墓葬中,西方人种支系居民出现的比例有明显增加,并属于原始欧洲人类型。[5] 哈密五堡墓地出土人骨的研究结果显示

〔1〕新疆文物考古研究所:《哈密五堡墓地151、152号墓葬》,载《新疆文物》,1992年第3期,第1-10页。王炳华:《从考古资料看新疆古代的农业生产》,第221页。

〔2〕张成安:《从五堡墓葬出土文物看哈密青铜时代的畜牧业》,载《新疆文物》,1998年第3期,第73-76页。

〔3〕新疆文物考古研究所、哈密地区文物管理所:《新疆哈密市艾斯克霞尔墓地的发掘》,载《考古》,2002年第6期,第30-41页。王永强、党志豪:《新疆哈密五堡艾斯克霞尔南墓地考古新发现》,载《西域研究》,2011年第2期,第134-137页。

〔4〕参见陈戈:《略论焉不拉克文化》。陈戈先生在该文中认为焉不拉克墓地出土地陶器最多,而与畜牧业相关的羊骨和毛织物较少,所以其古代居民主要从事种植业。邵会秋、郭物也认为哈密盆地焉不拉克文化的经济生活是以种植业为主、畜牧为辅,见邵会秋:《新疆史前时期文化格局的演进及其与周邻地区文化的关系》,第67页。郭物:《新疆史前晚期社会的考古学研究》,第446页。但分析属焉不拉克文化的墓地的考古报告,不难发现墓地出土的与当地居民经济生活相关的文物,总体上仍显示畜牧业经济占据主导地位。

〔5〕韩康信:《新疆哈密焉不拉克古墓人骨种系成分研究》,载《考古学报》,1990年第3期,第371-390页。

墓地中蒙古人种形态个体占一部分,但欧洲人种形态个体占多数。[1]可见当时有蒙古人种和欧洲人种共同生活在哈密地区。哈密五堡墓地古人骨的 mtDNA 多态性研究结果进一步证实当地可能存在蒙古人种和欧洲人种混居的现象。[2]

开都河－孔雀河流域,和静察吾呼沟口墓群位于天山南麓普遍发育的戈壁砾石地带,南隔砾石戈壁带与绿洲相连。约公元前10—4世纪的察吾呼沟口一、二、四、五号墓地,随葬品丰富。陶器均为夹砂红陶,器类除大量的带流的罐、杯外,还有单耳罐或杯、釜、带流瓶、壶、钵等。铜器有刀、锥、衔、斧、镞、扣饰。木器包括杯、盘、钻木取火器、弓箭等。骨器有骨镞、骨锥,另有金、银、铁器、砺石等。不少墓葬周围有殉马坑、牛头坑,墓室中多随葬羊骨和毛毡、毛织品。有的陶器内则残存大麦、小麦和粟等食物。[3] 和静拜勒其尔墓地在拜勒其尔村西约3公里处,年代约为公元前8—6世纪,该墓地随葬的大量陶器也是以单耳带流的罐和杯最具特色。墓中普遍随葬羊头、羊距骨、椎骨及马头,另有铜刀、铜锥、铜镞、铁刀、骨马镞、砺石等。[4] 库尔勒市城西的上户乡墓地,随葬数量最多的陶器为夹砂红陶,也以带流器为主。另随葬铁

〔1〕何惠琴、徐永庆:《新疆哈密五堡古代人类颅骨测量的种族研究》,载《人类学学报》,2005年第2期,第102－110页。

〔2〕何惠琴、金建中、许淳等:《3200年前中国新疆哈密古人骨的 mtDNA 多态性研究》,载《人类学学报》,2003年第4期,第329－337页。魏东认为,焉不拉克文化古代居民同时表现出欧罗巴人种和蒙古人种的特点,但与两个人种的典型特征又不尽相同,其作为一个稳定的共同体,可界定为蒙古人种和欧罗巴人种之间的“过渡人种”。见魏东:《新疆焉不拉克文化古代居民人种学研究》,《边疆考古研究》(第8辑),科学出版社2009年版,第317－326页。但这一结论同样体现出焉不拉克文化古代居民祖先来源的多元化。

〔3〕中国社会科学院考古所新疆队、新疆巴音郭楞蒙古自治州文管所:《新疆和静县察吾呼沟口一号墓地》,载《考古学报》,1988年第1期,第75－99页。新疆文物考古研究所、和静县博物馆:《和静县察吾呼沟一号墓地》,载新疆文物考古研究所、新疆维吾尔自治区博物馆编:《新疆文物考古新收获(续)》,新疆美术摄影出版社1997年版,第174－223页。新疆文物考古研究所编著:《新疆察吾呼——大型氏族墓地发掘报告》,东方出版社1999年版。

〔4〕新疆文物考古研究所、和静县民族博物馆:《和静县拜勒其尔石围墓发掘简报》,载《新疆文物》,1999年第3、4期,第30－60,172页。

刀、铁箭镞、砺石、石锥等。墓室中还发现马、牛、羊骨和少量禽骨。[1]

这三处墓地出土遗物反映的是以畜牧业经济为主,并存在种植业和狩猎业的社会经济形态。察吾呼沟口四号墓地出土人骨化学元素的含量分析结果也显示,当地居民以肉类食物为主,植物类食物为辅。但与古墓沟时期居民相比,察吾呼沟口的植物类食物所占比重要高,肉类食物摄入量相对要少。这表明当地古代居民的种植业在农业经济中的比重较罗布泊古代居民增大。[2]另外,对察吾呼沟口四号墓地出土人骨的研究,表明当时察吾呼沟口古代居民是一个欧洲和东亚人种混合的古代群体,表现出欧洲人种性质,且更接近于原始欧洲人类型。[3]

且末河流域,加瓦艾日克墓地南距县城约3公里,该墓地早期墓葬年代为公元前751年至公元前104年。其出土遗物包括夹砂红陶质的带流陶器、木锥、木箭、铜刀、砺石、马头骨、羊骨、毛纺织物等,[4]这些物品多与畜牧业经济相关,表明该地农业生产以畜牧业经济为主。人骨体质形态的研究结果显示,加瓦艾日克古代居民的颅面形态基本表现出欧洲人种的一般特点,且近于原始欧洲人种类型,但也存在一定的形态偏离。[5]对该墓地人骨的线粒体DNA分析证明该地人群也是一个东、西方混合的群体。[6]

迪那河流域的轮台群巴克古墓年代为公元前950—600年,位于轮

---

〔1〕巴音郭楞蒙古自治州文物保护管理所:《新疆库尔勒市上户乡古墓葬》,载《文物》,1999年第2期,第32-40页。

〔2〕张全超、王明辉、金海燕等:《新疆和静县察吾呼沟口四号墓地出土人骨化学元素的含量分析》,载《人类学学报》,2005年第4期,第328-333页。

〔3〕参见新疆文物考古研究所编著:《新疆察吾呼——大型氏族墓地发掘报告》,第299-337页。谢承志、刘树柏、崔银秋等:《新疆察吾呼沟古代居民线粒体DNA序列多态性分析》,载《吉林大学学报》,2005年第4期,第538-540页。

〔4〕中国社会科学院考古研究所新疆队、新疆巴音郭楞蒙古自治州文管所:《新疆且末县加瓦艾日克墓地的发掘》,载《考古》,1997年第9期,第21-32页。

〔5〕张君:《新疆且末县加瓦艾日克墓地人骨的主要研究结论》,《2002年现代人类学国际研讨会论文集》,2002年,第61-63页。

〔6〕徐智:《中国西北地区古代人群的DNA研究》,复旦大学博士学位论文2008年,第95-125页。

台县西北约 18 公里的群巴克乡。墓地随葬陶器、石器、铜器、木器、骨器、铁器及许多毛织物残片等。陶器数量最多,以夹砂红陶为主,并多带流罐和单耳罐。石器主要是砺石和石锥、石磨盘。铜器有刀、镞、扣、马衔等。铁器以小铁刀较多,往往与羊脊椎骨同放一木盘之内,另有铁镰。有些墓室周围埋葬马头、骆驼头或完整的马、狗,有的则埋有马骨、羊骨。墓中发现谷糠类食物,封土中见有夹杂着小麦穗和麦粒的麦草。[1] 墓地还发现了黍(糜)壳残骸。[2] 由这些遗物可知该地兼营畜牧业和种植业。

渭干河流域,拜城县克孜尔墓地年代为公元前 1110—620 年左右,出土器物以陶器数量最多,主要是夹砂红陶,器形包括用于炊煮的带流釜和单耳圆口釜、盆、钵、杯。石质工具有石镰、石磨盘、石斧等,铜器有小铜刀、锥、铜扣等。随葬的陶钵或陶盆内放有羊肋骨和羊腿骨。另外,墓地还发现羊距骨、羊角及其他蹄类动物骨骼。[3] 位于库车县城东郊约 3 公里处的哈拉墩遗址,下层堆积出土的陶器均为夹砂红陶,器类有带耳罐、釜形炊煮器、杯、钵、盆等。石器以石镰数量较多,另有石杵、铲、斧、刀、砺石等用具。骨器多是用兽骨和鸟骨制成的骨锥、骨镞。遗址内还发现了被火烧成焦炭的谷粒等。其中该地与克孜尔墓地出土的石镰、石刀等与费尔干纳盆地的楚斯特文化的相近。[4] 单纯由出土遗物看,该流域绿洲的农业经济形态与上述群巴克古墓所反映的应无多大差别。根据对克孜尔墓葬出土人颅的研究,知当地居民表现出欧洲人种的性质,且更接近地中海类型的东支印度 – 阿富汗类型,但

---

〔1〕中国社会科学院考古研究所新疆队、新疆巴音郭楞蒙古自治州文管所:《新疆轮台群巴克古墓葬第一次发掘简报》,载《考古》,1987 年第 11 期,第 987 – 996 页;《新疆轮台县群巴克墓葬第二、三次发掘简报》,载《考古》,1991 年第 8 期,第 684 – 703,736 页。

〔2〕郭物:《新疆史前晚期社会的考古学研究》,第 447 页。

〔3〕新疆文物考古研究所:《新疆拜城县克孜尔吐尔墓地第一次发掘》,载《考古》,2002 年第6 期,第 14 – 19 页。张平:《拜城县克孜尔水库墓地的考古文化》,载氏著:《龟兹文明——龟兹史地考古研究》,中国人民大学出版社 2010 年版,第 12 – 28 页。

〔4〕黄文弼:《新疆考古发掘报告(1957—1958)》,文物出版社 1983 年版,第 93 – 118 页。张平:《库车哈拉墩下层考古文化比较研究》,载氏著:《龟兹文明——龟兹史地考古研究》,第 80 –96 页。

又与地中海类型存在一定的形态偏离。[1]

喀什噶尔河流域,疏附县的阿克塔拉、温古洛克、库鲁克塔拉和得沃勒克四处遗址应属同一时代,大致在公元前1200至公元前800年左右。[2] 在遗址采集到的遗物主要有石器和陶器。陶器有夹砂褐、灰、红陶,以圜底器占多数,器形主要有罐、钵、盆、釜、杯等。石器包括刀、镰、磨盘、杵、镞、纺轮,以及砺石、石球、石环等。还发现一件小铜刀。[3] 同样,其中的石镰、石刀等同样与费尔干纳盆地的楚斯特文化非常相似。[4] 由这些生产工具或可推测当时该地居民兼营畜牧业和种植业。

阿克苏河流域,喀拉玉尔衮遗址,在阿克苏县城东约60公里处,与阿克塔拉遗址属于同一文化类型。该遗址出土物品主要是陶器碎片,质地有夹砂红、灰、褐陶。另出土似锛、斧状的石器,羊骨和骨锥等。[5] 无疑其农业经济类型与阿克塔拉地区相同。

至此不难发现,迪那河、渭干河、阿克苏河、喀什噶尔河等流域的考古文化遗存,较上述其他考古遗存多见石镰、石刀、石磨盘等,或说明这些绿洲的种植业经济所占比重大于其他一些绿洲。

以上考古资料反映出公元前2世纪末期以前,西域绿洲的畜牧业,除主要饲养羊、牛外,对马的驾驭能力明显增强,牧养大量马匹,这当是

---

〔1〕陈靓、汪洋:《新疆拜城克孜尔墓地人骨的人种学研究》,载《人类学学报》,2005年第3期,第188-197页。张平等人的研究则认为克孜尔墓葬出土的人颅以欧罗巴人种为主,另有少量蒙古人种及趋向两大人种混合类型。见张平、王博:《克孜尔墓出土人颅的种族研究》,载张平著:《龟兹文明——龟兹史地考古研究》,第49-65页。两说虽有所分歧,但皆表明当地人口以欧洲人种类型占绝对优势。

〔2〕关于阿克塔拉文化的年代及下文喀拉玉尔衮遗存类型的归属,参见郭物:《新疆史前晚期社会的考古学研究》,第163-165页。

〔3〕新疆维吾尔自治区博物馆考古队:《新疆疏附县阿克塔拉等新石器时代遗址的调查》,载《考古》,1977年第2期,第107-110页。

〔4〕水涛:《新疆青铜时代诸文化的比较研究——附论早期中西文化交流的历史进程》,载氏著:《中国西北地区青铜时代考古论集》,科学出版社2001年版,第32-36页。

〔5〕新疆维吾尔自治区民族研究所考古组:《阿克苏县喀拉玉尔衮等古代遗址》,载新疆社会科学院考古研究所编:《新疆考古三十年》,新疆人民出版社1983年版,第38-39页。

受逐渐发展起来的欧亚草原游牧文化的强烈影响。[1] 绿洲居民还养有骆驼、驴、狗等牲畜。种植业生产中,种植的农作物有小麦、糜、粟、大麦和麻、葡萄等,生产工具则主要是木器和石器。

另外需要注意的是,红蓝花在西域绿洲的种植。红蓝花,又称红花,文献中也多记作"蓝"。其可用作染料、油料、药物、食料等,具有较高的经济价值。[2] 红蓝花起源于埃及北部和近东地区,印度和中亚成为其继续传播的中转站。[3] 但何时传入西域?文献无明确记载。有学者根据晋代张华《博物志》中记"红蓝花生梁汉及西域,一名黄蓝,张骞所得也";[4] 又《史记索引》引《西河旧事》中记西汉大败匈奴后匈奴歌云:"亡我祁连山,使我六畜不蕃息;失我燕支山,使我嫁妇无颜色。"[5] "燕支"亦作"焉支",与由红蓝花制得的"胭脂"有关。有学者指出红蓝花很可能在张骞通西域之前已由中亚传入我国西北地区,且河西走廊已有较长的栽培历史。[6] 那么据此可推测,公元前2世纪末以前西域绿洲也已普遍种植红蓝花。

总体观之,公元前1000年左右至公元前2世纪末,东、西方不同类型的人群在西域进一步共居融合。整体上仍是欧洲人种占据优势,其中除原始欧洲人种类型外,又出现了地中海东支类型。上述资料显示,东北部哈密地区的蒙古人种的优势地位似乎有所下降,但该地区及吐鲁番地区蒙古人种所占比例仍高于其他绿洲区。在东西人群扩张及

---

〔1〕参见水涛:《论新疆地区发现的早期骑马民族文化遗存》,载氏著:《中国西北地区青铜时代考古论集》,第86-98页。

〔2〕王克孝:《Дх·2168号写本初探——以"蓝"的考证为主》,载《敦煌学辑刊》,1993年第2期,第24-30,15页。

〔3〕赵丰:《红花在古代中国的传播、栽培和应用》,载《中国农史》,1987年第3期,第61-64页。

〔4〕张华撰,范宁校证:《博物志校证》,中华书局1980年版,第137页。

〔5〕《史记》卷110,第2909页。

〔6〕赵丰:《红花在古代中国的传播、栽培和应用》,第62-63页。王至堂:《秦汉时期匈奴族提取植物色素技术考略》,载《自然科学史研究》,1993年第4期,第355-359页。法国学者童丕分析认为张骞把红蓝花从西域带回中原是一个可靠的传说,见Éric Trombert, "Des fleurs rouges en galettes, Une plante tinctoriale dans la chine ancienne: le carthame", *Journal Asiatique*, tome285, no. 2, 1997, pp. 509-547.

文化交流的背景下,绿洲的农业生产以畜牧业经济为主,种植业为辅,兼营狩猎业。[1] 汉文帝四年(前176),匈奴冒顿单于致信汉文帝,言匈奴已"定楼兰、乌孙、呼揭及其旁二十六国,皆以为匈奴。诸引弓之民,并为一家"。[2] 按文中"二十六国"应为"三十六国",概指西域诸政权。[3] 冒顿称"引弓之民,并为一家",说明西汉势力进入西域之前,匈奴认为西域诸政权农业经济形态与自身相类。这也反映当时西域绿洲普遍主要依赖于畜牧业经济,种植业经济仍处于相对次要地位,但根据上述考古资料,可知种植业经济在农业生产中的地位当较上一阶段增强,只是在不同绿洲区所占比重或有所不同。

---

〔1〕郭物对史前晚期西域同外部世界的文化交流以及在此背景下西域经济形态的变化有深入论述。参见氏著:《新疆史前晚期社会的考古学研究》。

〔2〕《史记》卷110,第2896页。

〔3〕见〔日〕松田寿男著,陈俊谋译:《古代天山历史地理学研究》,中央民族学院出版社1987年版,第39-41页。

3 公元前 2 世纪至
公元 1 世纪初西域的绿洲农业

公元前 2 世纪末期,国力充盈的西汉开始与威胁自身统治的匈奴展开对西域的争夺。西汉逐渐确立对西域的统治权,维护各绿洲政权的相对独立。依据《汉书·西域传》记载,西域南道自东向西的绿洲国有罗布泊 – 若羌河流域的鄯善(可能治今若羌县附近的且尔乞都克古城)、[1]且末河流域的且末(治今且末县西南,亦或且末县北 80 公里沙漠中的一座古城遗址)、安迪尔河流域的小宛(应治今安得悦遗址)、尼雅河流域的精绝(治今民丰县北尼雅遗址)、戎卢(治今民丰县附近)、克里雅河流域的扜弥(治今丹丹乌里克遗址)、渠勒(治今策勒 Uzun – Tati 遗址)、和田河流域的于阗(治今约特干遗址)、皮山河流域的皮山(治今皮山县附近)、叶尔羌河流域的莎车(治今莎车县附近)。西域北道东起有车师前国(今吐鲁番西雅尔湖所在)、开都河 – 孔雀河流域的山国(治今 Kizil – sangir 或 Singer)、尉犁(治今夏渴兰旦古城)、危须(治今曲惠古城)、焉耆(治今博格达沁古城)、迪那河流域的渠犁(治今库尔楚南)、[2]乌垒(治今轮台县东北小野云沟附近)、渭干河流域的龟兹(治今库车县东郊的皮郎古城)、阿克苏河流域的姑墨(治今阿克苏附近)、温宿(今乌什一带)、喀什噶尔河流域的疏勒(治今喀什附近)。西汉政府组织内地人员到西域绿洲屯田积谷,与当地土著民众

---

〔1〕关于鄯善及以下绿洲诸国的地望,见余太山:《汉晋正史"西域传"所见西域诸国的地望》,载氏著:《两汉魏晋南北朝正史西域传研究》,第 198 – 253 页。有不同者,另外注出。

〔2〕黄文弼:《塔里木盆地考古记》,科学出版社 1958 年版,第 8 – 9 页。斯坦因指出"渠犁"当包括音其开河从沙雅下端到孔雀河附近的塔里木河河段之间的河床地带。见〔英〕奥雷尔·斯坦因,中国社会科学院考古研究所主持翻译:《西域考古图记》(第 3 卷),广西师范大学出版社 1998 年版,第 706 – 707 页。

一同进行农业生产,直至公元1世纪初中原势力退出而结束。

3.1 绿洲的人口资源及农业品种

3.1.1 绿洲的人口资源

西汉积极经营西域,将其纳入统治之下,对西域人口的记载较为详尽,兹据《汉书·西域传》条列各绿洲国人口如下(表3-1):

表3-1 《汉书》所载西域绿洲国人口数量

政权	户	口	胜兵	户口比	兵户比	兵口比
鄯善国	1570	14100	2912	8.98	1.85	4.84
且末国	230	1610	320	7	1.39	5.03
小宛国	150	1050	200	7	1.33	5.25
精绝国	480	3360	500	7	1.04	6.72
戎卢国	240	1610	300	6.70	1.25	5.37
扜弥国	3340	20040	3540	6	1.06	5.66
渠勒国	310	2170	300	7	0.97	7.23
于阗国	3300	19300	2400	5.85	0.73	8.04
皮山国	500	3500	500	7	1	7
莎车国	2339	16373	3049	7	1.30	5.37
疏勒国	1510	18647	2000	12.35	1.32	9.32
姑墨国	3500	24500	4500	7	1.29	5.44
温宿国	2200	8400	1500	3.8	0.68	5.6
龟兹国	6970	81317	21076	11.67	3.02	3.86
乌垒国	110	1200	300	10.91	2.73	4
渠犁国	130	1480	150	11.38	1.15	9.87
尉犁国	1200	9600	2000	8	1.67	4.8
危须国	700	4900	2000	7	2.88	2.45
焉耆国	4000	32100	6000	8.03	1.5	5.35
山国	450	5000	1000	11.11	2.22	5
车师前国	700	6050	1865	8.64	2.66	3.24

表中绿洲总人口数为 276307 人,[1]其中自鄯善至莎车等南道绿洲人口为 83113 人,北道自车师前国至疏勒等绿洲为 193194 人。北道人口是南道的 2.32 倍,南、北人口规模相差悬殊。南道人口集中在鄯善、扞弥、于阗、莎车等绿洲,共计 69813 人,约占南道 10 个绿洲政权总人口数的 84%;其他 6 国人口仅占 16%,以且末、戎卢、小宛人口为少。北道人口集中在疏勒、姑墨、龟兹、焉耆等绿洲,共计 156564 人,约占北道 11 绿洲国总人口数的 81.04%;其他 7 国人口占 18.96%,而以"于西域为中"的渠犁、乌垒人数为少。

不难发现,绿洲人口主要聚集在地处交通要道的较大型绿洲上。南、北部人口资源较为丰富的的绿洲,按人口数量多少排序依次是龟兹、焉耆、姑墨、扞弥、于阗、疏勒、莎车、鄯善。人口分布与自然环境优劣大体相对应,人口空间分布极不平衡,显示出自然环境对人口资源分布的制约作用。自然生产条件较好的北部绿洲的人口明显多于南部,南部相对于北部,在农业劳动力资源方面明显处于劣势。

至于绿洲居民构成,当以塞种人为主。根据月氏、乌孙曾居于"敦煌祁连间",西迁后游牧于天山以北;阿尔金山及昆仑山北部至帕米尔分布着婼羌与"类氏羌行国",可推测有月氏、乌孙人、婼羌及类氏羌者流寓散居绿洲之中。在匈奴、西汉的经营与角逐下,绿洲中无疑也移入大量匈奴人和汉人。[2] 这些外来人口与当地原有居民相互影响或逐渐融合,为绿洲农业提供了更多的劳动力资源。在种属方面,属于汉代遗存的交河故城沟北一号台地墓地,[3]出土的人骨线粒体 DNA 研究结果显示,交河故城沟北一号台地的居民不是一个同源体,而是一个由大量的欧洲人种的古欧洲人类型、地中海类型、中亚两河类型及他

---

〔1〕当时哈密盆地绿洲区的人口数量不明,但鉴于东部天山南北为车师等小国占据(参见余太山:《汉晋正史"西域传"所见西域诸国的地望》,第 214 - 228 页),另有匈奴势力,哈密绿洲的人口数量当不多。

〔2〕周伟洲:《古代新疆地区的民族及其变迁》,载氏著:《西域史地论集》,兰州大学出版社 2012 年版,第 86 - 91 页。贾丛江:《关于西汉时期西域汉人的几个问题》,载《西域研究》,2004 年第 4 期,第 1 - 8 页。

〔3〕新疆文物考古研究所:《吐鲁番交河故城沟北 1 号台地墓葬发掘简报》,载《文物》,1999 年第 6 期,第 18 - 25 页。

们的混合类型和少量的蒙古人种共同构成的混杂民族,当地人群存在欧亚谱系混合的现象。[1] 且末扎滚鲁克晚至西汉时期的一号墓地二期文化的古尸证实该人群是一个欧亚混合人群,但其中东部欧亚占明显优势,在母系遗传上与现代中亚人群关系密切。[2] 克里雅河流域西汉前后的圆沙古城出土的人骸骨显示其属于欧罗巴大人种,其小人种类型应属印度-阿富汗类型,整体偏向欧洲谱系,该人群种系结构中的蒙古人种成分少于吐鲁番盆地。[3] 仅有的这三条资料,反映当时西域绿洲生活着欧亚混血人群,多具有欧洲人种特征,且包含多种支系类型,但偏东部地区蒙古人种的成分相较其他绿洲区突出。这延续了史前时期绿洲居民种属的地理分布特征。

3.1.2 绿洲的农业品种

《汉书》记载"自且末以往皆种五谷,土地草木,畜产作兵,略与汉同",且末"有蒲陶诸果"。[4] 可知除种植葡萄诸果外,西域绿洲经营的农作物和畜产品种类与中原地区相类。其中的五谷可能只是对粮食作物的泛指,由上章考古资料反映的农作物种类,可知包括穈、粟、麦、麻等。按汉代黄河流域的五谷指穈、粟、麦、麻、豆,[5] 那么绿洲中是否种植豆类作物,文献中没有记载,有关绿洲地域内的考古资料也不见公元4世纪之前的豆类实物。[6] 但考虑到曾有汉人屯戍的居延

〔1〕崔银秋、段然慧、季朝能等:《交河故城古车师人的线粒体DNA分析》,载《高等学校化学学报》,2002年第8期,第1510-1514页。崔银秋、段然慧、朱泓等:《吐鲁番古墓葬人骨遗骸的线粒体DNA分析》。

〔2〕葛斌文、王海晶、谢承志等:《新疆扎滚鲁克古代人群的线粒体DNA分析》,载《吉林大学学报》,2008年第6期,第1206-1210页。

〔3〕高诗珠、崔银秋、杨亦代等:《新疆克里雅河下游圆沙古城古代居民线粒体DNA多态性研究》,载《中国科学》(C辑:生命科学),2008年第2期,第136-146页。

〔4〕《汉书》卷96上,第3879页。

〔5〕沈志忠:《汉代五谷考略》,载《中国农史》,1998年第1期,第104-106页。

〔6〕参见王炳华:《从考古资料看新疆古代的农业生产》,第217页。考古工作者提到苏贝希三号墓地的出土材料反映当地种植黄豆(见新疆文物考古研究所、吐鲁番地区博物馆:《鄯善县苏贝希墓群三号墓地》,载《新疆文物》,1994年第2期,第1-20,32页),但文中缺少详细说明,所以暂不引用。

绿洲出土的汉简中所见农作物有胡豆,[1]当时西域绿洲应同样已有豆类生产。关于当地种植的"葡萄诸果",除葡萄外还有什么果木,尚不十分明确。[2] 上章提及该地区畜牧业经济发达,牧养了大量马匹,而在邻近西域且同为绿洲环境的大宛,"马耆目宿",[3]因而推测在公元1世纪初之前,西域绿洲也已广泛种植苜蓿。

畜产方面,《汉书》称鄯善"有驴马,多橐它"。[4] 考古资料中,且末河流域晚至西汉时期的扎滚鲁克一号墓地和二号墓地的遗存中,有大量羊骨、羊毛、皮制品,并有牛羊角、马骨、骆驼骨骼、狗皮、驴皮等。[5] 吐鲁番盆地交河沟北一号台地墓地,应为西汉时期的墓葬的中心墓室周围附有大量殉马、殉驼坑,内殉马(驼)20~30 余匹(峰)不等,墓地还出土了大量马具,羊骨和羊毛织物。[6] 扜弥绿洲所在的克里雅河流域,当为西汉前后的圆沙古城遗址出土的家畜骨骼数量以羊牛骆驼最多,其次是马、驴、狗,还有少量猪骨。[7] 可见这一阶段西域绿洲的牲畜种类与上一阶段相比没有太大变化,包括羊、牛、马、骆驼、驴、狗等,似乎只是多出猪这一畜种。但目前尚不能断定公元前2世纪

---

[1]何双全:《居延汉简所见汉代农作物小考》,载《农业考古》,1986 年第 2 期,第 252 – 255,266 页。

[2]距今约 2200—2050 年的吐鲁番胜金店墓地出土了黑果枸杞,见新疆吐鲁番学研究院:《新疆吐鲁番胜金店墓地 2 号墓发掘简报》,载《文物》,2013 年第 3 期,第 20 – 24 页。

[3]《汉书》卷 96 上,第 3894 页。

[4]《汉书》卷 96 上,第 3876 页。

[5]阿合买提·热西提:《且末县扎洪鲁克墓地发掘概况》;何德修:《且末县扎洪鲁克古墓葬清理简报》,载穆舜英、张平主编:《楼兰文化研究论集》,第 170 – 174、175 – 191 页。新疆维吾尔自治区博物馆、巴音郭楞蒙古自治州文物管理所、且末县文物管理所:《新疆且末扎滚鲁克一号墓地发掘报告》,载《考古学报》,2003 年第 1 期,第 89 – 136 页。新疆博物馆考古部、巴音郭楞蒙古自治州文物管理所等:《且末扎滚鲁克二号墓地发掘简报》,载《新疆文物》,2002 年第 1、2 期,第 1 – 21 页。

[6]交河故城保护修缮办公室:《交河故城——1993、1994 年度考古发掘报告》,东方出版社 1998 年版,第 15 – 74 页。

[7]伊弟利斯·阿布都热苏勒、张玉忠:《1993 年以来新疆克里雅河流域考古述略》,载《西域研究》,1997 年第 3 期,第 39 – 42 页。新疆文物考古研究所、法国科学研究中心 315 所、中法克里雅河考古队:《新疆克里雅河流域考古调查概述》,载《考古》,1998 年第 12 期,第 28 – 37 页。马鸣、Sebastien Lepetz、伊弟利斯·阿布都热苏勒等:《克里雅河下游及圆沙古城脊椎动物考察记录》,载《干旱区地理》,2005 年第 5 期,第 638 – 641 页。

末之前绿洲内没有饲养猪畜。另由外国胡人嘲笑习汉家礼仪的龟兹王曰:"驴非驴,马非马,若龟兹王,所谓嬴也。"[1]或可推测当时绿洲内已牧养骡畜。

以上只是见于文献记载和考古资料的农业品种,当时西域绿洲实际拥有的农业品种或远较此丰富。

3.2 城郭田畜——绿洲国的农业生产

《汉书》称"西域诸国大率土著,有城郭田畜,与匈奴、乌孙异俗",[2]意在指明西域的经济生产总体上属于定居的种植业和畜牧业兼营的类型,异于以游牧经济为主的匈奴、乌孙。既言"大率",则有不同,绿洲国的农业生产存在着地域性差异。

鄯善,"王治扜泥城……地沙卤,少田,寄田仰谷旁国……民随畜牧逐水草",[3]该地是以游牧形式的畜牧业经济为主,由"寄田仰谷旁国",可知鄯善民众熟悉种植业,但需借耕邻国田地满足自身对谷物类粮食的需要。"少田"则说明鄯善国内种植业经营规模小,在当地农业经济中起辅助作用。北部的温宿国,"土地物类所有与鄯善诸国同",[4]农业生产结构应同于鄯善。[5] 山国,"民山居,寄田籴谷于焉耆、危须",[6]其农业生产情况也当与鄯善一样,即主要经营畜牧业,并存在少量种植业,因田地有限,需"寄田"旁国。

上述鄯善"寄田仰谷旁国"中的"旁国",应指且末。[7] 除鄯善、山国外,还有叶尔羌河上游流域的蒲犁国(治今塔什库尔干)"寄田莎

---

〔1〕《汉书》卷96下,第3917页。

〔2〕《汉书》卷96上,第3872页。

〔3〕《汉书》卷96上,第3876页。

〔4〕《汉书》卷96下,第3910页。

〔5〕关于鄯善和温宿的农业生产状况,参见余太山:《两汉魏晋南北朝正史"西域传"所见西域诸国的农牧业、手工业和商业》,载氏著:《两汉魏晋南北朝正史西域传研究》,第343-344、347页。

〔6〕《汉书》卷96下,第3921页。

〔7〕徐松:《汉书西域传补注》,第404-405页。

车"，依耐国"寄田疏勒、莎车"。[1] 且末、焉耆、危须、莎车、疏勒既然能够为周邻以畜牧业经济为主的政权提供耕地，其种植业经济无疑相对发达。但根据年代在公元前109年至公元145年之间的察吾呼三号墓地普遍随葬畜产品及出土的大量与畜牧业经济相关的用具，[2]推测公元前2世纪至公元1世纪初开都河－孔雀河流域的焉耆、危须等绿洲政权也是以畜牧业经济为主。

前引"自且末以往皆种五谷，土地草木，畜产作兵，略与汉同"，表明西域南道自且末西至莎车的绿洲也存在相当比重的畜牧业。扎滚鲁克墓地随葬的畜产品、面食和石磨盘；[3]时为约公元前300年至公元前后的和田山普拉早期墓葬随葬羊骨、马骨等牲畜骨骼及大量的毛织品、糜、大麦等谷物粮食；[4]以及前述圆沙古城遗址的遗存，都进一步证实南道绿洲国兼营畜牧业和种植业。而和田河流域的山普拉墓地随葬不少谷物和圆沙古城遗址内发现密布的灌溉渠道、大大小小的窖穴及内出的谷物、石磨盘等，反映出这些绿洲的种植业比重当更大于焉耆、危须等地。结合上章考古遗存资料，或可推测这一时期迪那河、渭干河、阿克苏河、喀什噶尔河、叶尔羌河等流域绿洲政权的农业生产情况近于和田河、克里雅河等流域的绿洲。

至于吐鲁番盆地的车师前国，其自姑师分出。而姑师原本与鄯善前身楼兰都"临盐泽"，[5]参考前述鄯善的农业生产情况，以及前引交河沟北一号台地墓地的考古资料，吐鲁番盆地的车师前国也当主要经

〔1〕《汉书》卷96上，第3883页。
〔2〕中国社会科学院考古研究所新疆队、新疆巴音郭楞蒙古族自治州文管所：《新疆和静县察吾乎沟口三号墓地发掘简报》，载《考古》，1990年第10期，第882－889页。新疆文物考古研究所编著：《新疆察吾呼——大型氏族墓地发掘报告》，第253－271页。
〔3〕新疆维吾尔自治区博物馆、巴音郭楞蒙古自治州文物管理所、且末县文物管理所：《新疆且末扎滚鲁克一号墓地发掘报告》。新疆博物馆考古部、巴音郭楞蒙古自治州文物管理所等：《且末扎滚鲁克二号墓地发掘简报》。
〔4〕新疆维吾尔自治区博物馆：《洛浦县山普拉古墓发掘报告》，载《新疆文物》，1989年第2期，第1－48页；《试谈山普拉古墓反映的几个问题》，载新疆文物考古研究所编：《新疆文物考古新收获(1979—1989)》，新疆人民出版社1995年版，第421－468、470－478页。
〔5〕《史记》卷123，第3160页。

营畜牧业,以种植业为辅。[1]

以上论述显示出绿洲政权虽然皆兼营种植业和畜牧业,但两者在各国经济生产中所占比重不尽相同。《汉书》载西域诸国,"故皆役属匈奴。匈奴日逐王置僮仆都尉,使领西域,常居焉耆、危须、尉黎间,赋税诸国,取富给焉";又称西域诸国"虽属匈奴,不相亲附。匈奴能得其马畜旃罽,而不能统率与之进退"。[2] 可见匈奴向包括各绿洲国在内的西域政权征收的主要是畜产品,这在一定程度上说明西域绿洲国在种植业经济占有重要地位的情况下,总体上仍是以畜牧业经济为主导。

前面提到焉耆、危须、莎车、疏勒、且末等绿洲被近旁政权"寄田"或同时"仰谷",寄田仰谷是指一些以畜牧业经济为主的政权因本国缺少耕地,为满足自身谷物需要,借耕邻近绿洲国土地进行谷物生产,从邻国购买谷物的经济活动。[3] 那么,寄田方就成为绿洲国的外来力量,进行谷物生产,"寄田"则成为绿洲国的一种农业开发方式。

关于西域寄田的具体经营方式,没有直接的资料说明,但"寄田"这一经济活动还存在于不同时代的其他地区,可参之以探讨西域绿洲的寄田。《宋书》记前秦苻坚时期,游牧于朔方塞外的铁佛匈奴卫臣(辰)"入塞寄田,春来秋去。坚云中护军贾雍掠其田者,获牲口马牛羊"。[4]《资治通鉴》也记有此事,称"匈奴刘卫辰遣使降秦,请田内地,春来秋返;秦王坚许之。夏,四月,云中护军贾雍遣司马徐赟帅骑袭之,大获而还。坚怒曰:'朕方以恩信怀戎狄,而汝贪小利以取之,何也!'"[5]另有《新五代史》载五代时期,颇知耕种的奚王去诸之族,"常

<hr/>

〔1〕另参见嶋崎昌:《姑師と車師前·後王國》,载嶋崎昌:《隋唐時代の東トゥルキスタン研究——高昌國史研究を中心として》,東京大學出版會1977年版,第3-58頁。
〔2〕《汉书》卷96下,第3930页。
〔3〕山本光朗:《"寄田仰穀"考》,《史林》,第67卷第6号,1984年,第32-65页。
〔4〕《宋书》卷95,第2331页。
〔5〕《资治通鉴》卷101,晋穆帝升平四年,中华书局1956年版,第3182页。另外,《魏书》卷95第205页记载该事称刘卫辰"遣使求坚,求田内地,春来秋去,坚许之"。周伟洲以为其中的"田"是"畋"的异写,实意为游猎,"春来秋去"即为游牧民族冬夏两季之迁徙。见周伟洲:《十六国夏国新建城邑考》,载《长安史学》(第3辑),中国社会科学出版社2003年版,第13页。但观文意,这一解释有误。

47

採北山麝香、仁参赂刘守光以自托……岁借边民荒地种穄,秋熟则来获,窖之山下"[1]。奚王去诸之族"借边民荒地种穄"也应属于寄田。不难发现,卫辰与奚王去诸之族中的耕作者都没有长久驻于寄田处管理农田,前者是春来秋去;后者所谓"秋熟则来获"当也是先来播种,秋熟时再来收获,然后返回。需要注意的是,前秦云中护军贾雍在夏季袭掠卫辰部的寄田者,得到不少牲畜,说明文中的"春来秋返"是指卫辰部寄田者自春天播种至秋收之前一直带着自己的畜群留在塞内寄田处,与奚王去诸之族一年两度往返寄田区不同。那么西域绿洲国内的寄田经营方式更近于哪一种,还是两种方式并存?按现代民族调查资料,今和静县在新中国成立后有一种自耕的土地经营方式:一些人春季三月份上山放牧之前,叫佃户帮忙犁地,撒上籽种,然后上山;夏季由佃户帮忙浇水,秋季雇人收割(有的自己收割,佃户帮忙)。[2]又如今柯尔克孜族和塔吉克族有人兼营农作物种植业与畜牧业,在春播秋收季节停留在耕作区,农事终了,又去牧区。[3]这两例都是于春秋时节在耕作区,夏季甚或冬季则在牧区,与上述寄田经营方式有相通之处,且明显类于奚王去诸之族。所以,可推测公元前2世纪至公元1世纪初西域绿洲内的寄田经营也是如此,即在春季播种时节,寄田人员到寄田区耕种后返回,秋天再来收获粮食,然后离去。但不全然排除实行类似于卫辰经营方式的可能性,即自春天来播种一直待秋收结束才离开。至于当时的寄田者是否也将自己的畜群带到寄田区,以及是否也实行租佃经营,无从考察。

　　绿洲国如何才会出让土地耕种权给寄田方,文献也没有记载。前引卫辰是在"遣使降秦"的前提下得以寄田塞内,借田耕种的奚王去诸之族"自托"于刘守光,明显都是中原政权以获取相应的政治利益而允许邻近政权耕种。西域绿洲国亦或如此,即在周边政权同意依附自己

---

〔1〕《新五代史》卷74,第909页。

〔2〕中共新疆维吾尔自治区委员会政策研究室等编:《新疆牧区社会》,农村读物出版社1988年版,第401页。

〔3〕《中国少数民族社会历史调查资料丛刊》新疆维吾尔自治区编辑组编:《南疆农村社会》,新疆人民出版社1980年版,第152页。

的情况下,出让部分土地的使用权给对方。另外,奚王去诸之族以麝香、人参贿赂刘守光,后来能够耕种边民田地,一定程度上含有以资财获取土地耕种权的意味。《大唐西域记》对羯盘陀(汉代蒲犁)的记述则明确了这一途径的存在,其文如下:

> 畴垄舄卤,稼穑不滋,既无林树,唯有细草……昔有贾客,其徒万余,橐驼数千,赍货逐利,遭风遇雪,人畜俱丧。时羯盘陀国有大罗汉,遥观见之,愍其危厄,欲运神通,拯斯沦溺。迨来至此,商人已丧,于是收诸珍宝,集其所有,构立馆舍,储积资财,买地邻国,鬻户边城,以赈往来。[1]

结合前文,此处的“邻国”或指乌铩国,即汉代莎车。前引山本光朗文曾用这条材料证明公元前 1 世纪蒲犁、依耐两国恶劣的自然生产环境,以及两国寄田旁国的事实。在此不难注意到,僧人“买地邻国”是为了满足当地对谷物的需求,与上述“寄田”性质相同,被寄田的政权正是通过获得资财出让相应的田地给邻国使用。这也应是公元前 2 世纪至公元 1 世纪初绿洲国让渡自身土地耕种权的重要方法之一。

关于绿洲国的农业生产技术,前述寄田春秋两度往返的经营方式,无疑使绿洲国农田的使用与管理较为粗放。未实行寄田的绿洲国民众耕作本国内的土地是否也是类似的粗放经营,不得而知。另外,上章指出绿洲的农业生产工具主要是石器和木器,结合公元 1—6 世纪左右的且末一号墓地第三期考古遗存出土的木耜,[2] 以及尼雅遗址虽然发现铁镰,但大部分生产工具仍是木制的,[3] 可推测公元前 2 世纪至公元 1 世纪初绿洲国是以木制农具为主要生产工具。至于当时的水利灌溉,前面提到圆沙古城遗址有灌溉渠道分布,法国学者童丕利用这一考古成果,并根据古代中亚和西亚灌溉技术发达的情况,认为西域

〔1〕玄奘、辩机著,季羡林等校注:《大唐西域记校注》(下),中华书局 2000 年版,第 989 页。

〔2〕新疆维吾尔自治区博物馆、巴音郭楞蒙古自治州文物管理所、且末县文物管理所:《新疆且末扎滚鲁克一号墓地发掘报告》。

〔3〕新疆维吾尔自治区博物馆考古队:《新疆民丰大沙漠中的古代遗址》,载《考古》,1961 年第 3 期,第 119 – 122,126 页。

绿洲早在西汉屯田经营之前已存在相当规模的灌溉工程。[1] 而张波认为西域大型水利工程多为汉代屯兵所建,绿洲土著民广泛采用较为原始的撞田灌溉法。这种灌溉方法一般不修渠道,主要依靠夏秋洪水季节进行泛滥浸灌,使土地蓄足水分,经冬至春待田面水涸即开耕播种;其利用季节、地形和水势等条件进行泛灌,有时修筑简易堤防疏导或堵截流水。[2] 鉴于目前除在人口较多的克里雅河流域的圆沙古城发现灌溉渠道外,其他绿洲区尚未见有公元1世纪之前土著民留下的灌溉遗迹;修建维护大型水利设施又需要大量人力物力,这对人口有限的绿洲政权来说无疑是一个巨大挑战,可推测当时除人口数量相对较多的政权修筑一定规模的水利工程设施外,西域绿洲国普遍采用撞田技术。

3.3　通利沟渠,以时益种五谷
——西汉在西域绿洲的屯田

学界对西汉在西域绿洲屯田的管理机构、屯田地点、方法及意义、屯田人员构成等问题多有论述。下面从屯田地域的变迁、屯田土地来源及生产规模等方面考察绿洲上的屯田活动。

西汉政权最初屯田于何地?《史记·大宛列传》称汉伐大宛之后,"西至盐水,往往有亭。而仑头有田卒数百人,因置使者护田积粟,以

---

〔1〕Éric Trombert, "Notes pour une Évaluation Nouvella de la Colonization des Contrées d'Occident au Temps des Han", *Journal Asiatique*, tome 299, n° 1, 2011, pp. 67 – 123. 他还指出,桑弘羊等提到轮台东部捷枝、渠犁故国"有溉田五千顷以上",若按每人耕作20亩计算,则需要25000人经营,这应是一个或几个当地政权全部居民的数目,亦表明汉族到来之前渠犁等小国居民已依赖于灌溉。但根据前文人口数量列表,渠犁有1480人,周边与之相接的龟兹、乌垒、尉犁、且末、精绝等国中,除龟兹人口达8万之多,其他诸国与渠犁人口总和为17250人,较25000人相差很多。况且,在地广人稀的西域,几国共同开发一地建设水利工程的可能性不大。另外,对于轮台东部捷枝、渠犁故国"有溉田五千顷以上",殷晴曾指出《水经注》中的"可溉田五千顷以上"比较合乎情理(殷晴:《丝绸之路与西域经济——十二世纪前新疆开发史稿》,中华书局2007年版,第67页注1)。

〔2〕张波:《绿洲农业起源初探》,载《中国历史地理论丛》,1992年第3期,第137–154页。该文中提到,《水经注》记载索劢横断注宾河,"大战三日,水乃回减,灌浸沃衍,胡人称神",可证明西域土著民不曾进行拦截河流发展大规模灌溉的水利建设。

给使外国者"。[1]《汉书·西域传上》称"自敦煌西至盐泽,往往起亭,而轮台、渠犁皆有田卒数百人,置使者校尉领护,以给使外国者";《汉书·西域传下》载"自武帝初通西域,置校尉,屯田渠犁。是时军旅连出,师行三十二年,海内虚耗";《汉书·郑吉传》记"自张骞通西域,李广利征伐之后,初置校尉,屯田渠黎"。[2] 按"使者"和"校尉"是"使者校尉"的略称,[3]但上引文对初次屯田地点的记载不一致,学界一般综合两书记载认为武帝时期初屯轮台,后又屯田渠犁。[4] 按《史记·大宛列传》由太史公撰述,最先屯田轮台之事当可信从。轮台屯田是趁破大宛之威而设置,当时汉破大宛虽获得了向西域推进势力的好时机,但尚无力量颠覆匈奴在该地区的霸主地位,所以只能屯田于被汉军屠灭的轮台以便观察西域各国的动向,并宣扬汉之威德,同时积谷以为汉之奉使西域者供给粮食。其设立时间当在太初四年(前101)或天汉元年(前100)。[5]

至于临近轮台的渠犁屯田,当并不始于武帝时期。《汉书》记征和中,搜粟都尉桑弘羊与丞相御史向汉武帝奏言:"故轮台东捷枝、渠犁

〔1〕《史记》卷123,第3179页。

〔2〕《汉书》卷96上,第3873页;卷96下,第3912页;卷70,第3005页。

〔3〕余太山:《两汉西域都护考》,载氏著:《两汉魏晋南北朝与西域关系史研究》,中国社会科学出版社1995年版,第233-257页。

〔4〕有学者结合桑弘羊等人建议屯田渠犁的奏言(详见后引文),认为武帝时期只是提出屯田轮台(即仓头)和渠犁的建议,并未实际推行。如劳干认为昭帝始元元年(前86)至七年才屯田于轮台和渠犁,《汉书》的记载是一种大致叙述,否则武帝的轮台之诏不可通。见劳干:《汉代西域都护与戊己校尉》,《中央研究院历史语言所集刊》(第28本上),1956年,第485-496页。张维华指出西域屯田始于昭帝时期,即扜弥太子赖丹在始元年间屯田轮台,大规模的屯田经营是宣帝时郑吉以渠犁为中心的屯田,其地域似当包括西面的轮台。见张维华:《西汉都护通考》,载氏著:《汉史论集》,齐鲁书社1980年版,第245-308页。李大龙则提出西汉在轮台、渠犁屯田,首议于武帝征和四年(前89),而推行于昭帝时,两地的大规模屯田却是在宣帝地节二年(前68)。见李大龙:《西汉西域屯田与使者校尉》,载《西北史地》,1989年第3期,第119-122页。另外,曾问吾认为太初三年(前102)初屯渠犁,昭帝时期才屯田轮台。见曾问吾:《中国经营西域史》,上海商务印书馆1936年版,第50-51页。

〔5〕关于轮台屯田的背景,参见管东贵:《汉代的屯田与开边》,《中央研究院历史语言研究所集刊》第45本第1分(1973年),第27-110页。至于设立轮台屯田的时间,参见余太山:《两汉西域都护考》。另外,施丁认为屯田轮台在天汉年间(前100-前97);但他认为初屯地不是轮台,可能是楼兰。见施丁:《汉代轮台屯田的上限问题》,载《中国史研究》,1994年第4期,第20-27页。

皆故国,地广,饶水草,有溉田五千顷以上,处温和,田美,可益通沟渠,种五谷,与中国同时孰。其旁国少锥刀,贵黄金绵缯,可以易谷食,宜给足不乏。臣愚以为可遣屯田卒诣故轮台以东,置校尉三人分护,各举图地形,通利沟渠,务使以时益种五谷。张掖、酒泉遣骑假司马为斥候,属校尉,事有便宜,因骑置以闻。田一岁,有积谷,募民壮健有累重敢徙者诣田所,就畜积为本业,益垦溉田,稍筑列亭,连城而西,以威西国,辅乌孙为便。臣谨遣征事臣昌分部行边,严敕太守都尉明烽火,选士马,谨斥候,蓄茭草。愿陛下遣使使西国,以安其意。"[1]桑弘羊等就此提出了在渠犁屯田积谷的具体策略,但武帝并未采纳。这一建议到昭宣时期才得以实施。或以为:桑弘羊对轮台至渠犁一带情况比较了解,应正是太初、天汉间屯田的结果;奏言称"益通沟渠""益垦溉田",可以理解为由于原有的屯田,轮台一带沟渠已通,溉田已垦,而桑弘羊不过请求增益而已,即桑氏上奏时,轮台、渠犁的屯田尚在进行;他提出"置校尉三人分护",是扩大原有屯田规模的需要。[2]分析奏言内容,可以发现,"益通沟渠"是用以描述轮台以东渠犁等地优越的自然条件的,再者,即使存在已通的"沟渠",也可能是当地土著居民修建的简易的水利设施,其并无已有屯田的含义;后面的"通利沟渠"正是针对初次屯田而言,"益垦溉田"则是指校尉领军屯田之后的募民垦殖活动,只是一种设想。所以,桑弘羊的建议并未透露任何关于渠犁已有屯田的信息。

另外,《汉书》称"昭帝乃用桑弘羊前议,以杅弥太子赖丹为校尉,将军田轮台,轮台与渠犁地皆相连也",[3]意即设校尉屯田,坐镇原已被开垦的轮台,并以其地为中心而实施桑弘羊等征和四年之议开垦轮台以东渠犁等地。[4]若早在武帝时期置校尉屯田轮台以东的渠犁,又何须称"昭帝乃用桑弘羊前议"?所以,桑弘羊的奏言恰说明轮台以东

---

〔1〕《汉书》卷96下,第3912页。中华书局标点为"辅乌孙,为便",今改。

〔2〕余太山:《两汉西域都护考》。

〔3〕《汉书》卷96下,第3916页。

〔4〕参见张春树:《试论汉武帝时屯田西域仑头(轮台)的问题》,载《大陆杂志史学丛书》(第4辑第3册),大陆杂志社印行1975年版,第89-92页。

渠犁等地在武帝时期不曾设校尉领护屯田,也无所谓当时渠犁屯田一度中止。[1]

因龟兹王杀赖丹,轮台屯田再次结束。"轮台"之名亦不复见于有关此后的汉代文献记载。根据《汉书》把桑弘羊等人奏言与昭帝屯田轮台及其以东事系于"渠犁条",渠犁的道里四至中记其西到龟兹的距离,可推测昭帝屯田轮台失败之后,这一地区成为渠犁的一部分,"轮台"地名消失。如此,我们可以理解《汉书·西域传下》与《郑吉传》所谓(初)置校尉屯田渠犁,实指武帝屯田轮台,即班固在记述时以广义的"渠犁"指代原来的轮台。[2] 至于《西域传上》称"轮台、渠犁皆有田卒数百人"应为狭义的"轮台""渠犁",是班固连后事通叙之,其中渠犁有田卒是指昭帝时期校尉赖丹屯田事,而非言武帝时轮台、渠犁已皆设校尉行屯田。

桑弘羊等人建议屯田轮台以东,与破大宛之后西汉在汉匈交战中损失惨重密切相关。特别是征和三年(前90)李广利兵败降匈奴,影响着西域诸国对汉匈两方的倾向性,桑弘羊等人的建议意在使之不因汉军不利而动摇。奏文中特别提到"辅乌孙为便",意在保证汉与乌孙的联系不被匈奴破坏,以免西汉断匈奴右臂的努力前功尽弃。只是因武帝面对内外形势的变化,决定改弦更张,颁轮台"哀痛之诏",[3] 未采纳桑弘羊等人的意见。汉与匈奴在西域的力量对比随之有所变化,匈奴势力转甚。如匈奴扶立的楼兰王因受匈奴反间,多次发兵遮杀汉使。匈奴还曾在征和五年(前88)离间羌与西汉,言:"羌人为汉事苦。张掖、酒泉本我地,地肥美,可共击居之"。[4] 这无疑会威胁汉通西域的

〔1〕李炳泉曾指出渠犁屯田始于太初四年至征和二年(前91)或三年之间。他根据桑弘羊等人的奏言,认为渠犁屯田在征和四年或前一年停止,昭帝时期也未恢复。见李炳泉:《西汉西域渠犁屯田考论》,载《西域研究》,2002年第1期,第10—17页。

〔2〕刘光华认为既然《汉书》称昭帝用桑弘羊前议,则赖丹屯田轮台不确,"轮台"应为"渠犁"之误;而《汉书·郑吉传》中"李广利征伐之后,初置校尉,屯田渠犁"的记载是昭帝时期的事,非武帝时期。见刘光华:《汉代西北屯田研究》,兰州大学出版社1988年版,第75—76页。

〔3〕关于桑弘羊等人提出奏议的背景及武帝颁布"轮台诏"的原因,参见田余庆:《论轮台诏》,载氏著:《秦汉魏晋史探微》(重订本),中华书局2004年版,第30—62页。

〔4〕《汉书》卷69,第2973页。

大业。有桑弘羊等人辅佐的昭帝在即位初的始元元年（前86）派赖丹领军屯田轮台，[1] 并称是"用桑弘羊前议"，当正是对这种状况所做出的反应，其目的仍是为对抗匈奴以维护汉在西域的威望。但西汉仅任命扞弥太子为校尉行屯田事，并且对龟兹王杀校尉上书谢罪，"汉未能征"，可知昭帝初期仍承武帝末年堰兵休士的策略，亦足见当时西汉的影响力已不比初破大宛之时。

元凤四年（前77），西汉屯田鄯善国的伊循。西汉经过休养生息，社会经济在始元、元凤间有所恢复。匈奴内部自始元二年（前85）则因争单于位发生分裂而势衰，对汉北方边境的威胁减轻。元凤三年（前78），本欲袭击匈奴的汉军大败乌桓，"匈奴缘是恐，不能出兵。即使使之乌孙，求欲得汉公主"。[2] 匈奴在寇汉北边不利的情况下，又将战争矛头指向与汉联姻的乌孙，加强在西域的活动。傅介子使大宛，受诏责诘曾经杀害汉使的龟兹王和楼兰王，说明当时西汉也有意重新增强自身在西域的影响力。傅介子从大宛还至龟兹诛杀从乌孙归来的匈奴使者，回中原后又提出斩杀龟兹王，称"愿往刺之，以威示诸国"，[3] 其最终按霍光令就近以楼兰验之。西汉欲再次树立在西域诸国中的威望，也意味着要重新与该地匈奴的势力对抗。汉杀亲匈奴的楼兰王而立亲汉的尉屠耆，楼兰更名鄯善。新立的尉屠耆惧被前王之子所杀，请西汉遣将在"地肥美"的伊循城"屯田积谷"，使之"得依其威重"，"于是汉遣司马一人、吏士四十人，田伊循以填抚之。其后更置都尉"。[4] 这样既防前王之子反叛，更防匈奴势力在楼兰地区卷土重来，从而为西汉控制西域南道，进一步经营西域奠定基础。但西汉遣屯伊循人少于武帝初屯轮台时期，当与"盐铁会议"确定坚持与民休息之策有关。面对匈奴田车师，与车师共侵乌孙而乌孙公主上书求救，西汉也没有立即做出击讨匈奴的决定，又遭遇昭帝崩逝，终未出兵。可能至地节二

---

〔1〕关于赖丹屯田轮台的时间，参见薛宗正：《西汉的使者校尉与屯田校尉》，载《新疆社会科学》，2007年第5期，第105–110页。

〔2〕《汉书》卷94上，第3785页。

〔3〕《汉书》卷70，第3002页。

〔4〕《汉书》卷96上，第3878页。

年或三年(前 68 或前 67),伊循才更置都尉,扩大屯田规模,并由敦煌太守领属。[1]

地节二年,宣帝遣"侍郎郑吉、校尉司马憙将免刑罪人田渠犁,积谷",[2]以讨伐亲匈奴的车师。这缘于车师具有重要战略地位,而其亲向势力已衰的匈奴并威胁着西汉与乌孙的交通。[3] 立足于渠犁屯田,西汉一度攻取车师地。面对匈奴发兵,宣帝"诏还田渠犁及车师,益积谷以安西国,侵匈奴"。[4] 除为稳固自身在西域诸国中的地位,西汉首次明确提出在西域屯田积谷以驱逐匈奴势力为目的。郑吉听从诏令,分渠犁田卒三百人别田车师,但终因车师地近匈奴而远渠犁,西汉田卒无法应付匈奴争夺车师,只得罢车师田尽归渠犁,由三校尉领护该地屯田,车师地重归匈奴。

随着匈奴势力的日益衰落,主管西方的匈奴日逐王先贤撣降汉,车师亦附汉。至神爵三年(前 59),西汉在邻近渠犁屯田区的乌垒设立西域都护府,并新辟比胥鞬屯田。即如《汉书》所记,"匈奴益弱,不得近西域。于是徙屯田,田于北胥鞬,披莎车之地,屯田校尉始属都护。都护督察乌孙、康居诸外国动静,有变以闻……都护治乌垒城"。[5] 悬泉汉简证实,文中"北胥鞬"为"比胥鞬"之误,并且该地屯田设有比胥鞬校尉。[6] 西汉将渠犁的部分屯田士迁徙到比胥鞬,至于其在现今何

---

〔1〕对于伊循屯田扩大规模的时间及原因,参见李炳泉:《西汉西域伊循屯田考论》,载《西域研究》,2003 年第 2 期,第 1 - 9 页。

〔2〕《汉书》卷 96 下,3922 页。

〔3〕关于西汉遣郑吉等屯田渠犁的原因,参见刘光华:《汉代西北屯田研究》,第 78 - 79 页。

〔4〕《汉书》卷 96 下,第 3923 页。

〔5〕《汉书》卷 96 上,第 3874 页。

〔6〕张俊民:《"北胥鞬"应是"比胥鞬"》,载《西域研究》,2001 年第 1 期,第 89 - 90 页。

地,学界意见不一。[1] 我认为在莎车国境内的观点更为合理。[2] 或以为西汉将匈奴势力逐出车师地,不随即在该地或附近屯田,于理不合,所以比胥鞬应在车师境内。考虑当时情势,车师附汉,经由车师的交通开始畅通。匈奴设在焉耆、危须、尉犁间的僮仆都尉撤销,西汉取代匈奴控制西域,在乌垒设府施政,"匈奴益弱,不得近西域",匈奴已无力威胁西汉对西域的统治。当时并无立即屯田车师之绝对必要。这时,乌孙和康居成为西域周边的最大国。乌孙在神爵二年以匈奴外孙泥靡为昆弥却没有扶立西汉外孙元贵靡,康居原先亦羁事匈奴而轻西汉,若两国再与衰落的匈奴势力联合,则必严重威胁汉在西域统治。两者自然开始成为西汉防备的对象,上引文所述都护职责特别提到"督察乌孙、康居诸外国动静"也说明了这一点。从渠犁分出一校尉屯田莎车附近,将西汉屯驻势力向西推进,可增强西汉对南道及西部诸国的控制。载《光明日报》曾报道在图木舒克市北面的丝绸之路古道荒漠中发现一处屯田及官署遗址群,主要遗址是一座较大型椎形建筑,建筑物由红柳、罗布麻、麦草泥分层筑成,周围遗存有民居、水渠和防御性建筑,地面遗留有大量烧灰及汉代陶片。建筑周围尚能分辨的屯田遗址约有万亩以上。文中认定该遗址为"北(比)胥鞬"屯田处,大片的官署遗址群则为"北(比)胥鞬屯田田管署"。[3] 这或可作为西汉曾屯田莎车附近的佐证。由都护的职责及"屯田校尉始属都护"可知此时屯田目的不再主要针对衰弱的匈奴,而是改为镇抚监察以乌孙、康居为首的西国。位处西部的比胥鞬屯田与中、东部的渠犁、伊循屯田相互辅助,可以稳固西汉对西域的统辖。

〔1〕参见嶋崎昌:《隋唐時代の東トゥルキスタン研究——高昌國史研究を中心として》,第23-24页。岑仲勉:《汉书西域传地里校释》,中华书局1981年版,第336-337页。钱伯泉:《北胥鞬考》,载《新疆社会科学》,1985年第2期,第116-122页。苏北海:《别失八里名称源于北胥鞬考》,载《中国历史地理论丛》,1994年第4期,第169-176页。张德芳:《从悬泉汉简看两汉西域屯田及其意义》,载《敦煌研究》,2001年第3期,第114页。殷晴:《汉唐时期西域屯垦与吐鲁番盆地的开发》,载殷晴主编:《吐鲁番学新论》,新疆人民出版社2006年版,第562-565页。刘国防:《西汉比胥鞬屯田与戊己校尉的设置》,载《西域研究》,2006年第4期,第23-29页。

〔2〕参见周轩:《北胥鞬新考》,载《中国历史地理论丛》,1995年第3期,第215-221页。

〔3〕王瑟:《西汉在西部最大屯田区被发现》,载《光明日报》,2009年7月5日第5版。

元帝初元元年（前 48），西汉设立戊、己两校尉屯田车师前王庭，[1]即屯田交河地。两校尉的前身当是渠犁校尉和比胥鞬校尉，从而以直属中央正式武职取代临时性的职官——屯田校尉，渠犁、比胥鞬屯田规模随之缩小。[2] 这种屯田重心的转移或与匈奴郅支单于在西部扩张势力有关。宣帝末年，居于西部的郅支单于见西汉待呼韩邪单于甚厚，其向西移，欲联手乌孙小昆弥。在被拒绝后，郅支单于破乌孙，兼并坚昆、丁令等国，之后又多次侵袭乌孙。这种局势下，西汉屯田驻守车师孔道以防备郅支势力，自在情理之中。屯田车师亦与车师日益凸显的交通枢纽地位不无关系，因经由该地通往西域其他诸国较自鄯善地区为易，西汉驻屯车师可以保障愈加频繁的东西往来。

河平元年（前 28），己校尉徙屯田于姑墨。[3] 此次屯田起因于匈奴外孙日贰杀乌孙小昆弥后逃至康居。而势力较强的康居"自以绝远，独骄嫚"。[4] 西汉屯田于姑墨无疑是防备日贰一如匈奴郅支单于联手康居袭掠乌孙等周边政权而威胁汉对西域的统治。日贰被小昆弥安日刺杀后，己校尉当撤回原驻地。但日贰被杀的年代不明，对刺杀日贰人员进行奖赐的都护廉褒的任期也不确定，或至河平二年（前 27），或至阳朔元年（前 24）。[5] 姑墨屯田结束的时间最晚也应在这两个年份。

至迟到平帝即位，戊己校尉治所已从交河东迁至高昌壁。[6] 屯田中心动迁的原因或正如王素所述：高昌正当通道，离通往敦煌的"新道"尤近。[7]

---

〔1〕关于西汉戊己校尉分置的论述，见孟宪实：《汉唐文化与高昌历史》，齐鲁出版社 2004 年版，第 48-70 页。

〔2〕贾丛江：《西汉戊己校尉的名和实》，载《中国边疆史地研究》，2006 年第 4 期，第 33-42 页。

〔3〕参见甘肃省文物考古研究所编：《敦煌汉简·附录》，中华书局 1991 年版，第 85 页。

〔4〕《汉书》卷 96 上，第 3892 页。

〔5〕有关廉褒的都护任期，参见余太山：《两汉西域都护考》。

〔6〕余太山：《两汉戊己校尉考》，载氏著：《两汉魏晋南北朝与西域关系史研究》，第 258-270 页。

〔7〕王素：《高昌史稿——统治编》，文物出版社 1998 年版，第 81-82 页。

另外,西汉在今土垠遗址设置居庐(訾)仓,遗址所出汉简及附近的柳堤、灌渠遗迹表明该仓附近极可能存在过屯田。居庐仓的设立,或以为早在天汉元年(前100)汉列亭至盐水时期,王莽时期仍在使用。[1]但傅介子刺杀楼兰王,西汉屯田伊循之前,主要由当地楼兰人负责迎送接待汉使,即《汉书》称"楼兰国最在东垂,近汉,当白龙堆,乏水草,常主发导,负水担粮,送迎汉使"。[2]所以,居庐仓的设置及其附近行屯田当不早于伊循屯田。考虑到这一地点也是东西交通要道,居庐仓附近屯田或在伊循设置屯田后不久。

《汉书》中还提到,甘露年间曾在乌孙屯田的辛庆忌"[后]迁校尉,将吏士屯焉耆国"。[3]"屯焉耆国"是属于屯田,还是仅限于军事屯守,无从考察,不做过多推测。

西域屯田一直持续到王莽时期,在车师受到匈奴与投降的车师后王国人的联合袭击,戊己校尉史等携众入匈奴后,车师屯田当无从继续。随着西域政权重新近匈奴而叛汉,西汉(含新莽政权)与西域的关系断绝,绿洲屯田活动亦当终止。

关于屯田土地的来源,文献中没有记载。赵充国奏请在河湟屯田时提到,"羌虏故田及公田,民所未垦,可二千顷以上……愿罢骑兵,留驰刑应募,及淮阳、汝南步兵与吏士私从者……分屯要害处。冰解漕下,缮乡亭,浚沟渠……田事出,赋人二十亩"。[4]可见他意将羌人没有耕垦的"故田"和"公田"作为屯田土地使用。武帝时期初屯被屠灭的轮台,以及桑弘羊建议屯田轮台东的捷枝、渠犁等,都是故国,无疑存在"故田"。与前引《汉书》所载不同的是,明王祎在《大事记续编》卷1中记"故轮台以东捷枝、渠犁皆牧圉,地广,饶水草,有溉田五千顷以

〔1〕关于土垠遗址与居庐(訾)仓的对应关系及其性质、兴衰时间,见孟凡:《楼兰新史》,光明日报出版社、新西兰霍兰德出版有限公司1990年版,第60-83页。王炳华:《"土垠"遗址再考》,《西域文史》(第4辑),科学出版社2009年版,第61-82页。至于居庐仓附近曾存在屯田的论述,见王先生文。

〔2〕《汉书》卷96上,第3878页。

〔3〕《汉书》卷69,第2996页。

〔4〕《汉书》卷69,第2986页。

上"；[1]《水经注》卷2记桑弘羊等人奏言为"故轮台以东,地广,饶水草,可溉田五千顷以上"。[2] 两书都未称渠犁等国为"故国",按此理解,桑氏建议屯田的土地是没有开垦的公田。另外,应鄯善王请求在国中伊循城屯田的土地当属于"公田"。因此,西汉在绿洲用以屯田的土地很可能主要是当地无人垦殖的"故田"和"公田"。

至于屯田规模,[3] 前引《汉书》称轮台、渠犁的屯田最初只有田卒数百人。据同书记载,地节二年宣帝重开渠犁屯田,侍郎郑吉、校尉司马憙发西域城郭诸国兵,并"自与所将田士千五百人共击车师";车师降汉,郑吉曾使"吏卒三百人别田车师",面对匈奴发兵袭击田车师者,郑吉"乃与校尉尽将渠犁田士千五百人往田",但最终汉"罢车师田者……(郑吉)归渠犁,凡三校尉屯田"。[4] 可知在汉匈争夺车师期间及撤销车师屯田后,渠犁田卒增加,有1800人左右。按一校尉领兵满编是一千人左右,[5] 那么在渠犁屯田的三校并不满编。此后渠犁屯田人数是否增至满员,不得而知。但神爵三年一校尉徙屯比胥鞬,另一校跟随都护移驻乌垒转化为西域副校尉,当使渠犁屯田人数减少。随着渠犁校尉与比胥鞬校尉迁往车师转变成戊己校尉,渠犁屯田只留有下属官员负责,规模应较以往缩小。[6] 比胥鞬屯田在设置一校尉时,田卒人数至少应有数百人;校尉迁走后,该地屯田是否继续及屯田人数,无从考察。

前述元凤四年伊循屯田只有吏士40人,地节二年或三年更设伊循都尉,又称"伊循城都尉",另有弛刑士被送往当地进行屯田的记载,屯田活动一直持续到西汉撤离西域之前。[7] 这一地区的屯田应颇具规模。

---

〔1〕《钦定四库全书》史部91,台湾商务印书馆1986年版,第10页。

〔2〕郦道元著,陈桥驿校证:《水经注校证》,第39页。

〔3〕姑墨屯田因时间较短,在此不论。

〔4〕《汉书》卷96下,第3922页。

〔5〕贾丛江:《关于西汉时期西域汉人的几个问题》。

〔6〕关于渠犁三校尉的转徙变迁,见贾丛江:《西汉戊己校尉的名和实》。

〔7〕李炳泉:《西汉西域伊循屯田考论》。

·欧·亚·历·史·文·化·文·库·

戊、己校尉屯田车师之初,所将屯田卒不知是否满编。但王莽时期始建国二年(10),戊己校尉史、司马丞、右曲侯等"杀校尉刀护及子男四人、诸昆弟子男,独遗妇女小儿",之后"尽胁略戊己校尉吏士男女二千余人入匈奴",[1]说明西汉末期车师屯田规模已在两千人以上,且有举家甚或整个家族迁移到当地者,已具有民屯性质。

另外,一枚悬泉汉简记载:

> 五月壬辰,敦煌太守疆、长史章、丞敞下使都护西域骑都尉、将田车师戊己校尉、部都尉、小府官县,承书从事下当用者。书到白大扁书乡亭市里高显处,令亡人命者尽知之,上赦者人数太守府别之,如诏书。(Ⅱ0115②:16)[2]

该简年代为建昭二年(前37),文中的"部都尉"包括伊循都尉。[3]按大扁书多公布在人群集聚、流动性强的较大的驿站、客舍,以及居住人口数量较多的乡、亭、市、里、官所等要闹处。[4] 所以,当时戊己校尉及伊循都尉辖治的屯田区的人口当不在少数,这些地区或已有设乡里组织加以管理者。

黄文弼先生根据土垠遗址的一枚简文"庚戌旦出坐西传日出时三老来坐食归舍",指出乡官"三老"的存在说明该地已实行乡村制度。[5] 可见居庐仓附近已有较大的平民聚落,当地区的屯田人员也不再单纯由戍卒构成。

西域东部伊循、居庐仓附近,以及东北部车师的大规模屯田,与其重要的战略地位相对应。这些地区由军屯发展成较大规模的民屯,当正是应用了桑弘羊提出的先遣田卒"田一岁,有积谷",再"募民壮健有累重敢徙者诣田所"的策略。屯田活动的进行,使西域出现新的农业生产区,无疑能够推动屯田所在地区的经济开发。

---

〔1〕《汉书》卷96下,第3926页。

〔2〕胡平生、张德芳:《敦煌悬泉汉简释粹》,上海古籍出版社2001年版,第115页。

〔3〕李炳泉:《西汉西域伊循屯田考论》。

〔4〕参见马怡:《扁书试探》,孙家洲主编:《额济纳汉简释文校本》,文物出版社2007年版,第170-183页。

〔5〕黄文弼:《罗布淖尔考古记》,国立北平研究院史学研究所1948年版,第189-191页。

屯田区使用犁等铁制农具,应用牛耕技术,并进行大规模的水利建设,无疑引进了中原较为先进的种植业生产技术。[1] 但屯田是西汉一手造就的独立于当地政权的再生产组织,[2] 以政治、军事防御为首要目的,当无改善土著政权农业生产条件,向其推广先进技术的强烈意图,而屯田生产规模有限,也制约着屯田开发对西域绿洲农业整体生产水平的影响。结合前述有关绿洲国的农业生产技术内容,可知屯田区与绿洲国的农业生产技术存在明显差距。

需要注意的是,屯田区既然使用牛耕技术,则应养有牛畜。再者,屯田具有强烈的政治军事性质,决定屯田区需饲养马匹进行防御或作战。所以,屯田区的农业生产以谷物种植为主的同时,也经营一定的畜牧业。

3.4 "仰谷""积谷""赎食""贡献"
——绿洲的农产品贸易

3.4.1 "仰谷"贸易

前引《汉书》文提到,鄯善"仰谷"旁国、山国籴谷于焉耆、危须。另有婼羌"随畜逐水草,不田作,仰鄯善、且末谷"。[3] 且末、焉耆、危须等种植业较为发达的绿洲国成为近旁难以满足自身谷物需求的畜牧业政权的仰谷对象,而鄯善在仰谷且末的同时又向山地畜牧业政权且末出售谷物。此外,其他绿洲也完全有可能与近旁的山地政权存在仰谷贸易。

松田寿男、山本光朗对"仰谷"的贸易形式略有论及,指出婼羌、山国等畜牧业经济政权以铁或铁制品换取鄯善、且末、焉耆、危须等国的

---

〔1〕参见殷晴:《丝绸之路与西域经济——十二世纪前新疆开发史稿》,第74 - 78 页。

〔2〕〔日〕尾形勇著,吕宗力译:《汉代屯田制的几个问题——以武帝、昭帝时期为中心》,见中国社会科学院历史研究所、战国秦汉史研究室编:《简牍研究译丛》(第1辑),中国社会科学出版社1983 年版,第262 - 296 页。

〔3〕《汉书》卷96 上,3875 页。此处的婼羌仅指"去胡来王"一部,其活动的具体地域参见周连宽著:《汉婼羌国考》,《中亚学刊》(第1辑),中华书局1983 年版,第81 - 90 页。

61

谷物。[1] 但参考公元3、4世纪的佉卢文书,可以发现绿洲国与周边畜牧业政权的仰谷贸易不只谷物—铁这一种贸易形式。

现引第635号文书如下:[2]

> ……应购买并送此。若汝在该地不能买到很多,从山里应该多买一些。务必将大量之酥油和肉送此。汝,舍伽莫耶务必同牟啰特耶一起到山里去。关于谷物应妥善作出决定。若汝现在不妥善做此事,将来汝务必用自己之谷物来交付该项谷物。在山里,yoǵa亦务必购买。

文书内容是舍伽莫耶被命令同牟啰特耶去山里购买物品,包括酥油和肉、yoǵa。"yoǵa"具体为何物,不明。第633号文书有相似记载,其文云:[3]

封牍正面

[1] 司土沙迦牟耶及亲言

[2] 亲启

封牍背面

[1]（残）汝不得出售。亲言和苏克摩那应和克于车耶一起到
    山地

[2]（残）去。该地之粗地毯、地毯及酥油均应购买。在此地,

[3] 务必小心行事。若汝现在仍粗枝大叶,汝得当心。

[4] 还应购买山羊,汝所买到的一切,皆要一一将品名登记

[5] 入账,并应送来。还有,前年亲言处

[6] 放有一瓶酒。据彼说,瓶子已破。应由亲言赔偿两瓶

[7] 酒。汝若能买到更多的山羊,应将山羊交苏克摩那带来。

该文书命令亲言和苏克摩那与克于车耶一同去往山里购买粗地毯、地

---

〔1〕A.ヘルマン著,松田寿男訳:《楼蘭:流砂に埋もれた王都》,平凡社1963年版,第217 -
112頁。山本光朗:《"寄田仰穀"考》,第38 - 39頁。

〔2〕〔英〕贝罗著,王广智译:《新疆出土佉卢文残卷译文集》,油印本,第169页。参见 T.
Burrow, *A Translation of the Kharoṣṭhi Documents from Chinese Turkestan*, The Royal Asiatic Society,
London, 1940, pp. 131 –132.

〔3〕林梅村:《沙海古卷》,文物出版社1988年版,第310 –311页。

毯及酥油、山羊。

关于文中的"山地"(或"山里"),托马斯(F. W. Thomas)比定为戎卢国,[1]贝罗(T. Burrow)认为是精绝遗址(Caḍ'ota)南方的丘陵地带。[2]山本光朗进一步考证认为这两号文书中的"山地"当指精绝国南部戎卢国即今 Talkanlik 偏东的安迪尔河上游附近地区。[3]考察上引两文书中要在山地购买的物品,有酥油、肉、山羊等畜产品,另有地毯。可见所购物品皆与畜产品有关,"山地"畜牧业经济发达。因而,无论"山地"的具体方位如何,文中山地居民的生产以畜牧业经济为主当无疑义。

上引两件文书反映了精绝居民进山购买畜产品及相关手工业制品的情况。第 635 号文书前文内容缺失,文中没有明确谷物与所购货物之间的关系,但总体看来应是用谷物支付所购货物的价值,则文意即为绿洲的采购者要事先准备好用于购买酥油和肉等物品的谷物,如果未准备好,只能由采购者自己垫付。如是,山地民众就是以畜产品及以畜产品为原料的手工业品购得绿洲国的谷物,而这与公元前 2 世纪至公元 1 世纪初以畜牧业为生的民众对谷物的需求应并无太大不同。那么,西域绿洲国与周边畜牧业经济政权的仰谷贸易,亦当存在谷物与畜产品及手工业品直接交换的贸易形式。

绿洲国同近旁政权的"仰谷"贸易中,谷物—铁或铁制品、谷物—畜产品及以畜产品为原料的手工业品等贸易形式,都属于实物交换,显示出西域商品经济不发达。

3.4.2 "积谷"贸易

至于西汉政权经营的屯田区,与屯田生产相伴生的是"积谷",从

---

〔1〕F. W. Thomas, "Some Notes on the Kharoṣṭhī Documents from Chinese Turkestan", in *Acta Orientalia*, Vol. XIII, 1935, p.45; "The Early Population of Lou – lan – Shan – shan", in *The Journal of the Greater India Society*, Vol. XI, 1944, p.46.

〔2〕T. Burrow, *The Language of the Kharoṣṭhī Documents from Chinese Turkestan*, the Cambridge University press, 1937, p.104.

〔3〕山本光朗:《パルヴァタ考》,载《東洋史研究》,第 46 卷第 4 号,1988 年,第 27 – 61 頁。

而供给屯田区所需谷物,但屯田本身生产有限,需要内地转运谷物。[1]
除此以外,屯田区还当通过购买储积谷物,我们可以称之为"积谷"
贸易。

土垠遗址出土的一枚汉简记曰:

使者王君旦东去。督使者从西方来,立发东去,已。坐仓受
糴,黄昏时归舍。[2]

按"糴"通"耀",在居延汉简、敦煌汉简、悬泉汉简中多次出现,表
示购买粮食。[3] 简文中的"坐仓受糴",说明附近有屯田的居庐仓也通
过从当地购买的途径储积谷物。出售谷物的可能是由内地移徙居此
地参与民屯的人,也可能是当地土著政权的居民。

关于屯田区购买西域土著居民粮食以积谷的可能性,还可利用前
引桑弘羊等人的建议进行分析。桑弘羊等建议屯田轮台以东的捷枝、
渠犁地区,言:"其旁国少锥刀,贵黄金绶缯,可以易谷食,宜给足不
乏。"颜师古注曰:"言以锥刀及黄金彩缯与此旁国易谷食,可以给田
卒,不忧乏粮也。"即把"锥刀"作为换取西域诸国谷物的物品之一。吴
仁桀则认为:"'锥'当作'钱',其偏旁转写,以戋为佳耳。西域诸国如
罽宾、乌弋、安息皆有钱货,惟渠犁旁国少此,故黄金、绶缯,可以用此易
五谷……'锥刀'字见《左传》,杜注:'锥刀,喻小事也。'若作'少锥
刀',恐无意义。"[4] 吴说相对合理。但"锥刀"或无改作"钱刀"的必
要,其不只用来比喻小事情。韩非子评价郑国子产"为政五年,国无盗
贼,道不拾遗……锥刀遗道三日可反"[5] 其中"锥刀"是指当时通行
的货币。随社会发展,"锥刀"衍生出微小利润等含义,如"市人日中
集,于利竞锥刀"[6] 况且新疆诸多史前考古文化遗存常见金属制小

〔1〕参见刘光华:《汉代西北屯田研究》,第 155 - 158 页。

〔2〕黄文弼:《罗布淖尔考古记》,第 189 页及木简摹本 19。简文内容释读得凌文超兄指正,
在此表示感谢。

〔3〕于振波:《从粜粟记录看汉代对西北边塞的经营》,载《中国社会经济史研究》,2006 年第
4 期,第 103 - 107 页。

〔4〕徐松:《汉书西域传补注》,第 476 页。

〔5〕陈奇猷校注:《韩非子新校注》(下),上海古籍出版社 2000 年版,第 703 页。

〔6〕《全唐诗》(增订本)卷 219,中华书局 1999 年版,第 2316 页。

刀和锥等工具,并不缺少锥刀之物。[1] 因而,桑弘羊等所言意在说明当时西域诸国不流行使用货币,商品经济尚不发达,屯田区可以利用当地民众喜好黄金和汉地缯缯的风尚,用黄金、丝织品换购土著居民的谷物。或以为屯田区周边绿洲政权粮食供给能力有限,双方开展粮食贸易的可能性不大。但西域政权间的"仰谷"贸易,[2]说明绿洲政权有余粮出售,完全具备与屯田区进行粮食贸易的基础。

《盐铁论·轻重十四》中文学对开发边地的看法,曰:"力耕不便种粟,无桑麻之利,仰中国丝絮而后衣之。"[3]表明边屯戍士的衣物由中原内地提供。居延汉简也证实,政府向屯戍人员发放衣物的同时,还会将布、帛等实物作为俸禄给屯戍区的官吏;除政府发放的官服外,还有私人携带衣物至屯戍区者;丝织品及其他衣物进入当地商品流通领域。[4] 土垠遗址也有丝织品残片出土,[5]可见西域屯田区也不例外,应有大量丝织品输入,为丝织品—谷物贸易提供了条件。根据班固《与弟超书》称:"窦侍中令载杂彩七百匹,白素三百匹,欲以市月氏马、苏合香、毲氉。"[6]知东汉时期,屯驻区同周边政权存在用内地携来的丝织品换购马匹、香料、毛织品的商业活动。较东汉经营西域深入的西汉时期亦当如此。综合考虑,可推测在屯田的基础上,西汉屯田区与西域土著政权之间存在用丝织品换取谷物的经济活动。[7]

---

〔1〕参见陈戈:《关于新疆地区的青铜时代和早期铁器时代文化》。安志敏:《塔里木盆地及其周围的青铜文化遗存》,载《考古》,1996年第12期,第70-77页。

〔2〕关于绿洲国的"仰谷"贸易,参见山本光朗:《"寄田仰穀"考》,第32-65页。拙文《"寄田"与"仰谷"》,载罗丰主编:《丝绸之路上的考古、宗教与历史》,文物出版社2011年版,第1-8页。

〔3〕王利器校注:《盐铁论校注》,中华书局1992年版,第180页。

〔4〕陈直:《西汉屯戍研究》,见陈直著:《两汉经济史料论丛》,中华书局2008年版,第1-74页。杨剑虹:《汉代居延的商品经济》,载《敦煌研究》,1997年第4期,第160-166页。

〔5〕黄文弼:《罗布淖尔考古记》,第108页

〔6〕严可均辑,许振生审定:《全后汉文》(上),商务印书馆1999年版,第247页。

〔7〕至于屯田区与土著政权间是否存在用黄金换取谷物的贸易模式,若按前注引陈直文,"边郡钱币,运输困难,有时用黄金代替货币",则西域屯田区也可能有黄金输入,进入流通领域。但其所引简文并未写明黄金,理解或有误。现有文献多见西汉政府赐予西域政权统治阶层黄金的记载,而不见黄金输入屯田区的记录。所以,因资料缺乏,在此不做过多推测。

3.4.3 "赎食"贸易

自张骞凿空西域,西汉积极交通外国,西域成为东西交通的枢纽。不但西汉"诸使外国一辈大者数百,少者百余人……汉率一岁中使多者十余,少者五六辈",[1]而且"外国"受经济利益驱使,也积极朝汉,甚至出现"奉献者皆行贾贱人,欲通货市买,以献为名"的现象。[2] 这种情况下,存在着东西过往人员从西域绿洲购买农产品的经济活动。

悬泉汉简有如下记载:

> 康居王使者杨伯刀、副扁阗,苏薤王使者姑墨、副沙囷即、贵人为匿等皆叩头自言,前数为王奉献橐佗入敦煌(877 简),关县次赎食至酒泉昆归官。太守与杨伯刀等杂平直(值)肥瘦……(Ⅱ0216②:877 – 883)[3]

由文中"数为王奉献橐佗",可知帕米尔以西诸国频繁与西汉贸易。康居等使者经由西域将进献给西汉的骆驼带至酒泉,酒泉郡接受贡物,由郡太守与康居等使者共同评定贡物的价值。简文中最为重要的是"赎食",该词说明康居等王的使者从敦煌至酒泉沿途需要通过购买自行解决食宿交通。其经过"往往而绝邑,乏食者多"[4]的西域亦当如此,即从途经的绿洲区购买农产品。

成帝时,西域都护郭舜(前 15 至前 12 年在任)语:"敦煌、酒泉小郡及南道八国,给使者往来人马驴橐驼食,皆苦之。"[5]"南道八国"指西域南缘交通要道上的政权,包括鄯善、且末、精绝、扜弥、于阗、皮山等绿洲国,郭舜意在说明交通线上的政权,送往迎来,向过往使者供应粮食、骑乘、驮畜及草料等,不堪重负。但需明确的是,西汉属部的使者、

---

[1]《史记》卷 123,第 3170 页。

[2]《汉书》卷 96 上,第 3886 页。

[3]胡平生、张德芳编撰:《敦煌悬泉汉简释粹》,第 118 – 119 页。此处标点与原引文有所不同,原文"苏薤王使者、姑墨副沙囷、即贵人为匿等皆叩头自言"断句有误。按《汉书》多处记载显示康居有"贵人"(卷 70,3009、3012 页;卷 96 上,3892 页),亦有遣使贵人的情况(卷 94 下,3802页),则引文中"使者""副""贵人"分别为官职和特定阶层的名称,"姑墨""沙囷即""为匿"是人名。

[4]《史记》卷 123,第 3174 页。

[5]《汉书》卷 96 上,第 3893 页。

官员经西域前往中原朝觐,由西汉在绿洲区设置的亭邮机构向其免费供用食物和牲畜,而非朝觐使者、官员及民间自由往来人员经过西域,当只能向所途经的政权或西汉的亭邮机构购买粮草和骑乘驮畜等。上述康居国向西汉进献骆驼赎食至酒泉,就属于这种情况。[1] 另外,郭舜言透露出西域南道自然环境相对较好的绿洲国尚且苦于向过往人员提供服务,那么,同样地处交通要道而自然环境较差的鄯善及北部山国等绿洲政权自身的农业生产当更难以满足过往人员的需要。但前文提及鄯善"寄田仰谷旁国",山国"寄田籴谷于焉耆、危须",则交通线上的鄯善、山国等绿洲国可以通过"寄田""仰谷"于近旁绿洲国,增强自身向过往人员提供谷物的能力。同样为交通孔道而"寄田莎车"的蒲犁等山地政权亦是如此,前文提到的揭盘陀僧人"买地邻国,鬶户边城,以赈往来"正是依赖寄田以供食于往来人员的反映。

3.4.4 "贡献"贸易

按《汉书》记载,"自贰师将军伐大宛之后,西域震惧,多遣使来贡献"。[2] 而西汉对来使者"赂遗赠送",[3] 采取厚往薄来的经济"厚赂"政策,[4] 从而形成所谓的贡赐贸易。

悬泉汉简证实绿洲国向西汉贡献的物品有农产品,其文曰:

甘露元年(前53)二月丁酉朔己未,县(悬)泉厩佐富昌敢言之,爰书:使者段君所将疎(疏)勒王子橐佗三匹,其一匹黄,牝,二匹黄,乘……(II0216③:317)

乌孙、莎车王使者四人,贵人十七,献橐佗六匹,阳赐记□(A)(I0309③:20)[5]

莎车贵人失浅匿自言去年十一月中奉献到广志厩驴一匹……(IIT0111②59+74)

---

〔1〕参见贾丛江:《西汉属部朝贡制度》,载《西域研究》,2003年第4期,第17-25页。

〔2〕《汉书》卷96上,第3873页。

〔3〕《汉书》卷96下,第3928页。

〔4〕李大龙:《两汉时期的边政与边吏》,黑龙江教育出版社1996年版,第20-21页。

〔5〕胡平生、张德芳编撰:《敦煌悬泉汉简释粹》,第109页,106-107页。

⬚于阗贵人宾且塞献驴一匹

雒牡两拔齿廿岁封颈　　　　　　　　（ⅡT0314②67）[1]

按上述四简内容，疏勒贡献的骆驼由西汉使者转交。莎车遣使者、贵人带骆驼前来进献，亦奉献过驴，于阗则进献了驴、马。

另外，前述匈奴在焉耆等地设僮仆都尉，"赋税诸国"，"匈奴能得其马畜旃罽"，一定程度上也可看做是绿洲国向匈奴"贡献"，进献的物品包括马畜及以畜产品为原料制成的手工业品。所以，畜产品是西域绿洲政权对外贡献的重要方物。

至于西汉对贡献绿洲国的回赐，可从元康元年（前65）龟兹王绛宾及其夫人朝贺所得窥知。西汉除赐予印绶、车骑旗鼓等外，还有"绮绣杂缯琦珍凡数千万"，在其留住一年后，又"厚赠送之"[2]。或以为因龟兹王夫人是汉之外孙女，所以西汉才回赐丰厚。但结合前文桑弘羊奏议称捷枝、渠犁等旁国"贵黄金采缯"，可推测西汉回赐绿洲国的物品常有丝织品，则西域绿洲国与西汉的之间当存在农产品—丝织品的"贡献"贸易形式，绿洲国的农产品成为绿洲国与中原发展"贡献"贸易的重要商品。

悬泉汉简中记载的过往人员还有鄯善王副使、山（国）王副使、于阗王以下之人、精绝诸国客、姑墨副使、危须副使、乌垒等西域绿洲国使者[3]。其中于阗使团一次即达到1074人，精绝小国达470人[4]。这些人员中，当不乏向西汉贡献者，其人数规模庞大，反映了西域绿洲与西汉政权间"贡献"贸易的繁荣。

3.5　小结

从本章所论看来，公元前2世纪末期至公元1世纪初，绿洲人口资

---

[1]以上两简文引自张俊民：《敦煌悬泉出土汉简所见人名综述（二）——以少数民族人名为中心的考察》，载《西域研究》，2006年第4期，第9页。

[2]《汉书》卷96下，第3916页。

[3]胡平生、张德芳编撰：《敦煌悬泉汉简释粹》，第103－135页。

[4]胡平生、张德芳编撰：《敦煌悬泉汉简释粹》，第110页（Ⅰ0309③：134）、114页（Ⅱ0115①：114）。

源的分布明显不均衡,其主要集中在自然环境较为优越且地处交通要道的较大型绿洲上,整体上呈现出北部绿洲人口多于南部的格局。居民构成方面,除原有的塞种外,另有月氏、乌孙、羌及类氐羌者、匈奴、汉人等徙入。居民种属则仍以包含多种支系类型的欧洲人种为主,但西域偏东部绿洲中蒙古人种成分的比重仍大于其他绿洲区。这一时期,绿洲的农业品种与之前似乎并无明显变化。绿洲政权的农业生产结构总体上依旧是田畜兼营,并以畜牧业为主,种植业为辅,只是两者所占的具体比重存在地域性差异。

在生产结构不同的基础上,种植业相对发达的绿洲国成为近旁缺少耕地和谷物的畜牧业经济政权的"寄田"与"仰谷"对象。绿洲国应是在获得一定政治利益或得到钱财的基础上出让耕地给寄田者,寄田者当两度往返寄田区在绿洲实行春来播种及秋来收获的粗放经营。同时,"仰谷"者利用铁、畜产品等换取绿洲国的谷物。从而以"寄田"与"仰谷"为纽带,西域形成了以种植业相对发达的当道绿洲政权为中心的经济圈,如婼羌—鄯善—且末,山国—焉耆—危须,蒲犁—莎车、依耐—疏勒—莎车。[1] 其中或存在寄田仰谷小国对提供寄田和谷物的绿洲国的政治依附关系。[2]

绿洲的另一支农业开发力量即西汉政权。西汉首先屯田中部轮台地区,将自身势力楔入西域,以对抗匈奴势力并宣扬汉之威德。在屯田一度中断后,西汉重新屯于靠近汉地的东部地区——伊循(还当包括居庐仓附近),扶植亲汉势力;进而再次推进到中部渠犁进行屯田,以驱逐匈奴势力。随着汉匈力量对比发生转折性变化,西汉以西域中部为中心镇抚诸国,屯田地域进一步向西扩展,屯田比胥鞬,以戒备西方势力较强的乌孙、康居叛乱或与匈奴势力联合,后来又重点发展东北部具有重要战略意义的车师前国屯田。其间又根据西域事态发展变化,进行临时屯田。由此突显出西汉屯田较强的政治、军事性质,这

〔1〕参见山本光朗:《"寄田仰穀"考》,第 32 – 65 頁。
〔2〕参见余太山主编:《西域文化史》,中国友谊出版公司 1995 年版,第 71 – 73 页。

也使屯田区皆处于交通要道且具有重要战略地位的绿洲中。用以屯田的土地主要是当地无人垦殖的"故田"和"公田"。屯田生产规模最初较小,后来东部若羌－罗布泊地区及东北部吐鲁番盆地的屯田区已形成较大的聚落,出现了较大规模的民屯。屯田以谷物种植为主,兼营畜牧业,在推动所在地区经济开发的同时,也使屯田区与绿洲政权农业生产技术出现明显差距。为满足自身对谷物的需求,屯田区亦从当地换购谷物,其可能与近旁绿洲国存在以丝织品等物品购买谷物的"积谷"贸易,这一贸易关系当以屯田区为中心。只是这种贸易关系需要西汉向屯田区输送钱帛作为保障,因此,"积谷"贸易会随西汉对西域统治势力的强弱变迁,与上述绿洲国同周边政权间的"寄田""仰谷"经济圈的稳定性无法比拟。

西汉藉屯田积谷,逐渐取代匈奴实现对西域的全面管辖,督察西域以远诸国,并负责汉使者、官员及朝汉使者、官员过往的食宿交通,保障东西交通的畅通与安全。西域绿洲政权则通过进献农产品等方物积极发展与西汉政权的"贡献"贸易,保持同西汉的臣属关系。绿洲国内存在的寄田生产与仰谷贸易提高了交通线上各政权的粮食供应能力,在供给过往朝觐使者的同时,使其他过往人员得以进行"赎食"贸易,获取给养。所以,屯田、积谷与寄田、仰谷共同维系东西交往的畅达。在此基础上,"贡献"贸易、"赎食"贸易繁荣开展。"贡献"贸易、"赎食"贸易与"积谷"贸易、"仰谷"贸易则共同刺激西域绿洲农产品贸易的发展及农业的商品性生产,从而间接显示出交通对农业生产的作用,这种影响无疑对占据交通要道的绿洲更为显著。

西汉政权的屯田积谷与绿洲国的寄田仰谷并非各自孤立、互不影响。绿洲国通过寄田仰谷,增强自身的粮食供给能力,一定程度上可减轻屯田区向过往人员提供粮食的压力,并为屯田区的积谷贸易提供条件。而西汉凭借屯田积谷稳固自身在西域的统治,维护当地诸国的相对独立,可使西域以当道绿洲国为中心的"寄田仰谷"经济圈正常发展。那些区内有屯田积谷活动的绿洲政权更是在政治、军事上有所倚重,其中心地位加强,经济发展获得有利条件。自然环境较差而作为屯田积谷和仰谷贸易中心的鄯善,成为人口较为聚集的地区,当即是显著的例子。这无疑会影响西域诸国综合实力对比的变化。在此基础上,公元1世纪初西汉势力退出西域之后,西域进行政治、军事力量整合,出现了鄯善等绿洲大国称霸的现象。

4 公元1世纪初至5世纪前期西域的绿洲农业

自公元1世纪初西汉势力(含新莽政权)退出西域,至5世纪前期,先后有多支外部政权力量进入西域。如东部的东汉、曹魏、西晋、前凉、前秦、后凉、西凉、北凉等汉地政权;西部主要有贵霜帝国及其分裂后的政权;北部则有匈奴、鲜卑、柔然等游牧政权。这些政权的实力皆与西汉政权不可同日而语,未能对西域进行较为持久稳固的统治,西域绿洲大国役使攻没近旁小国,逐渐形成各自的势力范围。《魏略·西戎传》载西域"南道西行,且志国、小宛国、精绝国、楼兰国皆并属鄯善也。戎卢国、扞弥国、渠勒国、[皮山国]皆并属于寘……中道西行尉梨国、危须国、山王国皆并属焉耆,姑墨国、温宿国、尉头国皆并属龟兹也。桢中国、莎车国、竭石国、渠沙国、西夜国、依耐国、满犁国、亿若国、榆令国、捐毒国、休脩国、琴国皆并属疏勒"。[1] 这样,公元3世纪时,除吐鲁番盆地的车师前国及哈密盆地外,鄯善、于阗、疏勒、龟兹、焉耆五大绿洲王国并峙于西域,确立了大国称雄的格局。各绿洲王国为增强自身实力,积极发展农业生产,加之周边势力的渗入及经由西域的东西交通的发展,绿洲农业生产呈现出新的特点。

4.1 人口资源的整合及农业新品种的引进

4.1.1 人口资源的整合

自《后汉书》以下的正史对西域人口的记载,皆不如《汉书·西域

---

[1]《三国志》卷30,第859-860页。

传》详备。这使探讨公元1世纪初至5世纪前期西域绿洲的人口问题存在极大困难。在此,只能依据文献中的零散记录,对这一时期的人口情况略加探讨。

考察《后汉书·西域传》对绿洲人口的记载,可列表如下:

表4－1 《后汉书·西域传》所见绿洲国人口数量[1]

政权	户数	人口数	胜兵数	户口比	兵户比	兵口比
拘弥	2173	7251	1760	3.34	1.23	4.12
于阗	32000	83000	30000	2.59	0.93	2.77
疏勒	21000	—	30000+	—	1.42	—
焉耆	15000	52000	20000+	3.47	1.33	2.6
车师前国	1500+	4000+	2000	2.67	1.33	2

对比《汉书·西域传》的记载,于阗、焉耆、疏勒的户数分别增长870%、275%、1291%,除疏勒人口数量不明外,于阗、焉耆分别增长330%、62%。上表中,拘弥、于阗、焉耆、车师前国四国的户口比平均是3.02人,按此计算,疏勒人口达63420人,进而计得人口增长率为240%。与之相反的是,拘弥(即西汉统治时期的扜弥)户数与人口数较表3－1均大幅度减少,分别达35%、64%。车师前国户数较表3－1中增加114%,口数却减少近34%。对于于阗等国户、口数大增的情况,余太山指出于阗、疏勒、焉耆等是曾经称霸的南北道绿洲大国,其户、口数量可能是班超首次西使时调查所得,显然包括了被它们役使的小国的户、口,并非真正的人口爆炸。他还推测车师前国的人口资料是得自永建元年(126),因班勇从匈奴手中收得车师前国时,其人口尚有"五千余人",或在延光四年(125)班勇发鄯善、疏勒、车师前部兵击车师后部时人口损失至"四千余"。这也说明《后汉书》中西域户口数

---

〔1〕参见余太山:《两汉魏晋南北朝正史"西域传"所见西域诸国的人口》,载氏著:《两汉魏晋南北朝正史西域传研究》,第317－318页。

不是同一时期记录的。[1] 考虑到东汉对西域的经营时断时续,其他外部势力亦未能完全掌控西域的局势,西域内部大国称霸的现象反复出现,[2] 上表数字仍能在一定程度上反映东汉时期的西域绿洲人口情况。按在人口被视为财富及社会经济发展的必要条件的情况下,"更相攻伐"中,欲称霸政权必然会掳掠人口,且多向统治中心区集中,以增加本国的劳动力资源。那么,称霸国的人口数会与整个王国的人口总数成正比。所以,即使上述数字是对多个称霸王国总人口的统计,仍能大体反映当时绿洲国人口分布的格局。于阗、焉耆、疏勒等称霸绿洲的人口数量较以往增加应无疑义,而于阗、疏勒绿洲人口多于焉耆,与西汉统治西域时期焉耆人数远多于前两者明显不同。

　　西域北部,除上述焉耆、车师前国人口数量发生变化外,龟兹并得姑墨国、温宿国、尉头国,龟兹绿洲的人口应有所增加,它的人口大国地位当得以保持。南部,扜弥国在熹平四年(175)时又遭受于阗攻袭,人口大量丧亡,以致拘弥"时人众裁有千口",[3] 较表中所列又大为减少,其人口大国的地位完全丧失。曾盛极一时的莎车频遭兵革,一次"将诸国兵二万人"与于阗交战时,即被于阗"杀万余人";再次发诸国兵数万人击于阗,又被于阗"斩杀过半",[4] 力量遭到削弱的莎车先后役属于于阗、龟兹等国,其人口无疑会有大量减损。鄯善并得且末、小宛、精绝、戎卢等东南小国,人口也当有所增加。但这些绿洲政权自然环境较为恶劣,原本人口数量少,鄯善绿洲人口增幅应相对有限,不会赶及于阗。于阗成为南部第一人口大国。

---

〔1〕余太山:《两汉魏晋南北朝正史"西域传"所见西域诸国的人口》,第 313 – 326 页。梁景之也提到,兼并活动导致的政治区域的变化,是西域一些国家人口膨胀的根本原因。见梁景之:《汉代塔里木地区的人口分布与变迁》,《新疆社会科学》,1988 年第 1 期,第 88 – 97 页。童丕认为《后汉书》所记西域国家人口较《汉书》中为多,虽然可能有兼并小国的原因或缘于两书统计方法不同,但其统计仍然可信,反映出西域人口的激增,而这并不完全是汉代屯田、移民的结果。见 Éric Trombert, "Notes pour une Évaluation Nouvella de la Colonization des Contrées d'Occident au Temps des Han".

〔2〕余太山:《两汉魏晋南北朝时期西域南北道的绿洲大国称霸现象》,载氏著:《两汉魏晋南北朝正史西域传研究》,第 495 – 507 页。

〔3〕《后汉书》卷 88,第 2915 页。

〔4〕《后汉书》卷 88,第 2925 页。

前文统计数字显示,于阗等称霸绿洲国的人口增长率低于户数增长率,车师前国、扜弥人口的减损率高于户数变动率。与之对应的是,表4-1中可供统计的五国的户口比平均为3.02,表3-1中同样五国的户口比平均为8.17,户内人口呈减少的特征。再看胜兵与户、口的关系,表4-1五国兵户比平均为1.25,表3-1同样五国兵户比平均为1.45,两个时期的兵户比变化不大。表4-1五国兵口比平均是2.72,[1]表3-1为6.32,绿洲国中胜兵在总人口中的比重明显加大。这或与当时战乱频繁、动荡不安的社会状况不无关系。

前述3世纪时,西域已确立大国称霸的格局。在这种政治形势下各绿洲王国的人口情况,根据《晋书》记载,4世纪中期前凉张骏遣杨宣进讨伐焉耆,焉耆王龙熙"率群下四万人肉袒降于宣",[2]可知当时焉耆人口不少于4万。另外,按《宋书》记载,太平真君三年(442)北魏讨北凉,北凉残势西奔鄯善,"未至而鄯善王比龙将四千余家"西奔且末;[3]《魏书》称"鄯善王比龙避沮渠安周之难,率国人之半奔且末"。[4] 以此计算,5世纪前期鄯善国民已达八千余户,较表3-1所列户数增加6430户,增长率近410%。若按前述东汉时期西域绿洲每户人口平均值3.02计算,鄯善国当时有24160人。"八千余户"或有夸大之嫌,但考虑到鄯善为南部称霸国之一,其人口在近两个世纪后较以往大有增加应无疑义。

其他绿洲国人口数量不见于记载,但一些佛教典籍或行纪对4至5世纪初西域绿洲国的僧人数量略有记述。当时西域绿洲国皆奉行佛教,其所供养的僧徒数目当与各国的人口总数成正比。因而,可以通过有关僧徒数量的记载探讨绿洲国的人口情况。《出三藏记集》载4世纪中期鸠摩罗什自罽宾返回龟兹时,"龟兹僧众一万余人"。[5]《高僧传》提到在罗什经疏勒返回龟兹之前,佛陀耶舍至"沙勒国(即疏勒),

---

〔1〕疏勒的人口数按前文63420计,进而得出其兵口比是2.11。

〔2〕《晋书》卷97,第2542-2543页。

〔3〕《宋书》卷98,第2417页。

〔4〕《魏书》卷102,第2262页。

〔5〕僧祐撰,苏晋仁、萧錬子点校:《出三藏记集》,中华书局1995年版,第531页。

国王不悆,请三千僧会,耶舍预其一焉"。[1] 疏勒国王一次邀请的僧人就达三千人,疏勒国的僧众总数当远高于此。法显于400—401年经过西域,他提到鄯善"可有四千余僧",焉耆国"僧亦有四千余人",于阗国"人民殷盛……众僧乃数万人",仅其所住的瞿摩帝伽蓝就有"三千僧"。[2] 于阗僧众最多,其次是龟兹、疏勒,然后是焉耆、鄯善。由此可推测,于阗、龟兹、疏勒人口远多于焉耆、鄯善,于阗无疑仍是南道第一大国;北部则以龟兹、疏勒人口为多。囿于文献,无法获知当时吐鲁番盆地与哈密盆地绿洲的人口情况。从吐鲁番盆地有车师前国外,并在咸和二年(327)由前凉设置高昌郡,[3]可推测当地人口当较以往有大量增加。但考虑到该地原本人口基数较小及自然资源的限制,人口有所增加的吐鲁番盆地,仍不太可能赶及焉耆等其他北部称雄绿洲政权。

综合上述,公元1至5世纪前期西域绿洲的人口资源向鄯善、于阗、焉耆、龟兹、疏勒等称霸绿洲国集中。南部扜弥被于阗兼并,人口资源优势完全丧失;莎车最终并于疏勒,其人口资源亦当大幅减损,和田河流域的于阗成为南道人口最多的绿洲,为该地区农业的发展提供了丰富的劳动力资源。疏勒口数超过焉耆,与龟兹成为西域北部的人口大国。由这五大绿洲王国的情况,可推测西域绿洲人口仍保持着北多南少的分布格局。

关于这一时期的居民,从东边有大量汉人(包括汉化之卢水胡、羌、氐等族),天山以北有匈奴、乌孙、鲜卑、柔然,西边贵霜(大月氏)、粟特、康居、印度人等移居绿洲。其中,东南部鄯善王国成为大批贵霜移民的聚居地,楼兰与东北部吐鲁番盆地,特别是吐鲁番盆地高昌地区又是东来汉人的集中区。[4]绿洲居民构成由此更加复杂。统计高昌郡时期(327—442年)的吐鲁番出土文书,可发现当地居民的姓氏合计有62姓,其中翟、帛、车、羌、安、隗、竺等7姓为胡姓,其余55姓多为

---

[1]慧皎撰,汤用彤校注:《高僧传》,中华书局1992年版,第66页。

[2]法显撰,章巽校注:《法显传校注》,中华书局2008年版,第7—20页。

[3]关于高昌由屯军壁垒向郡县的过渡及高昌郡设立时间,见王素:《高昌史稿——统治编》,第97—133页。

[4]参见周伟洲:《古代新疆地区的民族及其变迁》,第92—98页。

汉姓,[1]恰反映出绿洲多种人群杂居的情况。这为东西农业文化在西域绿洲的交流提供了条件。

在居民种属方面,年代为西汉晚期至东汉时期的楼兰城郊墓群,出土的古尸头骨形态以欧洲人种成分占优势,接近地中海东支类型,即印度－阿富汗类型,另存在个别蒙古人种头骨。[2] 开都河流域的和静察吾呼三号墓地年代约对应于东汉前期,[3]墓中出土的人头骨特征近于欧洲人种,并显示出与欧洲人种的原始形态类群的某些相近,但欧洲人种性质有些弱化,可能带有某种蒙古人种混合特征。[4] 汉晋时代的营盘墓地古尸的人骨材料表明,该人群的体质更接近欧洲人种,欧洲人种因素亦有些弱化,有蒙古人种特征的混杂。与周邻地区各古代组的比较分析表明,该墓地人群与察吾呼三号墓地人群关系最密切。[5] 和田山普拉墓地出土的人头骨形态具有明显的欧洲人种特点,并更接近地中海支系,所以山普拉墓地人群的主成分应属于地中海支系种族,还可能存在不同支系欧洲人种之间混杂的可能性。[6] 关于出土人骨线粒体 DNA 的研究结果表明欧、亚特有的单倍型类群在这里都有分布,具有欧亚混合特征,但其中 U3 亚型占有非常高的比例。[7] 与之十分接近的是尼雅遗址的古代人群,尼雅遗址出土的干尸和颅骨,

〔1〕董永强:《四至八世纪吐鲁番的多民族问题探索》,陕西师范大学博士学位论文 2007 年,第 26 页。

〔2〕韩康信:《楼兰城郊古墓人骨人类学特征的研究》,载氏著:《丝绸之路古代居民种族人类学研究》,第 345－370 页。

〔3〕中国社会科学院考古研究所新疆队、新疆巴音郭楞蒙古自治州文管所:《新疆和静县察吾乎沟口三号墓地发掘简报》。

〔4〕韩康信、张君、赵凌霞:《察吾呼三号、四号墓地人骨的体质人类学研究》,载王明哲主编:《新疆察吾呼——大型氏族墓地发掘报告》,第 299－337 页。

〔5〕陈靓:《新疆尉犁县营盘墓地古人骨的研究》,载《边疆考古研究》(第 1 辑),第 323－341 页。

〔6〕韩康信:《洛浦山普拉古代丛葬墓人骨的种系问题》,载氏著:《丝绸之路古代居民种族人类学研究》,第 305－329 页。邵兴周等人则认为山普拉的颅骨形态具有大蒙古人种的特征,但也具有欧罗巴人种的一些较明显特征,见邵兴周、崔静、杨振江等:《洛浦县山普拉出土颅骨的初步研究》,载《人类学学报》,1988 年第 1 期,第 26－38 页。在此以韩说为是。

〔7〕谢承志、李春香、崔银秋等:《新疆山普拉古代居民线粒体 DNA 研究》,载《自然科学进展》,2007 年第 7 期,第 871－877 页。

普遍具有较明显的欧洲人种特征,且大部分与印欧－地中海人种支系中的印度－阿富汗类型接近,又呈现有古欧洲人种和北欧人种的因素,可能是具有不同欧洲人种类型混合性质的人种类型。个别个体的体质特征有别于欧洲人种,可能与蒙古人种有关。[1] 对尼雅遗址中一例股骨样本的线粒体 DNA 的研究结果也显示其属于 U3 亚型。这一亚型在现代人群中主要集中分布在近东和伊朗,而近东和伊朗人群在人类学分析上也主要属于欧罗巴人种地中海东支。[2] 另外,东汉繁钦《三胡赋》提到:"莎车之胡,黄目深睛,员耳狭颐。"[3] 可知莎车人具有眼眶凹陷、窄面的体质特征,当接近欧洲人种地中海东支类型。

这几条资料显示,西域绿洲居民仍当以欧洲人种为主,且地中海东支类型似已成为最主要的种族类型。另外,若羌－罗布泊地区和开都河－孔雀河流域绿洲的人群,在体质特征上欧洲人种性质有所弱化,显现出蒙古人种的混杂特征,这较和田河流域、尼雅河流域绿洲更为明显,则西域偏东部绿洲中蒙古人种成分占据的比例较以往有所增加,并仍高于其他地区。这与自西汉以来汉地政权始终以西域偏东部地区为经营重心,大量汉人徙入相对应。

4.1.2　农业新品种的引进

公元 1 世纪初至 5 世纪前期,绿洲中增加的农业品种最为重要的当属桑蚕和棉花。中原内地早在史前时期就已植桑育蚕。关于西域植桑的最早记载,见于《后汉书》,即"伊吾地宜五谷、桑麻、蒲萄",[4] 表明哈密盆地的伊吾绿洲在东汉时期已种植桑树。与之紧邻,同样由中原政权积极经营的吐鲁番盆地, 当也已经植有桑树。 吐鲁番出土的

---

〔1〕中日·日中共同尼雅遗迹学术考察队:《中日·日中共同尼雅遗迹学术调查报告书》(第2卷),中村印刷株式会社 1999 年版,第 161－172 页。

〔2〕谢承志、李春香、崔银秋等:《尼雅遗址古代居民线粒体 DNA 研究》,载《西域研究》,2007年第 2 期,第 51－55 页。

〔3〕严可均辑,许振生审定:《全后汉文》(下),商务印书馆 1999 年版,第 943 页。

〔4〕《后汉书》卷 88,第 2914 页。

《前秦建元二十年(384)三月高昌郡高宁县都乡安邑里籍》中,[1]多列有桑田,显示公元4世纪末吐鲁番盆地绿洲已广泛植桑。另一份吐鲁番文书《西凉建初十四年(418)严福愿赁蚕桑券》提到"严福愿从阚金得赁三簿 蚕 桑,贾[价]交与毯",[2]即该地已有关于蚕桑的商业活动,表明5世纪初植桑育蚕在吐鲁番盆地已相当普遍。但蚕的具体引进时间不明,或与引种桑树同时,或较之稍晚。吐鲁番文书《西晋泰始九年(273)高昌翟姜女买棺约》记载:[3]

[1]泰始九年二月九日,大女翟姜女从男子栾奴

[2]买棺一口,贾[价]练廿匹。练即毕,棺即过。

文中买卖双方俱是汉人。买方翟姜女一次就交付二十匹练,不排除她就是练的织造者。若是,早在公元3世纪后期,吐鲁番盆地已经有养蚕业。[4]

考古工作者在尼雅遗址中发现干枯的桑树,还在其中4号遗址北面的房子里发现蚕丝和一粒蚕茧,[5]证明鄯善王国绿洲内有植桑育蚕业。佉卢文书中也多次出现丝织品名目。如第3号文书中,苏耆陀用四十一匹绢购买一名女子;第489号文书中,丝绢被用作罚金;[6]第728号文书记载所交纳的物品,包括"摩怙沙摩交七掌长之绵绸一条"、羊、粗布衣、地毯、绳、粗毯等。[7]这些物品可能是用来交纳税务。丝织品在3、4世纪鄯善王国内被用以支付其他物品的价值,充当一种支付手段,并作为税赋交纳,这种情况只有在当地蚕桑业达到一定规模

〔1〕荣新江、李肖、孟宪实主编:《新获吐鲁番出土文献》(上),中华书局2008年版,第177-179页。

〔2〕唐长孺:《吐鲁番出土文书》图文版(第1册),文物出版社,第6页。

〔3〕张传玺:《中国历代契约会编考释》(上),北京大学出版社1995年版,第83页。

〔4〕参见乜小红:《略论十六国以来高昌地区的丝织业》,载《西北师大学报》,2003年第5期,第54页。

〔5〕阿合买提·热西提:《沙漠之中的古城——尼雅遗址》,见中日共同尼雅遗迹学术考察队、日中共同ニヤ遗跡学術考察队:《中日·日中共同尼雅遗迹学術调查报告书》(第1卷),株式会社法藏馆1996年版,第218-221页。但中日尼雅考察团对尼雅遗址的自然木树种进行采集调查,经实验室的检测,尚未发现桑树。见同书,第154-160页。这或因检测抽样不够全面。

〔6〕〔英〕贝罗著,王广智译:《新疆出土佉卢文残卷译文集》,第1、124页。

〔7〕林梅村:《沙海古卷》,第257页。

时才可能出现。

另外,年代为中原汉晋时期的营盘墓地出土的丝织品中,有一类丝纤维是绵线而非长丝,明显与中原内地所产丝织品不同,为当地所产。楼兰 L.M. 遗址也曾发现同类织物。[1]从而进一步证实当时绿洲已有蚕桑业及丝织业生产。当地丝织业生产以绵制丝方法与《大唐西域记》的记载相吻合。

《大唐西域记》有关于阗引进桑蚕的传说中提到:[2]

> 昔者此国未知桑蚕,闻东国有也,命使以求。时东国君秘而不赐,严敕关防,无令桑蚕种出也。瞿萨旦那王乃卑辞下礼,求婚东国。国君有怀远之志,遂允其请。瞿萨旦那王命使迎妇,而诫曰:"尔致辞东国君女,我国素无丝绵桑蚕之种,可以持来,自为裳服。"女闻其言,密求其种,以桑蚕之子,置帽絮中。既至关防,主者遍索,唯王女帽不敢以验。遂入瞿萨旦那国,止麻射伽蓝故地,方备仪礼,奉迎入宫,以桑蚕种留于此地。阳春告始,乃植其桑。蚕月既临,复事采养。初至也,尚以杂叶饲之。自时厥后,桑树连阴。王妃乃刻石为制,不令伤杀。蚕蛾飞尽,乃得治茧。敢有犯违,明神不佑。遂为先蚕建此伽蓝……故今此国有蚕不杀,窃有取丝者,来年辄不宜蚕。

其中"蚕蛾飞尽,乃得治茧"正是西域绿洲以绵制丝的体现。

传说中并未指出桑蚕传入于阗的时间及"东国"具体所指,国内外学者对此有多种意见。首先对于"东国",有中原[3]高昌[4]扜弥[5]

〔1〕赵丰:《新疆地产绵线织锦研究》,载《西域研究》,2005年第1期,第51-59页。郭丹华、吴子婴、周旸:《新疆营盘出土丝纤维的形貌分析》,载《浙江理工大学学报》,2009年第5期,第682-684页。

〔2〕玄奘、辩机著,季羡林等校注:《大唐西域记校注》(下),中华书局2000年版,第1021-1022页。

〔3〕殷晴:《丝绸之路与西域经济——十二世纪前新疆开发史稿》,第162-164页。

〔4〕李安宁:《"东国公主传蚕种木板画"研究》,载《新疆艺术学院学报》,2005年第1期,第18-21页。

〔5〕李吟屏:《佛国于阗》,新疆人民出版社1991年版,第74-76页。

鄯善[1]等不同说法。但无论何指,西域绿洲的蚕桑传自东边汉地当无疑义。其次关于桑蚕传入于阗的时间,一些国内学者结合正史或考古资料,认为至迟在公元3世纪,于阗已出现桑蚕。[2] 惜无足够的材料支撑这一结论。国外学者分别提出419年、420或440年左右诸说,[3]均缺乏论证。不管于阗在何时引入桑蚕,但考虑到前述3、4世纪鄯善王国桑蚕业的情况及于阗与鄯善王国紧邻的地缘关系,5世纪前期时桑蚕业当已在于阗绿洲广为发展。

《北凉承平五年(447)道人法安弟阿奴举锦券》中称"阿奴从翟绍远举高昌所作黄地丘慈中锦一张,绵经绵纬";《北凉承平八年(450)翟绍远买婢券》提到"翟绍远从石阿奴买婢壹人……交与丘慈锦三张半。贾(价)则毕,人即付"。[4] 这两件文书的年代虽近于或属于5世纪中期,但"丘慈(龟兹)锦"行销于高昌,并起到货币的作用,高昌当地甚至仿制丘慈锦,说明龟兹丝织业生产已较为成熟,而这不可能在短时间内实现。由此可知至5世纪前期龟兹已拥有相当发达的蚕桑业,只是其引入蚕桑的具体时间不明。至于其他绿洲政权是否也引进了桑蚕,文献缺记。但上述传说中,东国禁止桑蚕出关,于阗在直接派使者求之而不得的情况下,只能通过请婚方式谋取蚕桑,表明西域绿洲国知蚕

〔1〕黄烈编:《黄文弼历史考古论集》,文物出版社1989年版,第59页。林梅村:《楼兰公主与蚕种西传于阗和罗马》,载《文物天地》,1996年第4期,第12-15页。张绪山:《中国育蚕术西传拜占庭问题在研究》,载《欧亚学刊》(第8辑),中华书局2008年版,第192-193页。

〔2〕《后汉书·西域传》记载于阗王广德向匈奴乞降,"约岁给罽絮"。殷晴认为其中的"絮"即质量不佳的丝绵,而东汉初,西域同中原往来较少,于阗向匈奴进贡的絮必为地产,另参考洛浦县山普拉墓地出土的绢衣内填有丝绵的现象,推测至迟在3世纪,于阗已出现蚕桑。见殷晴:《丝绸之路与西域经济——十二世纪前新疆开发史稿》,第165-168页。径将"絮"理解为丝绵类,不免有些武断。慧琳《一切经音义》卷四"丹枕"条"天竺国风俗不用木石为枕,皆赤皮或赤色布作囊,贮以靓罗绵及以毛絮之类为枕"(徐时仪校注:《一切经音义三种校本合刊》上,上海古籍出版社2008年版,第576页),则毛类也可称"絮"。考虑到《后汉书》"罽絮","罽"为毛织品,则后面的"絮"是毛类的可能性更大。李吟屏是主要从尼雅遗址的情况推测得出上述结论。见李吟屏:《佛国于阗》,第76-78页。但3世纪时,精绝受鄯善管辖,不能简单以尼雅遗址的情况推测于阗绿洲的植桑、养蚕情况。

〔3〕分别参见〔美〕劳费尔著,林筠因译:《中国伊朗编》,商务印书馆1964年版,第367页。〔法〕L.布尔努瓦著,耿昇译:《丝绸之路》,新疆人民出版社1982年版,第154页。

〔4〕唐长孺:《吐鲁番出土文书》图文版(第1册),文物出版社,第89、93页。

·欧·亚·历·史·文·化·文·库·

桑之利,想尽办法引入本国,自己生产。前章提到绿洲国"贵黄金采缯"的社会习俗无疑更增加了其引进桑蚕的迫切性。在这种情况下,其他绿洲国亦完全有可能先后发展了蚕桑业,即至5世纪前期植桑育蚕在西域绿洲已十分普遍。

蚕桑西传及其在绿洲的发展,反映出农业发展与社会文化及经济利益刺激的密切关系。另外,于阗王利用联姻,将桑蚕种引入本国,正是国家利用政治手段引进农畜品种以发展本国农业的体现,显示了国家政权在农业生产中的重要作用。

棉花非西域绿洲原产。学界对西域的棉花种植,多有论说,意见不一。关于西域种植棉花的时间,主要有三说:一为南北朝时期,即公元5—6世纪说,以沙比提为代表。认为在南北朝时期,西域已植棉并用以纺织。[1] 一为汉-晋说,即公元2—4世纪说,刘文锁根据尼雅遗址、罗布泊楼兰故城、和田洛浦县山普拉墓地、尉犁县营盘墓地的考古资料,推测当时西域塔里木盆地南道有罗布泊、和阗河绿洲等几个早期棉花生产中心,后来又增加了吐鲁番盆地。[2] 一为东汉,即公元2世纪说,以王炳华为代表。他根据斯坦因发掘尼雅遗址与楼兰遗址时发现的棉织物,以及新中国成立之后在尼雅遗址、和田山普拉墓地、楼兰城址附近东汉遗址的发掘过程中,考古工作者发现的大量棉织物,并结合相关文献记载,明确指出早在公元2世纪,塔里木盆地南缘一些聚落的人们不仅已知道棉花、棉布,可能也已种植棉花、纺织棉布。[3]从而将西域引种棉花的时间大大提前。

---

〔1〕沙比提:《从考古发掘资料看新疆古代的棉花种植和纺织》,载《文物》,1973年第10期,第48-51页。刘进宝:《不能对古代新疆地区棉花种植估计过高》,载《中国边疆史地研究》,2005年第4期,第85-89页。吴震:《关于古代植棉研究中的一些问题》,载新疆吐鲁番地区文物局编:《吐鲁番学研究:第二届吐鲁番学国际学术研讨会论文集》,上海辞书出版社2006年版,第27-36页。吴文指出吐鲁番盆地的高昌植棉的可信资料在公元5世纪,于阗地区可能在8世纪的唐代中后期。

〔2〕刘文锁:《沙海古卷释稿》,中华书局2007年版,第111-113页。

〔3〕王炳华:《从考古资料看古代新疆植棉及棉纺织业发展》,载氏著:《西域考古历史论集》,第316-328页。王仲荦:《唐代西州的绁布》,载《文物》,1976年第1期,第85页。吐尔逊·艾沙:《罗布淖尔地区东汉墓发掘及初步研究》,载《新疆社会科学》,1983年第1期,第128-134页。

从相关分析来看,笔者认为王炳华先生说较为合理。营盘墓地出土的农作物有棉籽,该墓地恰为东汉魏晋时期。[1] 棉籽的出现更增强了西域早在公元2世纪种植棉花的可能性。

另有与西域棉花种植相关的文献资料可为佐证。林梅村指出第431-2、581号佉卢文书中的"kavaj'i",就是汉文中的"吉贝","kavaj'i namadaǵa"即指"棉布"。[2] 若是,第581号文书中,棉布被用来支付葡萄园的价值。[3] 吐鲁番盆地也有类似情况。[4] 进而可推测,3、4世纪,西域绿洲的棉花种植与棉布生产已具有一定规模。

同一时期,棉花在帕米尔以西的绿洲也有广泛种植。《太平御览》记"吴笃《赵书》曰:石勒建平二年(331),大宛献珊瑚、琉璃、氍毹、白叠"。[5] 各政权向中原内地贡献的多为方物,则其中的白叠当为大宛所产。该物在4世纪是用来同中原内地政权进行贡赐贸易的物品之一。早在曹魏时,"《魏文帝诏》曰:夫珍玩所生,皆中国。及西域他方,物比不如也。代郡黄布为细,乐浪练为精,江东太末布为白,故不如白叠"。[6] 白叠是"西域"方物,在曹魏时期已闻名于中原内地,表明公元3世纪,"西域"已广泛种植棉花,并有先进的棉织技术。但文帝诏中的"西域"应指广义上的西域,包括帕米尔以西的大宛等政权。因而,目前尚无法断定当时狭义的西域绿洲,在棉花种植及棉布生产方面是否已达到帕米尔以西绿洲的程度。

关于西域引种棉花的品种及其来源,沙比提根据新疆巴楚脱库孜沙来出土唐代棉籽为草棉,推测之前新疆引进并栽培的品种也是草

〔1〕新疆文物考古研究所:《新疆尉犁县营盘墓地1995年发掘简报》,载《文物》,2002年第6期,第42页。

〔2〕林梅村:《公元3世纪的西域纺织物》,载《西域研究》,1998年第1期,收入其著:《古道西风——考古新发现所见中西文化交流》,三联书店2000年版,第379页。

〔3〕〔英〕贝罗奔,王广智译:《新疆出土佉卢文残卷译文集》,第155页。

〔4〕王艳明曾引《吐鲁番出土文书》(第1册)中的《前凉升平十四年(370)残券》,指出其中的"㲲"为"叠"的别字,进而指明在公元4世纪,高昌地区已经以叠布作为土地买卖或租借的价格。见王艳明:《晋唐时期吐鲁番的植棉和棉纺织业》,载《敦煌研究》,2005年第1期,第37-38页。

〔5〕《太平御览》卷820,第3653页。

〔6〕《太平御览》卷820,第3649页。

棉,进而笼统地指出草棉由非洲与阿拉伯东传至今天的新疆。[1] 于绍杰认为草棉从非洲传到阿拉伯,然后经伊朗、巴基斯坦,传入今新疆地区。[2] 刘进宝从西域同印度的地缘关系考虑,吴震从我国棉花及棉织品的名称皆是梵语音译的角度分析,都认为西域引种的棉花源于印度。[3]

但西域同帕米尔以西的中亚地区同样有地缘关系,西域种植的棉花完全有可能从中亚地区引进。另外,农作物品种及其名称的传播,并非一定按地域直接传播,存在跨地域间接传播的可能。上述关于西域棉花来源的观点似有些绝对化。袁庭栋曾撰文写到吐鲁番晋代墓葬中发现炭化的棉籽,经鉴定是非洲棉(即草棉)。[4] 不知他所依据的信息出自何处。目前也没有对营盘墓地出土棉籽品种的鉴定报告。因而,正如刘文锁所说,西域引种的棉花是来源于印度,还是中亚某地,尚不能确定;其品种是草棉还是亚洲棉也不能确定。[5]

西域绿洲虽已种植棉花,但年代在公元1至5世纪前期之间有棉织物出土的墓葬中,所出土的棉织物没有毛织物、丝织品的数量多。或与墓葬这种特定环境有关,因为入葬的衣物在布料的选用上有一定讲究,较少用棉布。也可能是由当地棉花种植规模有限造成的,而这可能与当时西域绿洲棉纺织技术的落后存在一定关系。无论是草棉还是亚洲棉,都耐干旱,生长期短,适于西域绿洲的气候。但两者的棉纤维都是种子纤维,棉纤维附着在种子上,不易剥离。棉纤维又较短,纺纱费力。赵冈就此以草棉为例,分析指出因棉花的特性及其纤维构造,丝麻的生产技术不能完全用于棉纺织生产上,必须独立研创特殊的工具与技术来应付特有的生产工序。由于这种种原因,由棉花织成布的过程中必定要消耗大量的人力,生产成本高,影响到棉花的种植及棉纺

---

〔1〕沙比提:《从考古发掘资料看新疆古代的棉花种植和纺织》,第48—51页。

〔2〕于绍杰:《中国植棉史考证》,载《中国农史》,1993年第2期,第28页。

〔3〕刘进宝:《不能对古代新疆地区棉花种植估计过高》,第86页。吴震:《关于古代植棉研究中的一些问题》,第27—36页。吴文中的印度泛指南亚次大陆,乃至今阿富汗的一部分。

〔4〕袁庭栋:《棉花是怎样在中国传播开的》,载《文史知识》,1984年第2期,第72页。

〔5〕刘文锁:《沙海古卷释稿》,第108—114页。

织生产。[1] 西域以毛纺织技术见长,但毛纺织的生产技术同样不能完全应用于棉纺织生产。生产过程中需耗费大量劳力的情况也不适于劳动力资源并不丰富的西域绿洲(关于绿洲劳动力资源缺乏的论述,详见下文。)因而,推测当时棉纺织技术仍较为低下,一定程度上制约着西域绿洲的植棉规模及棉织品的使用,体现出手工业生产技术对农业生产的影响。

园艺作物种类明显增多,如石榴、桃、杏、核桃、沙枣、枣等果树及蔓菁、瓜等蔬菜。[2] 佉卢文资料中多见征收石榴税的内容,[3] 表明公元3、4世纪时,鄯善王国辖下的精绝绿洲已广泛种植该作物。劳费尔考证石榴原产波斯及其附近地区,最初传到中国似乎是公元3世纪后半叶。他还指出桃和杏最先由中国种植,而核桃原产波斯,由西域传入今甘肃。[4] 西域绿洲成为东西方园艺作物传播的中转站,但当地具体何时引种石榴、桃树、杏树、核桃树等,无从考证。而关于梨树的栽植,只有尼雅遗址95MN1号墓地中出土的已成干的梨作为证据。[5] 据研究,梨的起源中心有三:中国中心、中亚中心和近东中心,而我国西部、西南部山区是梨属的原始中心。中国中心里包含的梨属即东方梨(亚洲梨),现代的新疆梨就属于这一类。[6] 但因不知出土的梨干属于哪一类系,所以目前无法判断绿洲的梨树是源于当地还是自外部引入。

〔1〕赵冈:《唐代西州的布价——从物价看古代中国的棉纺织业》,见 http://economy. guoxue. com/article. php/7864. 原载《幼狮月刊》,第46卷第6期,1977年。

〔2〕〔英〕奥里尔·斯坦因著,巫新华等译:《古代和田》,山东人民出版社2009年版,第357页;巫新华译:《沿着古代中亚的道路》,广西师范大学出版社2008年版,第91页。王炳华:《从考古资料看新疆古代的农业生产》,第214-221页。张玉忠:《新疆出土的古代农作物简介》,载《农业考古》,1983年第1期,第122-126页。阿合买提·热西提:《沙漠之中的古城——尼雅遗址》。

〔3〕林梅村:《沙海古卷》,第87、242-243页。

〔4〕〔美〕劳费尔著,林筠因译:《中国伊朗编》,第101-113、369-371、79-91页。

〔5〕王炳华、吕恩国、于志勇等:《95MN1号墓地的调查》,载中日·日中共同尼雅遗迹学术考察队:《中日·日中共同尼雅遗迹学术调查报告书》(第2卷),第92页。

〔6〕G. A. Rubtsov, "Geographical distribution of the genus Pyrus and trends and factors in its evolution", *The American Naturalist*, vol. 78, no. 777, 1944, pp. 358-366. 滕元文、鲍露、郑小艳:《梨属植物的起源与系统关系》,《中国园艺学会第六届青年学术讨论会论文集》,2004年,第23-29页。

另外,佉卢文书中提到胡椒、薑、小豆蔻等,[1]尚不能确定是否为当地所产。

考古资料与文献记载反映出公元 1 世纪初至 5 世纪前期,绿洲种植的粮食作物仍主要是粟、糜、大麦、小麦等。在属于这一时期的营盘墓地内发现了稻草,只是不见果实。与现代栽培稻相比较,其茎秆较低矮,叶子短窄,叶舌、叶脉特征基本相似。从其有限的出土数量推测,营盘稻似为野生稻。[2] 因而,尽管帕米尔以西的绿洲早已种植水稻,如大宛"土宜稻麦",[3]却不能肯定这一时期西域绿洲是否种植水稻。

至于绿洲内的畜种,除上面提到引进蚕种外,与前一时期相比似乎没有大的变化。但根据考古资料,可以明确绿洲内已有鹿、猪和鸡。[4] 结合有关前一时期的分析,知西域绿洲民众在公元 1 世纪初至 5 世纪前期,不但饲养骆驼、马、牛、羊、猪、狗等家畜,也饲养鸡类家禽。鹿是否已属于驯化的畜种,尚无直接证据证明。

4.2 新绿洲农业区的兴起及其生产

绿洲新农业区的兴起与汉地政权的经营密切相关。现有资料主要反映了罗布泊地区的楼兰及吐鲁番盆地的高昌两地情况。因而,以下论述主要围绕这两个地区展开。

4.2.1 绿洲新农业区的兴起

西汉之后,汉地政权对西域的控制力远不如西汉,但仍在该地实行屯田政策。永平十六年(73),东汉击败挟西域诸国袭扰河西地区的北匈奴,最先在哈密盆地的伊吾屯田,置宜禾都尉。次年冬破车师国,东汉设西域都护、戊己校尉,戊己校尉屯田于车师前国的柳中城和天山以北车师后国的金蒲城。另外还屯田楼兰。永平十八年,西域反叛,

---

〔1〕林梅村:《沙海古卷》,第 314 页。
〔2〕新疆文物考古研究所:《新疆尉犁县营盘墓地 1995 年发掘简报》,第 7、42 页。
〔3〕《晋书》卷 97,第 2543 页。
〔4〕参见新疆维吾尔自治区博物馆考古队:《新疆民丰大沙漠中的古遗址》,载《考古》,1961年第 3 期,第 119 - 126 页。王炳华,吕恩国,于志勇等:《95MN1 号墓地的调查》,第 92 - 115 页。

北匈奴又围攻之,东汉不得已撤回戊己校尉,停派都护,于建初二年(77)罢伊吾屯田。柳中、楼兰屯田亦当随之结束。但继续在西域活动的班超,开启了东汉在西部地区的屯田。再次击破北匈奴,夺回伊吾,以及班超安定疏勒、龟兹等国后,永元三年(91)东汉复置西域都护、戊己校尉,屯田于车师前国高昌壁。伊吾屯田亦恢复。因西域都护任尚及继任都护与长史举措不当,西域诸国叛汉,随后发生的羌乱又阻断河西交通,使西域同内地失去联系,安帝永初元年(107)东汉再次撤伊吾、柳中屯田。北匈奴势力重新进入西域。元初六年(119),敦煌太守曾遣长史索班将千余人屯伊吾,但不久屯田即废。直到延光三年(124),东汉才以班勇为西域长史屯田柳中。永建六年(131),东汉再开伊吾屯田。[1] 顺帝以后,东汉统治日趋瓦解,对西域的控制总体上呈现一种无能为力的态势。西域屯田是缩小还是废止,无文献记载,不得其详。[2]

考古工作者在民丰收集到的一枚炭精印,学界一般将其印文读作"司禾府印"。或认为该印是东汉掌管精绝屯田事务的机构的印章,也有文指出是东汉在精绝设置掌管钱谷机构的长官用印。[3] 裘锡圭提出不同意见,指出其中一字究竟是否为"禾",尚有疑义,该印或与屯田无关。[4] 另外,印章文字正刻,说明并不是实用印。或以为是管理屯田的小吏的陪葬印,[5] 但也不能排除其是汉印的地方仿制品的可能性。[6] 因而,东汉是否在精绝绿洲屯田还有待证实。

〔1〕《后汉书》卷88,第2912页。

〔2〕关于东汉屯田西域绿洲的情况,主要参见刘光华:《汉代西北屯田研究》,第167-172页。

〔3〕分别见贾应逸:《新疆尼雅出土"司禾府印"》,载《文物》,1984年第9期,第87页;平一:《"司禾府印"小考》,载《新疆文物》,1990年第2期,第111-112页。

〔4〕裘锡圭:《从出土文字资料看秦和西汉时代官有农田的经营》,见臧振华编辑:《中国考古学与历史学之整合研究》(上),中央研究院历史语言研究所出版品编辑委员会1997年版,第461页。

〔5〕王人聪、叶其峰:《秦汉魏晋南北朝官印研究》,香港中文大学文物馆1990年版,第139页。

〔6〕参见Helen Wang and Wang tao, "The Anau Seal and the Questions It Raises", *Journal of Inner Asian Art and Archaeology*, vol. 2, 2007, pp. 143-150, 159. 汉译文见〔美〕汪涛、汪海岚撰,韩香译:《安瑙印章及其引出的问题》,载《西域文史》(第6辑),科学出版社2011年版,第79-88页。

继东汉而立的曹魏、西晋政权,亦曾积极经营西域,并在绿洲设置屯田。除在高昌设戊己校尉外,楼兰汉文文书反映两政权还在楼兰设西域长史,管理屯田垦殖。[1] 文书证实楼兰为当时中原政权统治西域的政治军事中心,高昌屯田戍守事宜受其制约。[2] 西晋末年,因内乱无暇顾及西域,该地的屯田或受一定影响。但楼兰文书表明割据凉州的前凉政权继续经营楼兰,置西域长史,在高昌置戊己校尉,一如魏晋。但咸和二年(327)前凉在高昌设郡后,戊己校尉治所不明。[3]

继前凉统治西域地区的是前秦与后凉、西凉、北凉等政权。文献中没有关于这些政权继续屯田西域的记载,但都控制着高昌郡。特别是吕光建立的后凉,更加重视对西域的经营,委任自己的儿子镇守高昌。这一时期,楼兰的经营情况不明,该地的农业生产或仍在持续。[4]

上述政权以地处交通要道、具有重要战略意义的吐鲁番盆地和罗布泊地区为经营西域的重心,自东汉中后期不再置西域都护,主管西域事务的长官有长史、校尉等,其实际受敦煌太守、凉州刺史管辖。从而间接反映出汉地政权对西域经营采取消极态度,经营规格降低。[5] 这也使内地统治西域的实力大为减弱,屯田随之多有兴废。与西汉以吐鲁番盆地及罗布泊地区为重心、其他地区为辅助,屯田地点广布的格局不同,东汉以下内地政权的屯田生产主要集中在高昌与楼兰地区。在此基础上,两地逐渐成为新的绿洲农业经济区。

---

〔1〕关于魏晋在西域设置戊己校尉、西域长史的时间及中断问题,参见余太山著:《两汉魏晋南北朝与西域关系史研究》,第107–116页。李宝通提出黄初至嘉平年间,楼兰并不属魏,而由蜀汉经营。见李宝通:《蜀汉经略楼兰史脉索隐》,载《简牍学研究》(第2辑),甘肃人民出版社1998年版,第254–261页。

〔2〕胡平生:《魏末晋初楼兰文书编年系联》(下),载《西北民族研究》,1991年第2期,第8页。

〔3〕余太山推测高昌立郡后,戊己校尉或寄治魏晋时期的敦煌北界。见余太山著:《两汉魏晋南北朝与西域关系史研究》,第127–128页。

〔4〕目前学界多认为楼兰屯田区在公元330年左右消失,但缺乏有力证据。

〔5〕唐长孺:《魏晋时期有关高昌的一些资料》,载《中国史研究》,1979年第1期,收入其著:《山居存稿》,中华书局1989年版,第334页。马雍:《东汉〈曹全碑〉中有关西域的重要史料》,《文史》(第12辑),收入其著:《西域史地文物丛考》,文物出版社1990年版,第44页。余太山著:《两汉魏晋南北朝与西域关系史研究》,第95–96页。赵俪生主编:《古代西北屯田开发史》,甘肃文化出版社1997年版,第75–77页。Éric Trombert, "Notes pour une Évaluation Nouvella de la Colonization des Contrées d'Occident au Temps des Han".

关于楼兰、高昌地区的农业生产规模,文献没有直接记载。但东汉时期的屯田中有弛刑谪徒及徙边的家属,[1]曹魏景元三年(262),亦曾"徙(邓)艾妻子及孙于西域"。[2] 所以屯田生产者并非只有兵卒,这无疑为吐鲁番盆地、罗布泊等地的军屯变为民屯,促进两地农业生产规模扩大提供了条件。孟凡人根据楼兰汉文文书的记载,指出魏晋时期楼兰城的居民除西域长史机构中各类人员、戍卒屯戍人员外,还有当地土著居民、汉族普通居民及一定数量的流动人口等;长史机构对该地区的居民实行户籍制,以家户为单位,统计每户家庭的成员及其年龄、变动情况。[3] 可知楼兰屯戍区在魏晋时期已成为多民族共居的聚落,该地农业经济规模当也随之扩大,成为了一个较为稳定的农业生产区。

高昌由最初兴废不定的屯戍区逐渐发展成为凉州辖下的一郡,本身就说明这一地区定居人口大量增加,已是一个稳固的经济生产区。当地不仅有屯田生产,还存在私营农业。现引《前秦建元二十年(384)三月高昌郡高宁县都乡安邑里籍》记载:[4]

(一)

(前缺)

[1]奴妻扈年廿五　　小男一　得孙乔坞下田二亩

[2]奴息男郍年八　　凡口七　虏奴益富年卅入李洪安
　　　　　　　　　　　　　虏婢益心年廿入苏计

[3]郍女弟蒲年一新上　　舍一区

[4]贺妻李年廿五　　口　　[ ]

〔1〕刘光华:《汉代西北屯田研究》,第187-192页。
〔2〕《三国志》卷28,第781页。
〔3〕孟凡人:《楼兰新史》,第154-155、158-161页。
〔4〕荣新江,李肖,孟宪实:《新获吐鲁番出土文献》(上),第177-179页。第二断片第9行"丁男一"、第11行次丁男三是根据王素的分析改录。见王素:《吐鲁番新获高昌郡文书的断代与研究》,载土肥义和编:《敦煌·吐鲁番出土汉文文书の新研究》,東洋文庫2009年版,第13-15页。

[5] 高昌郡高宁县都乡安邑里民崔矞囗

[6] 弟平年 [　] [　] 囗

[7] 矞妻口年 [　] [　] 囗

[8] 平妻郭年 廿 [　] [　] 囗囗囗田囗囗亩

[9] 矞 息女 颜 年廿一从夫 [　] 得阇高桑园四亩半

[10] 颜男弟仕年十四 [　] 　　得江进卤田二亩以一亩为
　　场地

[11] 仕女弟训年十二 　　　　得李亏(?)田地桑三亩

[12] 平息男生年三 新 上 　　　舍一区

[13] 生男弟麹(?)年一新上 　 建 [　　　]

(后缺)

(二)

(前缺)

[2] 女々弟素年九新上凡口八 　得猛季常田四亩

[3] 素女弟训年六新上 　　　西塞奴益富年廿入
　　李雪

　　　　　　　　　　　　虏婢巧成年廿新上

[4] 勋男弟明年三新上 　　　舍一区

[5] 明男弟平年一新上 　　　建元廿年三月藉(籍)

[6] 高昌郡高宁县都乡安邑里民张晏年廿三

[7] 叔聪年卅五物故 　　奴女弟想年九 　　　桑三亩半

[8] 母荆年五十三 　　晏妻辛年廿新上 　城南常田四十
　　一亩入李规

[9] 叔妻刘年 卅 六 　 丁男一 　　　　　得张崇桑一亩

[10] 晏女弟婢年廿物故 丁女三 　　　　沙车城下道北
　　田二亩

[11] 婢男弟隆年十五 　 次 丁男三 　　　率加田五亩

[12]隆男弟驹匚　　　　　［　　　］　　　　　［　　　］区

[13]驹女弟匚　　　　　　［　　　］　　　　　［　　　］

[14]聪息男匚　　　　　　凡口九　　　　　　　［　　　］

[15]高昌郡高宁县都乡安邑里民匚

[16]妻朱年五十　　　　　丁男一　　　　　　沙车城下田十
亩入赵囗

[17]息男隆年卅三物故　丁女一　　　　　埇坞下桑二亩
入杨抚

[18]隆妻张年廿八还姓　小女一　　　　　囗坞园二亩
入囗囗

[19]隆息女颜年九　　　　小男一　　　　　舍一区

[20]颜匚　　　　　　　　［　　　］　　　　　［　　　］

（后缺）

文中的"得""入"分别表示土地的"买得"和"出卖"。[1]　五户家庭，都有买卖土地的记录，表明高昌地区大量私田的存在，以及当地土地买卖的现象非常普遍。这从侧面反映出高昌农业经济规模的进一步扩大。

历经近四个世纪，西域东北部与东部绿洲中的屯戍据点转变为较大规模的聚落，新的农业生产区在此基础上兴建起来。吐鲁番盆地较罗布泊地区的经济发展更进一步，高昌逐渐拥有了完备的郡县行政建置，成为了一个稳定的经济生产区。官府屯田的开展与汉地移民的大量涌入，无疑促进了东北部及东部地区的汉化。这使西域绿洲的农业生产在一定程度上呈现东、西部分异的特点。

4.2.2　新农业区的生产经营

根据学者对楼兰汉文文书的研究，新农业区屯田生产的一种经营

---

〔1〕荣新江：《吐鲁番新出〈前秦建元二十年籍〉研究》，载荣新江、李肖、孟宪实主编：《新获吐鲁番出土文献研究论集》，中国人民大学出版社 2010 年版，第 34－36 页。原刊于《中华文史论丛》，2007 年第 4 期。

方式,是屯田官员直接役使兵卒。魏晋政权设西域长史机构主管屯田成守事宜,每二、三十名屯戍兵卒编成一部,每部由诸督将率领,称为"将……部"。在种植业生产方面,人均耕种约20亩土地,种植的农作物有大麦、小麦、粟、糜、苜蓿等,并生产一定数量的蔬菜。具体的生产活动,自领种、春耕、下种、灌溉、锄草、收获、入藏,都需簿录在册,始终受到屯戍机构的严格督察与考核。屯田所需的生产资料,如农作物籽种与生产工具,以及屯田兵卒的生活资料等皆由官府提供。屯田区内还存在畜牧业,饲养马、牛、驼、驴等,部中兵士每二人一组饲养一头牲畜。[1]

屯田种植业生产亦当存在其他经营方式。吐鲁番文书《北凉玄始十二年(公元423年)兵曹牒为补代差佃守代事》记载:[2]

[1]⊏范晟□佃,请以外军张成代晟⊏

[2]⊏隗休 身 死,请以外军王阿连 代 ⊏

(中略)

[9]⊏被符省县示(桑)佃,差看可者廿人知,⊏

[10]⊏ 以 阚相平等殷可任佃,以○游民阚⊏

[11]□□佃,求纪识。请如解纪识。

(中略)

[15]兵曹掾张龙,史张□白。牒事在右,事诺注簿。

(后略)

该文书为兵曹牒,牒中佃耕的土地是由军队负责的,其性质当属于军屯生产;被要求佃耕屯田的范晟、阚相平等应为农民身份,而非外军。[3] 那么,高昌的屯田生产者包括普通百姓,役使百姓佃耕成为高

---

〔1〕赵俪生主编:《古代西北屯田开发史》,第110-114页。长泽和俊:《魏晋楼兰屯戍考》,载〔日〕长泽和俊著,钟美珠译:《丝绸之路史研究》,天津古籍出版社1990年版,第107-108页。伊藤敏雄:《魏晋楼蘭屯戍における水利開発と農業活動——魏晋楼蘭屯戍の基礎の整理(三)》,《歴史研究》,第28卷,1991年,第1-31页。孟凡人:《楼兰新史》,第144-145页。

〔2〕唐长孺:《吐鲁番出土文书》图文版(第1册),文物出版社,第30-31页。

〔3〕参见林日举:《高昌郡赋役制度杂考》,载《中国社会经济史研究》,1993年第2期,第24-25页。

昌屯田的一种经营方式。但从文意可知这种佃耕经营仍具有一定的强制性。[1]

需要注意的是,高昌郡时期的《都乡啬夫被符征发役作文书二》提到"右五家户作次,逮知为官种荒芜冂"。[2] "为官种荒芜"或与上述军屯佃耕役有所区别,但其所耕田地无疑也是官田,同样征发百姓劳作,亦带有强制性,从而进一步表明高昌土地性质的多样性及农业经济规模的扩大。或以为"为官种荒芜"与上述佃役不是临时差遣,而是要对官田农作物生长的全过程负责,实际对官田已具有"承包"的性质。[3] 只是现有材料对此尚不能证明。

楼兰屯田区是否也实行佃耕经营,没有直接的证据,但有楼兰汉简云:

（上残）佃田（下残）L.A.Ⅵ.Ⅱ－侯木 LBT:026[4]

简文过于残缺,孟凡人等都认为该简的"佃田"并非针对屯田而言,屯田只是由士兵集体耕作。[5] 对此,仍有探讨的余地。赵俪生曾分析居延汉简,指出汉代屯田中存在租佃制,并推测佃种者非戍卒本人,而是家属私从。[6] 裘锡圭给予更深入的分析,指出至迟在西汉中期,一些田官已将部分屯田以较高的租额出租给私人耕种;居延汉简中不少戍卒带家属戍边,戍卒家属跟戍卒一样从公家领取口粮,屯田的承租者不大可能是一般平民（包括流民）,很可能是可以领取口粮的戍卒家

---

〔1〕李宝通根据《兵曹条往守白芳人名文书一》内因输租问题而被兵曹谪发的人员中出现"王阿连"之名,指出此人即为上引文书中从事佃耕的外军王阿连,并推测高昌屯田经营的强制劳役已改为定额输租。见李宝通:《试论魏晋南北朝高昌屯田的渊源流变》,载《西北师大学报》,1992年第6期,第82－83页。但上引文书残缺,尚不能确定外军王阿连代替他人所从事的是何种役作。另外,单从人名相同也无法断定两者是同一人。所以,目前的资料仍不能表明当时的屯田经营已出现定额输租的情况。

〔2〕唐长孺:《吐鲁番出土文书》图文版（第1册）,文物出版社,第41页。该文书年代在北凉余绪到达高昌之前,参见王素:《吐鲁番出土高昌文献编年》,新文丰出版社1997年版,第119页。下文所引无确切年代文书的系年情况,皆参见王素该书,不再一一注出。

〔3〕严耀中:《十六国时期高昌官地上的"佃役"与"共分治"》,载氏著:《魏晋南北朝史考论》,上海人民出版社2010年版,第34－39页。

〔4〕侯灿、杨代欣:《楼兰汉文简纸文书集成》,天地出版社1999年版,第481页。

〔5〕孟凡人:《楼兰新史》,第158页。赵俪生主编:《古代西北屯田开发史》,第106页。

〔6〕赵俪生:《中国土地制度史》,齐鲁书社1984年版,第77页。

属,由此减轻公家的一些负担。自东汉以后,屯田出租经营的情况进一步发展,魏晋时期,官府把所屯之田租佃给屯田户,如私家地主般收取田租,成为屯田经营中的主导方式;这一过程正是屯田由单纯的军屯逐渐演变成以所谓"民屯"为主的过程。[1] 前已提及,高昌、楼兰地区由屯戍据点发展成较大规模的聚落,区内并非只有士卒。因而,楼兰、高昌等绿洲的屯田完全可以实行租佃经营。上引楼兰"佃田"简也很可能是针对屯田而言。

下面一枚楼兰汉简记载:

建兴十八年三月十七日粟 特 胡楼 兰 （下残）

一万石钱二百 （正面）

功曹 主簿 （反面） L. A. I. iii1 – 沙木 886[2]

胡平生释读出其中的"特"字,认为该文书反映的是前凉驻军向楼兰的粟特胡征收钱粮赋税。[3] 该简与楼兰遗址出土的4世纪初年的粟特语文书,证实前凉时期楼兰地区有粟特胡人聚居,且不在少数,[4] 成为楼兰农业开发的重要力量。[5] 从长史机构功曹、主簿征收的包括粮食和钱的角度考虑,简中楼兰粟特人虽受长史机构管辖,但不是屯田兵卒。其耕种的土地,可能是租种的屯田,即屯田实行租佃经营;也可能是自己的私有田地,而该私田或是由屯田机构赋予的,那么当时已出

---

〔1〕裘锡圭:《从出土文字资料看秦和西汉时代官有农田的经营》,第 462 – 468 页。

〔2〕侯灿、杨代欣:《楼兰汉文简纸文书集成》,第 61 页。

〔3〕胡平生:《楼兰出土文书释丛》,载《文物》,1991 年第 8 期,第 41 – 42 页。

〔4〕N. Sims-Williams, "The Sogdian Fragments of the British Library", In *Indo-Iranian journal*, Vol. 18, 1976, p.40, n.10. 参见荣新江:《西域粟特移民聚落考》,载氏著:《中古中国与外来文明》,三联书店 2001 年版,第 27 – 28 页。不同的是,李宝通认为上引"建兴十八年"简应系于蜀汉,为公元3世纪。见李宝通:《蜀汉经略楼兰史脉索隐》,第 258 – 260 页。不论系于何时,皆表明楼兰地区有大量粟特人聚居。

〔5〕辛姆斯－威廉姆斯(N. Sims-Williams)等人分析敦煌出土的第五号粟特文古信札,认为其中的"黑人"是指经济困难或境况较差的粟特农夫,黑色是中亚地区农民的肤色特征。见 F. Grenet, N. Sims-Williams, and É. de la Vaissière, "The Sogdian Ancient Letter V", In *Bulletin of the Asia Institute*, Vol. 12, 1998, p.100. 毕波认为这些"黑人"也可能并非粟特人,而是史书中记载的"昆仑奴"。见毕波:《粟特文古信札汉译与注释》,载《文史》(第 67 辑),中华书局 2004 年版,第 92 页。毕波的质疑较为合理,但根据上引粟特胡简及楼兰等地出土的粟特文资料,粟特人在西域绿洲进行农业生产当无疑义。

现屯田私田化的趋势。不管何种情况,这与上述高昌屯田役使百姓佃耕都反映出屯田区农业并非单纯的军屯生产,其经营方式已多样化。

考察屯田种植业的生产结构,有楼兰汉简云:

> 大麦二顷已截廿亩 下床九十亩溉七十亩
>
> 将张金部见兵廿一人小麦卅七亩已截廿九亩
>
> 禾一顷八十五亩溉廿亩莇九十亩
>
> (正面)

> 大麦六十六亩已截五十亩　　下床
>
> 八十亩溉七十亩
>
> 将梁襄部见兵廿六人
>
> 小麦六十二亩溉五十亩
>
> 禾一顷七十亩莇五十亩溉五十亩
>
> (反面)LA. VI. ii. 0107 – CH. 753(林 479)[1]

王国维把张金部中第二行录作"小麦卅七亩已□廿九亩",并指出文中的床为糜,莇通耡,[2]即锄字。文中记录了两部兵卒耕作生产的情况,其中的"莇",是指中耕除草,[3]"截",当指收割。简文内容涉及糜的播种,粟(禾)的灌溉、中耕,大麦收割,显示糜、粟与麦子的播种期、成熟期不同,收获大麦时,小麦与粟仍在生长期,而糜则刚刚下种。进而可知"小麦卅七亩已□廿九亩"的阙文可补为"溉",而释为"截"字误。

以上两部种植的粮食作物中,大麦 2 顷 66 亩、小麦 99 亩、糜 1 顷 70 亩、粟 3 顷 55 亩。粟的种植面积最大,其次是大麦和糜,小麦最少。另外,楼兰廪给类文书中,供给兵卒的粮食也以糜和大麦为主。[4] 这

---

〔1〕林梅村:《楼兰尼雅出土文书》,文物出版社 1985 年版,第 70 页。

〔2〕罗振玉、王国维编著:《流沙坠简》,中华书局 1993 年版,第 153 – 155 页。关于该简的图版,见是书第 38 页。

〔3〕〔日〕米田贤次郎,余太山译:《秦汉帝国的军事组织》,见中国社会科学院历史研究所战国秦汉史研究室编:《简牍研究译丛》(第 2 辑),中国社会科学出版社 1987 年版,第 184 页。

〔4〕参见薛瑞泽:《从〈楼兰尼雅出土文书〉看汉魏晋在鄯善地区的农业生产》,载《中国农史》,1993 年第 3 期,第 14 – 19 页。

95

· 欧 · 亚 · 历 · 史 · 文 · 化 · 文 · 库 ·

表明当时军屯生产粮食类作物,以耐旱的粟、糜、大麦为主,小麦似乎不占主导地位。这与中原粮食类作物的种植结构大体相同。[1]

前引《北凉玄始十二年(公元423年)兵曹牒为补代差佃守代事》记载的军屯中有"桑佃"一项,说明高昌屯田生产已种植桑树,而非只经营粮食作物、蔬菜和苜蓿等生产,农作物种植更具有多样性。这当与该地的社会状况发生变化有关。高昌屯田区人口大量增加,前凉在此设郡加以统治,安置流民、垦殖荒地,发展经济无疑成为当地官府的主要任务。屯田生产的政治、军事防御性也当随之有所减弱,屯田中广泛种植具有较高生产经济效益的桑树类作物自在情理之中。但楼兰屯田是否也栽植桑树类经济作物,无从知晓。

至于屯戍机构经营的畜牧业,文书记载的有驼、牛、驴、马等牲畜,但没有明确提到羊畜[除 LA. II. ii – C.108(林297)[2]出现"黄羊"字眼外],或因资料有限,也可能是屯戍机构畜牧业生产结构的真实反映,即以骆驼、驴、牛、马等与军事、交通、农田耕作密切相关的牲畜为主,羊所占比重较小。这与屯戍的目的及性质相一致。

牲畜的饲料由屯戍机构供给,前述屯田区种植苜蓿即是一证据。另有下面两件楼兰文书记载:

> 泰始六年二月一日□
>
> 出　大麦一斛五斗食讨贼马一匹
>
> 日食五升起二月一日尽卅日　　司(下残)
>
> L. A. III. i. 14 – 沙木729
>
> 出　大麦五斗给行书民桃将饮官
>
> 驼他 一 匹 日 五升起十二月十二日尽廿二日　　司
>
> (正面)L. A. VI. ii. 030 – 马木215[3]

第一简表明,除苜蓿外,官府还提供大麦喂养马匹,精粗饲料搭配。对

---

[1]关于当时中原粮食作物的种植结构,可参见[日]西嶋定生著,韩昇译:《碾硙寻踪——华北农业两年三作制的产生》,载刘俊文主编:《日本学者研究中国史论著选译》(第4卷),中华书局1992年版,第358－377页。曾雄生:《论小麦在古代中国之扩张》,http://www.agri－history.net/scholars/zxs/wheat2.htm#_ftnref18,原载《中国饮食文化》,2005年第1期。

[2]林梅村:《楼兰尼雅出土文书》,第57页。

[3]侯灿、杨代欣:《楼兰汉文简纸文书集成》,第333、458页

于第二简,胡平生曾解释该简的内容,指出文中"出大麦五斗"不是用于喂养骆驼,因骆驼通常食粗草、灌木;大麦用于廪给"行书民桃将",他的工作是"饮官驼他一匹"。[1] 按"行书民"为传递邮书之人,官驼应是行书民的骑乘工具。[2] 出给饲料的时间是十二月,正是牧草缺乏的冬季,该骆驼又担负传递工作,此时被供给大麦类精饲料完全合乎情理。文中的"饮"字或为"饲"字之误,或与"桃将"共同构成行书民的人名。总之,简文中的大麦应是用于喂养骆驼。两简记载了出给饲料的总量及其食用时间,显示出屯戍机构对牲畜饲料管理严格。简文中,马与骆驼在春、冬两季的日食大麦量均为五升,或是定制,则牲畜饲料的用量有定额,这也属于屯田区牲畜牧养技术之一例。

对于牲畜的管理,伊藤敏雄还分析指出,屯戍机构尤其重视检查牛的饲养情况。[3] 按屯田兵卒饲养的牲畜各有其用途,屯田机构检视的应是饲养的所有牲畜,而不仅偏重于牛畜。不见或少见有关检查其他牲畜的记载,当缘于出土资料的限制。此外,若有牲畜死亡,牲畜皮要入藏屯戍机构,如以下两简记载:

> 入　　客曹犊皮二枚　　　　　L. A. VI. i. 01 – 马木 204[4]
>
> 并□ 承前新入马皮合十二　　　LA. VI. ii. 043 – M. 225
>
> （林 581）[5]

入藏的有牛皮和马皮。秦律中的《厩苑律》及相关秦简,即规定死亡的官有马牛等牲畜的筋、皮、角类都要上缴。[6] 从而可见魏晋在畜牧业管理方面对秦制的承袭。

需要注意的是,高昌郡时期的吐鲁番文书提到官畜,如《北凉玄始

---

〔1〕胡平生:《魏末晋初楼兰文书编年系联》(上),《西北民族研究》,1991 年第 2 期,第 77页。

〔2〕孟凡人:《楼兰新史》,第 160 页。

〔3〕伊藤敏雄:《魏晋楼蘭屯戍における水利開発と農業活動——魏晋楼蘭屯戍の基礎の整理(三)》,第 15 – 17 页。

〔4〕侯灿、杨代欣:《楼兰汉文简纸文书集成》,第 370 页。

〔5〕林梅村:《楼兰尼雅出土文书》,第 76 页。

〔6〕参见曹旅宁:《秦律〈厩苑律〉考》,载《中国经济史研究》,2003 年第 3 期,第 148 – 152 页。

十二年（423）失官马责赔文书一、二》两件文书记载：[1]

（一）

[1]　⅂李 颉前列辞：⅃

[2]　　　⅂吻马一匹付兵王冬 恩，

[3]　　　⅂陪（赔）马，即责恩辞。

[4]　　　　⅂亡马。检恩给 颉

[5]　　　　⅂偿颉。唯知□

（中略）

[9]　　　⅂亡失官马今仰恩

[10]　⅂吏 樊照李宗督入曹

[11]　　玄始十二年二月九日白

[12]　□簿　　　　起

[13]　　⅂　　惜

（二）

[1]　⅂失官马⅃

（中略）

[6]　　　⅂财帛吏樊照⅃

[7]　　　⅂纪识奉行。

[8]　　玄始十二年二月九日 白

[9]　　　主簿　起

[10]　　　　五官　□

两件文书较残缺，记录的当是同一件事情。文书内容大体是李颉（身份不明）将一匹官马给王冬恩照管或使用，王冬恩却将该官马遗失，郡府最终明确王冬恩须偿付遗失的官马。可知高昌郡府对亡失死损官畜事宜有相关规定，要追究相关负责人的责任，责任人须做出赔偿。文

---

〔1〕唐长孺：《吐鲁番出土文书》图文版（第1册），文物出版社，第14－15页。

书中樊照为财帛吏,按文意其督管亡失官马的赔偿,或表明偿付形式不一定为牲畜,也可以是其他形式的财物。王素还根据残片二及《高昌建平五年(441)祠口马受属》中的郡府属吏仅主簿与五官署名,不同于其他郡府文书中五官排在主簿、功曹史和典军主簿署名,推测当时高昌郡府的五官已分职专掌马政和祠祀。[1] 另外,同为高昌郡时期的《兵曹属为补代马子郭氏生事》云:[2]

    [1]兵曹掾李禄、史 赵 囗

    [2]属称:马子郭旦(氏)生久被重病, 不 囗

    [3]囗补马子。别案补显。事 诺 囗

文中未透露兵曹马子的具体职责。按唐代的长行坊配置有马子,其基本职责是牵领、管理、饲喂出使在外的长行马,或在馆中负责郡坊帖当馆马及到馆出使马的喂养。[3] 推测北凉时期马子的职责与之无太大差别。文书内容反映马子因故不能履职时,须按程序呈报以他人补替。上引三件文书显示出高昌郡对官马管理的重视及严格性,但高昌郡牧养的官畜除马匹外,还应有其他牲畜。

    屯戍机构及高昌郡官府实施的畜牧业管理措施,当远较上述楼兰、吐鲁番出土文书记载的完善,从而为新农业区的畜牧业发展提供了政策保证。

    关于新农业区私营农业的生产情况,囿于资料,在此只能探讨高昌地区。前引《前秦建元二十年(384)三月高昌郡高宁县都乡安邑里籍》记录了各家户的人口及土地变动情况,这从侧面反映出当地私营农业主要是以家庭为单位自行经营。荣新江对籍中五户人口的推补

〔1〕王素:《高昌郡府官制研究》,载新疆吐鲁番地区文物局编:《吐鲁番学研究:第二届吐鲁番学国际学术研讨会论文集》,第21-22页。

〔2〕唐长孺:《吐鲁番出土文书》图文版(第1册),文物出版社,第38页。

〔3〕孙晓林:《试探唐代前期西州长行坊制度》,见武汉大学历史系魏晋南北朝隋唐史研究室编著:《敦煌吐鲁番文书初探》(二编),武汉大学出版社1990年版,第202-211页。孔祥星:《唐代新疆地区的交通组织长行坊》,《中国历史博物馆馆刊》,1981年第3期,第33页。

计算,平均每户 7.2 口;并指出奴隶没有被计入家口总数。[1] 关尾史郎进一步指出这些家户多属于由核心家庭同居组成的大家庭。[2] 但奴隶作为一种劳动力,是否被用于以家庭为单位的农业生产,文中没有反映。参考吐鲁番出土的魏晋十六国时期的几幅墓室壁画。吐鲁番阿斯塔那出土的纸画"墓主生活图"及发现于哈拉和卓 97、98 号墓中十六国时期的壁画"庄园生活图",画面中有人物、田地、树木、葡萄、车牛、鞍马、骆驼等,生动展现了当时高昌居民的生活场景。纸画"墓主生活图"的画面左边有一位身着短衫的马夫,手执马鞭站在一匹装饰华丽的马后面;右边是一个厨房,一位显然是厨娘的仆人在里面劳作。哈拉和卓 98 号墓的墓室壁画"庄园生活图"中,也有厨房,里面有一位厨娘在准备食物。画中最上面有一间酿酒房,两个身着短衣裤的人正在劳作;最后框格里同样画有马夫。[3] 另外,阿斯塔那西区新发现的408 号墓的壁画"庄园生活图",年代为十六国早期,其内容更为丰富:画中绘有树木、藤类植物、条状地,并分别附有"树""蒲陶""田"字,"树"当指桑树。另画有车牛和马匹,以及庄园饲养的家畜,包括骆驼、狗、山羊和鸡。还绘有汲水图、舂粮图、磨面图和可能是压榨葡萄汁的画面。[4] 画中劳作者负责的都是主人的饮食起居事宜,而无从事农业生产者。这或表明当时高昌地区家庭蓄养的奴仆主要用于家内劳作,即使被用于农业生产,也不是主要的劳动力。除家庭自行经营外,《翟强辞为共治葡萄园事一、二》和《北凉玄始十二年(423)翟定辞为雇人

---

〔1〕荣新江:《吐鲁番新出〈前秦建元二十年籍〉研究》,第 30 – 39 页。

〔2〕關尾史郎:《トゥルファン新出〈前秦建元廿(384)年三月高昌郡高寧縣都鄉安邑里戶籍〉試論》,載《人文科学研究》第 123 辑,2008 年,第 10 – 12 页。

〔3〕赵华:《吐鲁番东晋时期的墓室壁画》,载《新疆文物》,1992 年第 2 期,第 44 – 48 页。

〔4〕李肖:《吐鲁番新出壁画"庄园生活图"简介》,载《吐鲁番学研究》,2004 年第 1 期,第 126 – 127 页。但韦正认为该壁画主体表现的不应是墓主人的现实生活,而可能是现实世界和想象的天上世界的混合,只是墓主死后的美好愿景。见韦正:《试谈吐鲁番几座魏晋、十六国早期墓葬的年代和相关问题》,载《考古》,2012 年第 9 期,第 60 – 68 页。

耕床事》等文书,表明当时私营农业中已实行租佃及雇佣的经营方式。[1] 但当时这两种经营方式中是否有主佃、雇佣双方存在人身依附的关系类型,不得而知。

前述"墓主生活图"和"庄园生活图"中多绘有田地、农作物及役使的牲畜,表明当地私营农业是种植业与畜牧业生产相结合。但除阿斯塔纳408号墓壁画外,其他三幅画中的牲畜多是与骑乘交通有关,而属于这一时段的墓地遗址也少见随葬畜产品或与之相关的物品,[2]这或是当时高昌地区私营农业中畜牧业地位略逊于种植业经济的真实反映。墓室壁画绘出的种植业农作物包括树木、长满庄稼的农田、葡萄等,吐鲁番文书证实现实生活中也种植了这些农作物,《前秦(?)田亩簿》就记载:[3]

（前缺）

[1]　囗囗桑囗 亩

[2]　囗囗囗麦六亩

·····························[询]

[3]　囗囗小麦十亩

[4]　囗囗麦九亩

---

〔1〕胡如雷:《几件吐鲁番出土文书反映的十六国时期租佃契约关系》,载《文物》,1978年第6期,第22-25页。严耀中不同意该说,认为《翟矍辞为共治葡萄园事》文书中提到的两人是一起租佃经营官府葡萄园的人,反映当时对官田采取"共分治"的经营方法。见严耀中:《十六国时期高昌官地上的"佃役"与"共分治"》,第39-46页。在此以胡先生说为是。另外,与胡先生视翟矍为租佃人不同,关尾史郎分析认为翟矍是葡萄园的田主,但未对其中"共分治"的生产关系问题做进一步的说明,见关尾史郎:《翟矍をめぐる断章(上、中、下):〈吐鲁番出土文书〉割记(12)》,《资料学研究》,卷1、2、3,2004、2005、2006年,第27-42、25-36、1-16页。关于当时葡萄园租佃券契的分析,还可参见乜小红:《对古代吐鲁番葡萄园租佃契的考察》,载《中国社会经济史研究》,2011年第3期,第2页。

〔2〕参见新疆维吾尔自治区博物馆:《新疆吐鲁番阿斯塔那北区墓葬发掘简报》,载《文物》,1960年第6期,第13-21页;《吐鲁番县阿斯塔那——哈拉和卓古墓群清理简报》,载《文物》,1972年第1期,第8-29页;《吐鲁番县阿斯塔那——哈拉和卓古墓群发掘简报》,载《文物》,1973年第10期,第7-27页。新疆博物馆考古队:《吐鲁番哈喇和卓古墓群发掘简报》,载《文物》,1978年第6期,第1-14页。吐鲁番地区文物局:《新疆吐鲁番地区阿斯塔那古墓群西区408、409号墓》,载《考古》,2006年第12期,第3-11页。

〔3〕荣新江、李肖、孟宪实主编:《新获吐鲁番出土文献》(上),第185页。

[5]　コ□桑 四 亩

[6]　コ蒲陶 三 亩

[7]　コ□平头桑一亩半

[8]　コ□德 明 蒲陶三亩

[9]　コ□锥桑二亩半

[10]コ蒲陶四亩

[11]　コ麦四亩

[12]　コ□□蒲陶五亩

[13]　　コ□桑麦二亩

[14]　　　コ□桑麦三亩

（后缺）

簿中可供统计的田地共57亩。第13、14行桑、麦田的亩数合计在一起,在此权且按平均数计算,即第13行的桑、麦田各一亩,第14行各1.5亩。这样,麦田共31.5亩,占田地总面积的55%;桑田10.5亩,葡萄田15亩,两者共占田地总亩数的44%。簿中桑田和葡萄田的种植亩数与麦田相差不大。当然,单纯由该文书仅存的14行得出这一结论难免显得证据不足,甚或以为该文书记载的田亩性质不明,虽然第7-9行有人名,其经营的也可能是官田。但即使是官田,若官田已大规模种植这类经济效益较高的非粮作物,则私营农业更有可能种植。所以,结合壁画内容与这件文书,可以推测当时高昌私营种植业的生产结构,即:除粮食作物外,桑树类经济作物和葡萄类园艺作物生产已占有重要地位。

　　前述墓室壁画反映私人牧养的牲畜有马、牛、驼、羊等,特别是马、牛,出现在每幅画中,这或正是马、牛在当地生产生活中的地位相较更为重要的体现。吐鲁番出土文书表明北凉高昌郡时期实施了按赀配生马制度,朱雷对此有详细论述。他指出:官府按各家户以土地计得的赀额配养马匹,凡赀额在一斛以上者皆配生马,赀额不到一斛者,两户合赀;所配生马由各户自己出资购买,并且各户自备鞍鞴、饲料等,若马死亡要出钱更买。官府定期检查配养情况,如果马死而未及时更买补充,配养户会以"阅马通"的罪名被处罚。配养的马匹多供军队乘骑,也供作"驿乘"用。[1] 林日举补充提到,按赀配生马制度中是以一都乡赀额最多者任马头,由其负责督管配养生马事。若官府不退还或遗失征用的所配生马,须偿还养马户的买马价。[2] 这一制度无疑对当地私人养马业起重要推动作用。因资料限制,无法进一步了解高昌地区私营畜牧业的情况。

4.2.3 新农业区的种植业生产技术

前文提到楼兰文书记载屯田耕作的过程包括春耕、下种、锄草等事项,说明整地、中耕锄草已是楼兰、高昌屯田生产中必不可少的农田管理环节。北凉高昌郡时期的吐鲁番文书中有雇人中耕锄草的记载,表明当时中耕技术在高昌农业生产中已得到广泛应用。[3] 实行中耕除草,可起到疏松表土、增加土壤通气性、去除杂草、促使根系伸展、调节土壤水分状况等作用。

在农田使用方面,比较前引(林479)楼兰汉简中收割大麦的亩数与种糜亩数,可发现屯田生产似乎并未实行复种制度,仍是单种制;又前述屯田生产中人均耕种土地达20亩,可知当时屯田区,至少楼兰地区仍以扩大耕地面积作为发展农业的主要途径。这无疑会影响精耕细作技术的发展程度。对于设郡的高昌地区,吐鲁番出土文书也不见复种制的相关记载,或亦事实如此。

新农业区的生产工具以使用铁制农具为主。关于犁的使用,下面一枚楼兰汉简可以作为证据,其文云:

☐□因主簿奉谨遣大侯究犁与牛诣营下受试 LA. VI. ii. 0153
– CH. 755(林514)[4]

---

〔1〕朱雷:《吐鲁番出土文书中所见的北凉"按赀配生马"制度》,载氏著:《敦煌吐鲁番文书论丛》,甘肃人民出版社2000年版,第25–30页。原载《文物》,1983年第1期。

〔2〕林日举:《高昌郡赋役制度杂考》,第26–28页。

〔3〕参见宋晓梅:《吐鲁番出土文书所见高昌郡时期的农业活动》,载《敦煌学辑刊》,1997年第2期,第33–34页。

〔4〕林梅村:《楼兰尼雅出土文书》,第72页。

学界对该简内容理解不一。[1] "大侯"这一官衔不见于目前所知的西晋西域长史的职官系统，[2]但在尼雅遗址出土的一枚汉简中出现过：

晋守侍中大都尉奉晋大侯亲晋鄯善焉耆龟兹疏勒 N.V.N. xv.93a,b(林 684)[3]

该简中的"大侯"无疑是指西域绿洲国国王。[4]上简与该简中"大侯"所指可能相同。如是，上引(林 514)号简反映的内容应是，长史府下令鄯善等绿洲国的国王到长史营学习牛耕技术，并要对学习结果进行考核。这说明西域长史府在楼兰屯田使用牛耕的同时，也向绿洲国推广此项先进的农业生产技术。

因为所见资料有限，暂不能排除(林 514)号简中的"大侯"是西域长史府的官员。那么，简文内容在一定程度上反映出屯田区也尚未广泛应用铁犁，牛耕技术并非已经娴熟，还处于推广阶段。但不论"大侯"何指，简文内容反映的是哪种情况，却都揭示出新农业区已使用铁犁这一工具，并体现了官府在推广先进生产工具及生产技术方面所起的积极作用。王炳华曾指出吐鲁番阿斯塔那墓葬出土的晋墓纸画中，田园旁边的农具有木杈、木耙；推测另一件是一架犁。这应是晋代高昌农民已使用犁的直接说明。[5]但其普及程度不明。除晋墓纸画显示有用于碎土、平地的耙，挑柴草用的杈等木质工具之外，楼兰文书中还

---

〔1〕钱伯泉认为是晋朝给名叫"究"的鄯善国王以犁与牛，先在西域长史营试验。见钱伯泉：《魏晋时期鄯善国的土地制度和阶级关系》，载《中国社会经济史研究》，1988 年第 2 期，第 93 页注 1。王炳华指出"大侯"可能是西域长史府下的属吏，该简即是命令大侯率属下的全部犁、牛到长史营下"受试"。见王炳华：《新疆犁耕的起源和发展》，载《新疆社会科学》，1982 年第 5 期，收入氏著：《西域考古历史论集》，第 238 页。胡平生认为该简内容是屯戍兵士携带"犁与牛"到长史营受试，反映了牧养公家马牛有考课制度。见胡平生：《楼兰木简残纸文书杂考》，载《新疆社会科学》，1990 年第 3 期，第 85 页。综观之，钱先生的理解在语法上讲不通；胡先生的解释没有结合简中的"犁"，并且楼兰文书中关于牲畜的考课多用"验"字，而非"试"。王先生的理解相对合理，但仍有进一步探讨的空间。

〔2〕参见孟凡人：《楼兰新史》，第 120－137 页。

〔3〕林梅村：《楼兰尼雅出土文书》，第 86 页。

〔4〕参见王国维：《观堂集林(附别集)》(下)，中华书局 1959 年版，第 865－869 页。

〔5〕王炳华：《新疆犁耕的起源和发展》，第 240 页。

提到可用于起土的铁制"胡舀"。[1] 另有用于中耕的锄。[2]

由以上分析大体可知,公元 1 世纪初至 5 世纪前期,高昌与楼兰等新兴绿洲农业区的生产工具,与西汉屯田时无大差别,以铁制工具为主,另有少量木制工具。

水利灌溉方面,《水经注》中的索劢传说记录了新农业区兴修水利的情况,其文云:

> 敦煌索劢,字彦义,有才略,刺史毛奕表行贰师将军,将酒泉、敦煌兵千人,至楼兰屯田。起白屋,召鄯善、焉耆、龟兹三国兵各千,横断注滨河。河断之日,水奋势激,波陵冒堤……大战三日,水乃回减,灌浸沃衍,胡人称神。[3]

索劢屯田楼兰可能是东汉和帝时事,[4]其横断的"注滨河"应是塔里木河与且末河汇流之后至罗布泊的一段河流。[5] 索劢至楼兰屯田之初,即动用四千人,筑堤横断河流,足见建设工程之浩大,以及截断河流筑坝之不易。这也说明官府兴修水利仍是在绿洲开展大规模屯田的前提。

伊藤敏雄分析楼兰文书指出:楼兰地区修筑有贮水池、水渠、堤坝等水利设施;在管理方面,西域长史府下专设水曹主管水利,以部编制的军队作为守堤兵,负责水利设施的建设及修缮维护;西域长史府下的"帐下将"安排兵卒守堤,兵卒需自带口粮与工具按规定时间上堤;守堤人员要警备意外的攻袭,监视水流情势,并将相关情况上报。[6]设郡前的高昌屯田区的情况亦当如此。关于高昌郡灌溉水源的管理,

---

〔1〕伊藤敏雄:《魏晋楼蘭屯戍における水利開発と農業活動——魏晋楼蘭屯戍の基礎の整理(三)》,第 12 頁。

〔2〕薛瑞泽:《从〈楼兰尼雅出土文书〉看汉魏晋在鄯善地区的农业生产》,第 17 页。

〔3〕郦道元著,陈桥驿校证:《水经注校证》,第 37 页。

〔4〕余太山:《两汉魏晋南北朝与西域关系史研究》,第 85 页。

〔5〕李文瑛:《营盘及其相关遗址考——从营盘遗址非"注滨城"谈起》,载《新疆文物》,1998年第 2 期,第 68 - 75 页。余太山:《〈水经注〉卷二(河水)所见西域水道考释》,第 450 - 451 页注46。

〔6〕伊藤敏雄:《魏晋楼蘭屯戍における水利開発と農業活動——魏晋楼蘭屯戍の基礎の整理(三)》,第 2 - 8 頁。長澤和俊对此也有所论述,见長澤和俊:《魏晋楼蘭屯戍の実態》,载氏著:《楼蘭王国史の研究》,雄山閣出版株式会社 1996 年版,第 206 - 209 页。

唐长孺提到郡属中有"平水",曹魏时郡属已有之,晋代也有,职务当是管理水渠。[1] 郡府对开渠引水灌溉屯田克期定限,并派兵士守护以便调节用水量,以防意外发生,可能是沿自戊己校尉时代的旧制,但高昌郡派兵守护渠水,不止为了灌溉屯田,还包括私田。[2]《北凉用水文书》记载:[3]

(前缺)

[一] □□逞?白道人昙□匚

[二]□近日水值多溢□□匚

[三]□纳二亩 值 ?不?溢?水来?匚

[四]□用?□半亩菜半亩田?匚

[五]□□□不加隐典?及□匚

[六] □□廿□□

(后缺)

从残存的文字看,文书内容涉及用水纳值问题。这或正是高昌郡私田使用兵卒守护的郡府水源以行灌溉的反映。

町田隆吉进一步指出高昌郡时期至少设有"行西部水"和"行中部水"两个行水官,负责灌溉设施的维持管理、水资源的分配等事项。功曹主管行水官的变更及任命,其非专任,而是兼任,当是临时(季节性的)任命,由军府、郡府僚佐、县吏兼任。他还推测这些官员再征发当

---

〔1〕唐长孺:《从吐鲁番出土文书中所见的高昌郡县行政制度》,载《文物》,1978年第6期,收入其著:《山居存稿》,中华书局1989年版,第355-356页。

〔2〕唐长孺:《吐鲁番文书中所见高昌郡军事制度》,原载《社会科学战线》,1982年第3期,收入其著:《山居存稿》,第383-384页。

〔3〕沙知、吴芳思编:《斯坦因第三次中亚考古所获汉文文献(非佛经部分)》,上海辞书出版社2005年版,第89页。

地农民维护灌溉设施,充任灌溉劳力。[1] 由此可发现,楼兰屯田区与后来高昌郡水利设施的修筑、维护管理都由官府负责,显示出新农业区水利灌溉管理方式自屯田时期的承继、延续性。但高昌郡时期,郡府主导灌溉用水,兵卒戍守的渠水灌溉的农田既有屯田也有私田,民众溉私田需纳值,以及可能农民对灌溉事宜的参与,亦体现了水利灌溉管理随社会发展而变迁。

至于具体的灌溉技术,有楼兰汉简记载:

> 从掾位赵辩言谨案文书城南牧宿以去六月十八日得水天适盛 L. A. II. v. 2 – 沙木 750[2]

按胡平生的解释,"牧宿"即"苜蓿","盛"字后面似应补"暑",简文内容涉及主管屯田的官员从掾位对苜蓿生长情况的报告。[3] 其中写明盛夏时苜蓿得到灌溉。另,前引(林 479)汉简记两屯田部灌溉了新下种的糜、处于生长期的粟与小麦的面积。吐鲁番文书《北凉高昌郡功曹白请溉两部葡萄派任行水官牒》提到:[4]

> (前略)

> [2]掾史曹严午兴、县吏一人,右五人知行中部蒲(葡)陶(萄)水,使竟。

---

〔1〕町田隆吉:《五世紀吐魯番盆地における灌溉をめぐつて——吐魯番出土文書の初步的考察》,《佐藤博士退官記念:中国水利史論叢》,国书刊行会 1984 年版,第 125 – 151 页。另外,町田隆吉认为平水官设于 5 世纪末,是对 5 世纪初的行水官的沿革,成为专任,都是主管灌溉渠道等设施的维护、修理及分配用水等。但前引唐长孺已予以考证。宋晓梅、柳洪亮对高昌郡的"行水"和"平水"也有相应论述,宋晓梅认为行水是个职任,而非官名,其非常置,因时组建,出行各县,在集中用水之前,分赴各县,修通水渠;平水主平均用水。见宋晓梅:《吐鲁番出土文书所见高昌郡时期的农业活动》,第 28 – 31 页。柳洪亮则指出,行水官全由郡、县官吏在农田需水季节临时兼任,具有临时性和季节性,其负责分配民田灌溉用水;平水一职则属常设,负责水利建设和具体办理长年的水利事务,两者互为补充。他还推测军屯用水须通过郡府,但由屯田官兵自行管理。见柳洪亮:《吐鲁番出土文书中所见十六国时期高昌郡的水利灌溉》,载《中国农史》,1985 年第 4 期,收入其著:《新出吐鲁番文书及其研究》,新疆人民出版社 1997 年版,第 330 – 338 页。另外,王素认为"平水"和"行水"是职称,而不是官称,由此高昌郡府曾设置属于"平水"和"行水"本署的水曹或都水、监渠一类曹掾。见王素:《高昌郡府官制研究》,第 22 – 23 页。

〔2〕侯灿、杨代欣:《楼兰汉文简纸文书集成》,第 313 页。

〔3〕胡平生:《魏末晋初楼兰文书编年系联》(下),第 10 页。

〔4〕柳洪亮:《新出吐鲁番文书及其研究》,第 16 页。

（中略）

[5]功曹书佐汜泰、□案樊海白：今引水

[6]溉两部蒲陶，谨条任行水人名

[7]在右。事诺约敕奉行。

（后缺）

文中对灌溉葡萄的时间做出了明确规定。上引几件文书表明新农业区对各类农作物的灌溉都有较为严格的时间安排，与农作物的生长期相对应，反映了当时农田灌溉的技术水平。

4.3　绿洲国的种植业
——以佉卢文资料反映的鄯善王国为中心

以中原政权为主导的偏东部新农业区兴起发展的同时，各绿洲国也采取积极措施发展农业。《晋书·西戎传》称龟兹国"人以田种畜牧为业"[1] 位于原山国势力范围的营盘墓地随葬了大量羊骨及毛皮制品；在墓室还发现麦、糜等粮食，营盘古城西南有大片农田、灌溉渠道遗迹等[2] 洛浦县山普拉的东汉至魏晋时期的墓葬出土大量毛织品，并随葬有羊头和羊骨、糜麦类粮食和食物，还出土铁镰[3] 尼雅遗址废墟的房屋建筑多附有畜棚和果园，遗址内还出土了大量保存良好的麦草，并混有黍子壳[4] 大量有关税收的佉卢文书中，以谷物纳税是最普遍的方式，另有羊、牛、骆驼、马和酥油、酒、石榴等[5] 这些资料显示出绿洲国依然兼营种植业、畜牧业，畜牧业是绿洲国居民经济生产的重要组成部分，且其当较新农业区的畜牧业经济发达。限于材料，下文主要依据佉卢文书以鄯善王国为主要分析对象，并先探讨种植业生产情况。

----

〔1〕《晋书》卷97，第2543页。

〔2〕新疆文物考古研究所：《新疆尉犁县营盘墓地1995年发掘简报》，第4–45页。

〔3〕新疆维吾尔自治区博物馆：《洛浦县山普拉古墓发掘报告》。新疆文物考古研究所：《洛浦县山普拉Ⅱ号墓地发掘简报》，载《新疆文物》，2000年第1、2期，第11–35页。

〔4〕[英][奥里尔·斯坦因著，巫新华等译：《古代和田》，第1卷335–401页，第2卷图版27–35。

〔5〕刘文锁：《沙海古卷释稿》，第164页。長澤和俊：《楼蘭王国史の研究》，第388–390頁。

4.3.1 绿洲国发展种植业的措施

官府对农作物种植业生产所采取的管理措施,与国内的土地占有形式密切相关。鄯善王国的土地占有形式,可分为官田和私田两类:官田主要是归政府所有的可耕地和无主荒地;私田包括官僚、贵族以及普通平民占有的私有土地。[1] 王国内普遍存在私有土地,田主对土地的使用具有完全支配权。这意味着官府无法直接管理私田的生产活动。官府设立的司土一职,主要负责土地管理事务,包括勘定地界、负责有关土地纠纷的起诉、管理或分配土地、担任土地买卖契约仪式或有关土地纠纷的证人等。[2] 官府主要通过政策引导,鼓励、推动国内农作物种植业生产的发展。

传统农业增长的源泉包括土地的扩张和劳动力供给的增长。而鄯善王国有不少待垦荒地,这在第 713 号文书有所反映:[3]

[1]人神爱慕之税监黎贝耶,州长驮吉罗谨祝贵体

[2]健康,万寿无疆。兹致函如下:

(中略)

[6]余还禀告,在阿迟耶摩县有众多土地。

[7]该领地人一再向余报告,司土甘左迦不懂管理,将荒地赠
    予他人。

从第 6、7 行可知,阿迟耶摩县有大量荒地,同时透露出这些荒地需得到妥善管理的信息。该县只是鄯善王国精绝州辖下的一个县,由此不难推测王国内的荒地数量相当可观。

大量荒地的存在,一定程度上是当地劳动力不足的体现。为增加本国人口,政府采取积极措施,收容来自各地的难民。见第 403 号文书:[4]

---

〔1〕参见钱伯泉:《魏晋时期鄯善国的土地制度和阶级关系》,第 92 – 94 页。刘文锁:《沙海古卷释稿》,第 169 – 171 页。

〔2〕刘文锁:《沙海古卷释稿》,第 172 页。

〔3〕林梅村:《沙海古卷》,第 315 – 316 页。在此,将原文中的"至函"改为"致函"。下同。

〔4〕林梅村:《沙海古卷》,第 110 – 111 页。

·欧·亚·历·史·文·化·文·库·

[1]威德宏大的伟大的国王陛下敕谕,致州长克罗那耶和税监黎贝耶谕令如下:今有喜军上奏(残)

[2]……妹妹名支那施耶尼耶。该女子……之女来自于阗。该女子和兄弟沙者……一起来此地。彼等在此作为难民交给迟耶伽……

[3]迟耶伽收容所有的难民。

文中的难民应是来自于阗绿洲国。第3行"迟耶伽收容所有的难民",反映鄯善王国在地方设有专门收容难民的人员或机构,同时表明当时国内的难民不在少数。至于官府对难民实行的安置保护措施,可通过以下两件文书进行考察。

第471号文书,国王敕谕州长:[1]

[1]应即刻亲自详细审理。彼等带回来的这些百姓应安置在汝处甘怙左之庄园里。

[2]哨兵从这些难民处拿的东西应归还这些于阗人的私有之物。

[3]未经判决而索取难民财物者,殊不合法。哨兵不得拿此财物。

文书中"这些难民"与"这些百姓""这些于阗人"所指应该相同。国王要求将这些于阗难民安置在庄园里,作为庄园内的劳动力。其中不乏含有赏赐给庄园主的意味,这应是政府安置难民的重要方式之一。另外,从第3行可知,鄯善王国针对难民有专门立法,以保护难民私有财物,使难民的权益得到法律保障。

第292号文书国王敕谕州长:[2]

[5]汝还报告关于难民之事。必须给那些难民以田地和房舍……

[6](残)……和种子务必发给那些难民,以便彼等能耕种更

---

〔1〕林梅村:《沙海古卷》,第118页。

〔2〕林梅村:《沙海古卷》,第87页。

多更多的土地。

其中"以便彼等能耕种更多更多的土地"一句,再次证明当时劳动力不足是限制鄯善王国农业发展的重要因素。文书中,国王要求地方官府为难民提供田地和房屋、籽种等,从而使难民拥有基本的生产生活资料。这些措施体现了官府给予难民以经济上的资助。

国内设立专门人员或机构收容难民,立法保护难民的权益以及向难民提供基本生产生活资料等内容,要点皆是进行利益调节。这无疑对难民有巨大的吸引力,在招徕人口的同时,刺激难民对土地的追求。从而可以促进本国土地开发,扩大农作物种植业生产的规模。

另外,官府对新立民户的赋役承担标准有特殊规定。见第 638 号文书:[1]

> [1]威德宏大、伟大之国王陛下敕谕,致州长克罗那耶和税监黎贝
>
> [2]谕令如下:今有苏遮摩上奏,彼从前仅有一头牡羊。现在彼等却向彼要 2 头牡羊。当汝接到此楔形泥封木牍时,应即刻对此亲自详加审
>
> [3]理。彼以前仅有一头牡羊,现彼等只能向彼要一头牡羊。彼系新户主,不得违法承担国家义务。

文中最后一句,表明鄯善王国专门制定有新户主承担赋役的法令,新立民户与旧民户的负担标准或有不同,应该较旧民户为轻。虽然文中提及的只是畜产征收,未提及农作物种植业产品;但文中所谓的法令是对赋役征收的规定,自然也适用于农作物种植业产品类赋税的征收。对新立民户征收较轻的赋役,可以保证其农业生产的顺利进行及其经济实力的迅速增强,体现出官府为促进本国农业生产发展所做的努力。

官府尽力保护新立民户的权益,如出现违法现象,国王会亲自过问,责令地方长官加以审理判决。旧民户也当同样享有这种待遇。这

〔1〕林梅村:《沙海古卷》,第 144 页。

在一定程度上使本国民众免于苛征暴敛,有利于民众安心生产。

4.3.2 种植业的经营及管理方式

鉴于佉卢文书中明确涉及官营种植业的内容非常少,在此,只探讨绿洲国私营种植业。学界对佉卢文书所反映的绿洲国的农作物种类与种植业生产结构等问题已多有论述,[1]兹不赘述。以下主要考察种植业的经营与管理方式。

赋役类文书对鄯善王国私田占有情况有所反映。有关征收私人产业税赋的记载中,"庄园""领地"字样频繁出现,被征收对象是庄园主和领主,一般都具有官吏或"勋爵阶层"背景;政府又以"百户""十户""部"为单位,向百姓征税。[2]庄园主和领主无疑拥有较大面积的土地,普通百姓的土地面积相对较小。[3]在此基础上,鄯善王国的农业生产经营单位大体分为家庭与庄园、领地两种,种植业的经营与管理方式呈现出多样化的特点。

普通百姓拥有土地较少,应该不乏自行经营、管理的家户。此外,佉卢文书反映鄯善王国生产中存在雇佣和租佃两种经营方式。

关于雇佣经营方式,可参见第 767 号文书:[4]

> 兹于大王、侍中、天子(devaputra)伐色摩那(Vasmana)陛下之
> 第 6 年 8 月 26 日,此时州长柯罗那耶(Kranaya)及税监

---

〔1〕王欣:《古代鄯善地区的农业与园艺业》,《中国历史地理论丛》,1998 年第 3 期,第 77 - 90 页。刘文锁:《沙海古卷释稿》,第 92 - 98 页。

〔2〕刘文锁:《沙海古卷释稿》,第 162 页。

〔3〕佉卢文书中有"奴隶"拥有土地并可以对其进行买卖的记载。见 R. Ch. Agrawala, "Position of Slaves and Serfs as depicted in the Kharoṣṭhī documents from Chinese Turkestan", *The Indian historical quarterly*, Vol. 29, No. 2, 1953, pp. 105 - 106. 艾特武德(Atwood)分析认为,这些拥有土地等财产,又有一定人身自由的奴隶,实际是庄园和领地的依附民,其地位相当于农奴。见 Ch. Atwood, "Life in Third - fourth Century Cadh'ota: A Survey of information gathered from the Prakrit documents found north of Minfeng(Niyä)", *Central Asiatic Journal*, Vol. 35, No. 3 - 4, 1991, pp. 175 - 185. 但第 327、547 号文书的记载反映,作为庄园或领地的依附民,农奴买卖占有的土地时需经主人的证实或同意。因而,依附民拥有的土地,实质仍归庄园主或领主所有。

〔4〕刘文锁:《沙海古卷释稿》,第 378 - 379 页,T. Burrow, "Further Kharoṣṭhi Documents from Niya", *Bulletin of the School of Oriental Studies*, Vol. 9, No. 1, 1937, p. 117. 按贝罗释读的"farm - hands",刘文锁译为"佃户",不确,应译作"雇农"。

（sothamgha）黎贝耶（Lýipeya）审理一讼案。贵人（ari）莱钵那（Lýipana）与茨摩耶（Tsimaya）为一头牝牛而起争执。贵人莱钵那之雇农租用一头属于茨摩耶之牝牛。作为该协议之结果，是该牝牛已死亡。当此情况下，该已死之牝牛须由贵人莱钵那取走，并由莱钵那提供一头相似之 vito 牝牛予茨摩耶。

"莱钵那之雇农"恰说明农业生产中存在雇佣经营方式。文中的雇主拥有贵人官职，当拥有较多的土地，实行雇佣经营或主要为了解决生产中劳动力不足的问题。但文中没有对雇佣双方的具体关系加以说明。

现利用其他文书考察当时鄯善王国雇佣关系的发展程度。第 532 号文书：[1]

底牍正面

[1]威德宏大、伟大之国王陛下敕谕，致且渠僧兹耶、诸州长左摩和

[2]索达罗谕令如下：今有司土兼判长怖军上奏，叶吠县领地有一人，

[3]名伏斯弥伽，靠其母之权利迁居叶吠县。其实，彼系精绝人。

[4]彼自精绝逃出，受雇于叶吠县。

封牍背面

[1]但是，唯有叶吠县人才能受雇佣于叶吠县。彼等却雇佣

[2]此人，支付 sikh 谷物作彼之佣金。当汝接到此楔形泥封木牍时，应即刻详细审理此案，伏斯弥伽其人现

[3]受雇于何处，应将彼和工钱及诸沙门一起交左施格耶。

由背面第 1 行可知，官府针对国内雇佣经营有专门规定，只有本地人才能受雇于当地，不得雇佣非本地人，所雇佣人员仅限于本县。文中叶吠县与精绝皆属于精绝州的辖区，禁止精绝人受雇于叶吠县，表明即使

---

〔1〕林梅村：《沙海古卷》，第 131－132 页。

同一州内而分属不同区县的人员,也不能构建雇佣关系。这体现出当时鄯善王国内的雇佣经营受到诸多限制,劳动力缺乏自由流动性。雇佣关系的确立在一定程度上受到官府严格控制,或与官府控制本地人口的目的密切相关。

第538号文书提到:[1]

　　[2]苏怙陀上奏,彼之母罗牟提耶曾收养一女子罗摩室利。罗摩室利之子女、奴仆和

　　[3]所有靠彼为生之人均被沙尔韦之家人收留并雇佣。

文中雇佣关系的确立与收留相伴而生,被收留的人员当与主人形成依附关系。在这种情况下,雇佣关系双方不会具有相对平等的地位和单纯的契约关系。更何况被收留和雇佣的人员中本身就有奴隶。

上引三件文书,第767号文书中雇主的身份是贵人,第532号文书的雇主身份不明,第538文书的雇主没有官职,应是普通百姓。雇工既有普通百姓,也有奴隶。这反映当时社会经济生产中,雇佣经营方式的实行具有一定普遍性。但实行这种经营方式的生产是否面向市场,不得而知,可能仍仅限于自给自足性质的生产。另外,第532号文书背面第2行"支付sikh谷物作彼之佣金",说明雇工的佣金存在实物支付形式,谷物是支付形式之一。

从官府对雇佣经营的限制、雇佣双方的关系及佣金支付形式看,鄯善王国的经济生产虽然普遍存在雇佣经营方式,但雇佣关系的总体发展水平较低,雇工对雇主有较强的人身依附关系。农作物种植业生产中的雇佣经营也当如此。

至于租佃经营方式,第496、498号两件文书皆有记载。现引第496号文书:[2]

　　兹于伟大国王、上天之子夷都伽·伐色摩那陛下在位之4年12月30日,因莱比耶在凯度多,凯提沙·德毗村已接受(?)能种4

_____

〔1〕林梅村:《沙海古卷》,第132页。
〔2〕〔英〕贝罗著,王广智译:《新疆出土佉卢文残卷译文集》,第125－126页。其中职官译名参见林梅村:《沙海古卷》,第638－640页。

114

米里马籽种并与伐没都村之土地相毗连(anusaṃti)之 kurora 地,故司土(vasu)及奥古侯(ogu)[……]达成一项协议。当莱比耶耕种该地时,应送此酥油 2 希,作为地租(vaka)。此事,凯度多之司土及税吏(ageta)不得阻止。

按文书内容,田主出租土地给莱比耶(即黎贝耶)耕种,双方构成主佃关系。以酥油作为地租,佃户并不是交纳土地的直接收获物。第 498号文书:[1]

[2]州长克罗那耶和税监黎贝耶足下,力勇再拜稽首,

[3]谨祝贵体健康,万寿无疆。兹致函如下:

[4]余在此处之可耕地尚未给任何人耕种。因此,余

[5]现租给本地之黎贝耶耕种。该可耕地现由黎

[6]贝耶耕种。该地应由彼耕种。至于其他人,该可耕地……

该文书与上件文书中,租种耕地者同为黎贝耶。但上件文书田主姓名缺失,不知两文书中的田主是否也相同。

考察上引两件文书,第 496 号文书具有契据性质,将耕地租佃的时间、耕地面积、具体位置及耕地类型、地租物品及数量一一写明;司土与奥古侯在土地租佃过程中所担任的角色不明,可能是主管这一事件的人,抑或是证人。文中特别提到凯度多(即精绝)的司土和税吏不能阻止该事项,可能是缘于土地租佃本身与土地使用权转移及赋税交纳有关。在此,可推测鄯善王国内租佃土地,主佃双方订立契据应是必行的规定。另外,第 498 号文书中,田主向耕地所在地的官吏报告土地租佃即土地使用权的变更情况。上引两件文书的佃户又同名。因而,两件文书所涉及的很可能是同一件事情,具有先后承接性。

〔1〕林梅村:《沙海古卷》,第 305 页。

再分析第 160 号文书:[1]

[1]人神爱慕、人皆爱见之爱兄、州长黎贝耶和林苏,

[2]祭司鸠那罗和苏那伽再拜稽首,谨祝福体健康,万寿无
疆,并致函如下:

[3]汝派左多那来此办理耕种所需水和种子事宜。余在此

[4]已拜读一件楔形泥封木牍。该楔形泥封木牍未提及水和
种子之事。据诸长者所云,

[5]莎阇地方的一块田地已给州长黎贝耶使用,但未提供水
和种子。

[6]该田地系天子陛下所赐,为汝私人所有。汝处若有关于
水和种子之事的任何亲笔信,

[7]或有内具详情之谕令书,应找出送来。若无此类文件,

[8]汝得先交纳水和种子费用,才可在此耕种。此外,据诸
长者

[9]所云,当年沙尔比伽在此居住时,由彼提供土地,由莎阇
人提供水和种子,

[10]合作耕种。汝等可商议依此办理。

按文意,田主黎贝耶经营莎阇的土地,需向当地交纳水和种子的费用;
也可以由莎阇人将水和种子作为合作耕种的条件。由此可知,莎阇人
不会无偿提供水和种子,要从生产中获得相应的利益。莎阇祭司等人
未提及收益分配事项,或与这种耕种方式的利益分配已形成定例有
关。祭司向田主提议的合作耕种方式是:田主出土地,莎阇人提供水和
种子。这种合作耕种与南疆曾经广泛存在的一种租佃形式——伙种
制相似。根据新中国成立初的调查,南疆地区农作物种植业生产中,一
般由地主出土地与部分生产投资,伙种户出劳动力与部分生产投资;
收获物或平分,或者伙种户得其中十分之四与三分之一。[2] 推测该文

---

〔1〕林梅村:《沙海古卷》,第 281 页。

〔2〕《中国少数民族社会历史调查资料丛刊》新疆维吾尔自治区编辑组:《南疆农村社会》,第
145 页。中共新疆维吾尔自治区委员会政策研究室等编:《新疆牧区社会》,第 401 - 402、405 页。

书所反映的经营方式也属于租佃经营。左多那应为田主派至莎阇负责管理耕作的人。

根据上引文书内容可知,国王将土地赐予州长黎贝耶,土地所有权及使用权发生转移,写有相应的谕令书或信件;祭司等人要求田主将其找出,以作为处理水和种子之事的凭证,表明其具有契据的性质。随后,田主派人负责该土地的耕种,又致信耕地所在地的官吏,应是为了说明土地所有权或使用权变更的情况。虽然文中这两个步骤不属于租佃经营活动的实际组成部分,但大体分别与第 496、498 号文书相对应,都涉及对土地使用权变更的说明。这样,可推测鄯善王国内租佃土地的流程:首先,田主与佃户之间要写下具有契据性质的文件;其次,田主向耕地所在地的相关官吏,报告耕地使用权变更的情况,以方便佃户耕种。需要注意的是,第 160 号文书中,国王赐予的土地在莎阇,田主在精绝,是不在乡田主。第 496、498 号文书中的田主是否为不在乡田主,无从得知。因而,目前尚不能确定无论在乡与不在乡田主出租土地,是否都要严格经过上述流程,特别是其中的第二个阶段。租佃土地需订立书面契约,大概因其属于较为重大的交易活动。[1] 将租佃情况呈报耕地所在地的官吏,当反映出官府对土地产权控制严格,以及土地租佃经营在一定程度上受到限制。

另外,第 160 号文书中水资源作为租佃经营的条件之一,表明水资源使用权与土地所有权及使用权相分离;水资源和土地一样,可以单独买卖。这是当地缺乏水资源的表现。鄯善王国水资源的稀缺性,在有关浴佛的第 511 号佉卢文书中也有所反映:[2]

愿奉献之主帝释天(Indra)增多雨水;愿五谷丰登,王道昌盛。该祷文或与《佛说温室洗浴众僧经》中的"无量福田,旱涝不伤"相对应。[3] 但祷文中只求增多雨水以使五谷丰收,而不提水涝。这种差异正与西域绿洲干旱少雨的自然环境相一致。夏雷鸣曾分析上引文指

---

〔1〕刘文锁:《沙海古卷释稿》,第 171 - 172 页。

〔2〕〔英〕贝罗著,王广智译:《新疆出土佉卢文残卷译文集》,第 131 页。

〔3〕刘文锁:《尼雅浴佛会及浴佛斋祷文》,载《敦煌研究》,2001 年第 3 期,第 45 页。

出,帝释天即因陀罗,为印度神话中的天神之王,司雷雨;佛教时代,与梵天并称,成为护法主神。文书内容显示该神成为信奉佛教而干旱少雨的鄯善国民众求助的神灵之一,以使五谷丰收。当地人企图通过浴佛法会祈求雷雨之神多降雨水,反映佛教随传入地的实际状况发生了变化。[1] 鄯善民众在特定的自然生产环境下,将佛教与种植业生产密切结合,使佛教内容出现新的变化。

与上引第 160 号文书的记载相同,解放初期,今库车一些地区水资源与土地的占有相分离,水也被当作伙种条件。一般的伙种条件是田主出土地,佃户出水。但在同时期的南疆其他地区,如阿克苏、疏附、莎车、洛浦、伽师等水资源较为丰富的地区,水量分配是根据耕地面积而定,水资源只能随土地转移,不能单独占有。[2] 或可推测当时西域绿洲水资源的分配占有模式,也是因各绿洲水资源的丰欠程度而异,水资源的占有形式影响到土地租佃经营的具体特点。

关于鄯善王国内佃户与田主的具体关系,可利用第 450 号文书稍加分析:[3]

    [1]黎帕那致函楼耶及陆迦耶,并颂福体万寿

    [2]无疆。汝务必知悉余之书信所述。春天,

    [3]汝绝不可借机在此耕种土地。现系

    [4]汝停止向余交税之第四年。汝之房屋和土地,

    [5]余现允许出售。汝及汝之母亲、妻子、儿子和女

    [6]儿应一起来此。务必来此地耕作。关于余之税务,仅

    [7]茜草及 curama 必须带来,尚无其他税欠余。

文中的“税”可做“租”解。楼耶等人租种黎帕那的土地,需向黎帕那交纳地租。按文意,田主出租土地的同时,向佃户提供房屋;田主在佃户不知情的情况下,随意将出租的土地和提供的房屋出售。这表明田主

---

〔1〕夏雷鸣:《从“浴佛”看印度佛教在鄯善国的嬗变》,载《西域研究》,2000 年第 2 期,第 47 － 48 页。

〔2〕《中国少数民族社会历史调查资料丛刊》新疆维吾尔自治区编辑组:《南疆农村社会》,第 59 － 61、120 － 122 页。

〔3〕林梅村:《沙海古卷》,第 304 页。

可以随时撤佃,佃户没有永佃的自由。田主要求佃户带家人在指定的另一地方进行耕种,明显对佃户具有支配权,主佃关系双方地位不平等。这种租佃关系下,佃户对田主有较强的人身依附性,相当于田主的依附民。艾特武德(Atwood)曾依据佉卢文书,指出庄园或领地主人利用依附民进行耕作。[1] 该文书所反映的主佃关系,可能正是庄园或领地主人与依附民关系的具体体现:即庄园或领地的生产存在人身依附关系较强的租佃经营方式。

但第 450 号文书中这种依附性较强的租佃关系,在当时鄯善王国的种植业生产中是否具有普遍性,难以定论。或只限于以庄园、领地为经营单位的生产中。普通百姓采取租佃经营方式,主佃双方的关系或相对平等。

关于地租的征收,第 450 号文书中是以茜草及 curama 作为地田租,curama 具体为何物,不明。不知当时绿洲国内是否已人工种植茜草,若只是采集野生得来,那么征收茜草与第 496 号文书以酥油作为地租的情况相同,即征收的地租与土地实际出产物不完全一致,这可能主要是因田主根据自己的需求决定。也有资料提到用谷物作为土地的租借费用。[2] 谷物与酥油、茜草等都属于实物地租。征收实物地租,应是鄯善王国的普遍现象。另外,第 450 号文书中,田主要求佃户带家人一起到指定的地方进行耕作。由此,不排除当时也存在劳役地租。

前面曾提到第 160 号文书中的左多那可能是为田主管理生产的人。左多那在一定程度上具有管家的身份,这涉及鄯善王国民众对农作物种植业生产采取的一种管理方式,即设置管家进行管理。以下资料对这种管理方式也有所反映。

---

〔1〕Ch. Atwood, "Life in Third-fourth Century Cadh' ota: A Survey of information gathered from the Prakrit documents found north of Minfeng(Niyä)", p. 184. 作者还指出文书中没有财产和人身自由的奴隶,主要负责家内生产,仅是构成农业生产劳动力中的一小部分,不占主要地位。

〔2〕莲池利隆:《佉卢文木简——尼雅遗址出土的佉卢文资料的研究(2)》,载中日·日中共同尼雅遗迹学术考察队:《中日·日中共同尼雅遗迹学术调查报告书》(第 2 卷),第 140 页 92MNB3b·92B-12 简文。

第 278 号文书：[1]

封牍正面

[1]诸大人、人皆爱慕、亲爱的……

[2]…太侯阿周那……苏……

[3]亲（启）

封牍背面

[1]余已将耕作之事交鸠罗格耶和周伐罗夷那照料。

[2]彼处生产的食物和酒类应交詹阇，

[3]并登记造册送来。还有，鸠善陀

[4]私人……黎帕那和帕尔伐陀在田里（播种）……

[5]……现请汝等予以照料。此地所获谷物应交詹阇。

[6]帐目则应给余。倘若摩信那地方诸领地之人

[7]不听彼之命令，汝得当心。

从第 6 行可推测写信人是领地主人。文中未显示所提到的人员相互之间有血缘关系，这些人员应不是同一家庭成员。既然黎帕那和帕尔伐陀为田间播种者，那么照料耕作事宜的鸠罗格耶和周伐罗夷那，当是在替领主负责管理生产。收获的谷物及相关产品交给詹阇，詹阇或只是专门管理收获物及其他产品，即负责仓储。领主在信中对耕作、收获物移交及相关负责人、造帐与帐目上交等事务做一一交代，收信人明显充当了领地生产总管家的角色，负责生产的全过程。这表明领地生产，管家人员的设置具有不同层次性，当与生产规模有关。

另有第 83 号文书：[2]

底牍正面

[1]鸠波信陀叩拜人皆爱慕、人神崇敬、美名流芳、亲爱之大舅子税监（黎贝耶），

[2]谨祝神体健康，万寿无疆，并致函如下……

---

〔1〕林梅村：《沙海古卷》，第 292－293 页。另参见〔英〕贝罗著，王广智译：《新疆出土佉卢文残卷译文集》，第 65 页。

〔2〕林梅村：《沙海古卷》，第 267－268 页。

［3］詹贝耶于……汝无论如何不得把欢吉和阿施陀耶留在那里。汝所知一切……

［4］谕令。詹贝耶和彼务必和欢吉一同来此。当汝启程前往皇廷时……

［5］务必……该日期须告余，务必使余知晓。还有，余等在此皇廷……

封牍背面

［1］汝若动身去，请将此事通知余。汝若不去，也须让余知

［2］晓。至于汝有关马之命令，詹贝耶随后将马带去。

［3］汝已吩咐将其移交此地，万万勿忘办理。橐驼之租金为八掌长之布匹，余已交欢吉

［4］送去。该布匹系白色。至于农耕、大麦、小麦和 aḍ'imi 之事，请汝等精心

［5］关照。汝之黎弗罗摩也须精心关照。余等奉上礼品一件。沙毗那之礼品系……

［6］羊一头。无论彼等在农耕地播种多少谷物，汝都应该让黎弗罗摩记账。

文中的"aḍ'imi"意义不明。寄信人鸠波信陀，请收信人黎贝耶照管耕种之事。如果依据该文书尚不能确定黎贝耶为鸠波信陀的管家，或认为黎贝耶只出于亲戚关系，对田主的农业生产加以照料；我们还可以据下面两件文书继续分析。

第140号文书：[1]

底牍正面

［1］人神崇敬、人皆爱慕、长命百岁、大人，

［2］亲爱的大舅子税监黎贝耶、亲爱的姊妹沙尔比那、苏耆陀和林苏足下，鸠波信陀向汝等叩

［3］安，谨祝神体健康，万寿无疆。首先，敬悉

---

〔1〕林梅村：《沙海古卷》，第277－278页。

［4］福体安康，不胜欣慰，托汝洪福，余亦安好，并函告如下：
林苏

［5］之手中有汝贷放之谷物若干。关于原先一批谷物，余等
在此收到 vaṣḍhigaiṃ 谷物一批。汝知晓其帐目。

［6］第二批来自耕地的谷物，汝亦知晓其帐目。这批谷物现
在众军手中。

封牍背面

［1］从这批谷物中用去和给予他人之数目现已登记在一块简
牍上。其中尚余下谷物五弥里码十硒。这笔

［2］谷物和利息应向众军讨还。关于 vaṣḍhigaiṃ 之谷物和来自
耕地之谷物，应分别立帐。

［3］panimacana 之谷物为十硒。这笔帐目应和利息一起登记。
关于以前之谷物，帐目应逐年详细登

［4］记。关于去年在詹贝耶手中之谷物，鸠特耶知道从谷场
打下了多少。

［5］詹贝处的谷物亦应入帐。柯勒耶处之酒，汝知道帐目。

［6］从彼处送来之酒，余

［7］存放一房舍，并奉上一些礼品致问，给汝 lespa 一件、犁每
人三件、

［8］给沙尔毗那 vatu 一件。

封牍背面第 7 行的"犁"，贝罗释译为"sira"，具体意义不明。[1] 对此不
予以分析。该信件收寄双方与前引第 83 号文书基本一致，并皆提到詹
贝耶。考察该信件的内容，涉及林苏借贷谷物与还贷、众军所借谷物及
利息、詹贝耶手中的谷物、柯勒耶处酒的送交与存放等事项。其中一些
事情又见于第 100 号文书：[2]

---

〔1〕〔英〕贝罗著，王广智译：《新疆出土佉卢文残卷译文集》，第 33 页。
〔2〕林梅村：《沙海古卷》，第 270 – 271 页。贝罗曾指出第 100 号文书与第 140 号文书有相同
内容，见〔英〕贝罗著，王广智译：《新疆出土佉卢文残卷译文集》，第 33 页注。

矩形木牍背面

[1]鸠波信陀谨祝人神崇敬、人皆爱慕、亲爱之州长林苏兄

[2]身体健康,万寿无疆,并致函如下:汝处

[3]有余借贷出的谷物。关于汝,色尼伽和苏耆陀……汝处
谷物……

[4]余虽如此说,但彼却说,汝处有两笔分期支付之利息,不
得再拖延一年。汝处

[5]那笔利息系两笔分期支付的利息……和色尼伽之谷物
……还有,

[6]余现派詹贝耶前去,无论……处之谷物……

矩形木牍正面

[1]汝得调查这一切。此外……谷物,现在这笔谷物在众军
手中……

[2]众军声称,这些谷物未和其他谷物一同入帐,务必让众军

[3]将这些谷物和其他谷物一同入帐;还须让彼将谷物从司
帐昆格耶处领回并作清查。

[4]汝应注意,汝手中的谷物和众军手中的谷物。

按文书内容,鸠波信陀曾借贷谷物给州长林苏,现催促林苏偿还谷物
的本息,另有一笔谷物在众军手中,令其计入账中。前引第 140 号文书
中,鸠波信陀写信告诉黎贝耶,贷放给林苏的谷物已收回一笔,众军手
中的谷物虽已登记在账目上,但仍需向众军讨还谷物及利息。可知,这
两件文书内容存在先后关系。第 100 号文书所记内容先于第 140 号文
书,后者是对前者现状的陈述,同时做出一些新的要求。那么,第 140
号文书底牍正面第 5 行,贝罗释读为"有余所贷放出之谷物若干",[1]
是正确的。

通过上引第 100、140 号文书不难看出,税监黎贝耶对鸠波信陀的
土地生产负有管理责任,担任田主管家的角色,而不是出于亲戚关系

---

〔1〕〔英〕贝罗著,王广智译:《新疆出土佉卢文残卷译文集》,第 32 页。

上的简单照料。第 83 号文书中的黎弗罗摩作为黎贝耶的人员,专主谷物播种量的账目。这三件文书皆出现詹贝耶,其职责似乎只是负责储存收获的谷物或亲自收回借贷出去的谷物,并来往于田主与黎贝耶之间,同样应是黎贝耶的下属人员。从而,田主鸠波信陀设置的管家与第 278 号文书情况相同,具有不同层次性。

关于设立管家以管理生产的田主的身份,第 278 文书中的田主是领主。从第 100、140 号文书中管家负责多项事宜看,田主同样拥有大规模的土地,可能是庄园主或领主。或可推测鄯善王国内,对农业生产实行设置管家的管理方式的田主,多是庄园、领地类大土地所有者。需注意的是,第 83 号文书明确反映田主为不在乡者,第 278 号文书也透露出这种信息。这种情况下,设置管家管理生产较为合理。拥有大面积土地的在乡田主,是否也实行该管理方式,根据目前的资料尚难以下结论。

由第 278 号文书 2—3 行"彼处生产的食物和酒类应交詹阇,并登记造册送来",以及 5—6 行"此地所获谷物应交詹阇。帐目则应给余",可知领地内专门设有仓库,用来储存领地的收获物。第 140 号文书 4—5 行"关于去年在詹贝耶手中之谷物,鸠特耶知道从谷场打下了多少。詹贝处的谷物亦应入帐",反映出管家所管田地生产的收获物并未全部送交田主,而是有部分被留下。表明管家所管地域内也设有仓库,仓库内的收获物仍归田主所有。另外,第 83 号文书第 6 行,田主要求将播种的谷物数量登记造账,不乏有明晰谷物籽种耗费量的意图。如是,间接说明管家负责向播种民支给农作物籽种。籽种当出自管家所管地域中设立的仓库。

根据上面分析可知,田主设置管家管理生产,管家人员的设置具有不同层次性,相应地负责种植业生产全过程的各个环节。管家负责照管土地耕作,籽种支给,农作物的收获与储藏;甚至包括追讨主人借贷出去的农产品及其利息等事务。管家处理这些事务,要向田主报告相关情况,提交相关账目。但管家获取何种报酬,与田主之间具体构成何种关系目前尚无从考察。

4.3.3　绿洲国种植业的生产技术

关于绿洲国的种植业生产技术,在此主要从农田的使用及管理、生产工具、水利灌溉、农时观念四个方面进行考察。

在农田的使用及管理上,艾特武德根据贝罗的释译,总结佉卢文书中提到的土地类型:一是miṣi,应指耕作地;二是 kurora,应是指有隆起田埂的备耕地块;三是 akri,指适于耕种而未耕作的土地。[1] 山本光朗将 akri 理解为"休耕地"。[2] 这样,耕作地、备耕地、休耕地同时存在,表明当地民众在土地利用上实行休耕制。这应是当时恢复地力的重要方法。另根据考古调查资料,在尼雅遗址 M4 墓穴中,棺的四周塞满芦苇、糜子草,其中夹杂了少量小麦,"从另一侧面说明了当时'草比苗多''广种多收'的情形",[3] 意味着当时农作物种植业生产中可能没有除草这一项内容。

鄯善王国采取休耕制,又似乎不对农田实施中耕除草,显示出种植业的粗放经营。

生产工具方面,前文已论及屯田机构向绿洲国推广牛耕技术的可能性。另外,第 320、740 号,以及上引第 83 号佉卢文书中分别提到"耕地""耕种"和"农耕",[4] 是鄯善王国已使用犁的证明。拜城县克孜尔千佛洞第 175 号洞窟相当于晋代,其壁画中的耕作图,除绘有宽刃的镶和锄之外,还有犁耕的画面。[5] 画中的犁耕方法及犁铧形制,与陕北、

---

〔1〕Ch. Atwood, "Life in Third – fourth Century Cadh'ota: A Survey of information gathered from the Prakrit documents found north of Minfeng(Niyä)", p. 168.

〔2〕山本光朗:《カロシュテー文書 No. 580について》,《北海道教育大学紀要》(第 1 部 A),第 48 卷第 1 号,1997 年,第 104 页注 10;《カロシュテー文書 No. 582について》,《北海道教育大学紀要》(人文科学·社会科学编),第 50 卷第 1 号,1999 年,第 34 页。托马斯(F. W. Thomas)认为"kuthala"可能指休耕地,见 F. W. Thomas, "Some Notes on the Kharoṣṭhi Documents from Chinese Turkestan", Acta Orientalia, Vol. XII, 1934, p. 38. 贝罗指出"kuthala"应该是一种土地度量单位,见 T. Burrow, The Language of the Kharoṣṭhi Documents from Chinese Turkestan, pp. 83 – 84. 贝罗的推测更为合理。

〔3〕王炳华、吕恩国、于志勇等:《95MN1 号墓地的调查》,110 – 113 页。

〔4〕林梅村:《沙海古卷》,第 296、151、268 页。T. Burrow, A Translation of the Kharoṣṭhi Documents from Chinese Turkestan, pp. 60, 146, 16.

〔5〕阎文儒:《新疆天山以南的石窟》,载《文物》,1962 年第 7、8 期,第 45 – 46 页。

江苏睢宁、陕西米脂、山西平陆出土的东汉牛耕画像石及东汉墓壁画，以及甘肃酒泉嘉峪关汉魏壁画墓等所见图像，都基本相同，[1]表明龟兹绿洲国的种植业生产，也已使用铁犁及牛耕技术。这或正是屯田机构对之推广的结果。

考察犁及牛耕技术的应用情况，前引第83号文书中的田主拥有较多土地，属于大土地所有者；龟兹国中，开凿克孜尔石窟非一般平民所能负担的。这在一定程度上说明铁犁的使用，可能仍只限于经济实力较强的大土地所有者，牛耕技术在绿洲国内尚未普遍实行。前引楼兰汉简让大侯至西域长史营受试，也从侧面反映出当时绿洲国土著民尚不熟悉铁犁及牛耕技术的使用。

结合上章提到公元1—6世纪左右的且末一号墓地第三期文化墓葬出土了木耙，以及尼雅遗址出土的遗物有铁制工具，而大部分生产工具是木制的；中日联合考察团曾在92B4(N2)地区的19号住居遗址中发现的利用树干节部加工而成的撒种工具，[2]可推测公元1—5世纪前期西域绿洲国虽已应用铁犁、牛耕技术，但生产工具仍以木制为主。

关于绿洲国的水利灌溉，前文引《水经注》称索劢屯田楼兰横断注滨河时，"胡人称神"，其中的"胡人"当包括被征发的鄯善、焉耆、龟兹等绿洲国兵卒。他们对索劢最终使受强大水势冲击的堤坝安然无恙进而发展大规模灌溉之事倍感神异。这或暗示出，当时绿洲国不曾进行如此浩大工程的水利建设，其水利设施的修筑技术与屯田区尚不可同日而语。但考古调查资料显示绿洲国内也修筑有一系列的水利设施。在尼雅遗址区东南部，可见到一条很长的引水渠，位于古桥所在的河道东岸半腰，宽40~50厘米，傍河成南北向铺展，有可能将水引上地势稍高的地段；遗址内佛塔西北约300米处，也保存有较完好的田畦、

〔1〕王炳华：《新疆犁耕的起源和发展》，第239页。
〔2〕吉崎伸：《92B4(N2)的调查》，见中日·日中共同尼雅遗迹学术考察队：《中日·日中共同尼雅遗迹学术调查报告书》(第2卷)，第49页。

水渠痕迹。[1] 尼雅遗址区内大面积的果园间和居民住宅之间,还分布着一个个蓄水池,渠道纵横,将它们相互连接起来。这种涝坝式的蓄水池在于阗地区也很常见,是绿洲内调节洪水流量、保证灌溉和饮水的重要措施。[2]

佉卢文资料对鄯善王国内水利灌溉设施及其相应管理体系也有记载。现引第 604 号文书:[3]

> 兹于伟大国王、上天之子夷都伽·伐色摩那陛下在位之 7 年 6 月 25 日,舍古娑·舍佉打开封口。该封口在凯牟·钵里特(Camu Prete)。水已供给。证人为 aśgara 莱没苏及僧人犀伐犀那。当凯色吉耶将 somgha(= ?)引至罗摩迦(Ramaka)一边去时,税监(soṭhaṃgha)莱比耶打开封口。当时犀伐犀那借用了水。而拔罗犀那却将该水强行截断[……]该封口由耽没支瞿打开[……]莱没苏系证人。

文中提到的封口不止一个。封口与渠道相连,起到类似闸门的作用,可以调节用水,应即是斗门。封口所在地——凯牟·钵里特在精绝州内的行政等级不明,因而无法确定该文书中与封口相连接的渠系等级,但这些渠系应该是精绝州内的支渠。再分析第 368 号文书:[4]

> [1]威德宏大、伟大之国王陛下敕谕(州长索阇伽,汝应知悉朕之谕令,当朕下令)
>
> [2]处理国事之时,汝应关心国事,不惜以生命小心戒备。若扞弥和于阗(有什么消息,汝应向朕,伟大的国王陛下禀报,朕便能从中知悉一切。汝曾报告说),
>
> [3]……耕地无水,结果无水。现将水引入汝州,不可能……

---

[1]王炳华:《尼雅考古百年》,载氏著:《西域考古历史论集》,第 492 页。

[2]马国荣:《两汉时期的新疆农业》,载《新疆文物》,1992 年第 1 期,第 67 页。有研究者称,涝坝这种蓄水设施在尼雅遗址中的出现与发展,可能深受犍陀罗地区贵霜移民的影响,而非源于中国内地的灌溉系统。见 Arnaud Bertrand, "Water Management in Jingjue 精绝 Kingdom:The Transfer of a Water Tank System from Gandhara to Southern Xinjiang in the Third and Fourth Centuries C. E.", *Sino-Platonic Papers*, 223, 2012.

[3]〔英〕贝罗著,王广智译:《新疆出土佉卢文残卷译文集》,第 165 - 166 页。

[4]林梅村:《沙海古卷》,第 103 - 104 页。

（残）

  [4] 须由彼将人们登记造册,共计百人,务必将彼等和诸 aresa
   一起于 7 月 15 日交左摩伽和沙布伽带到莎阇。汝,州长
   索阇伽（残）

  [5] 若彼等逾期前去而发生在莎阇捣乱破坏之类的事情。
   朕,伟大的国王将要汝赔偿……（残）

国王在谕令中提到"现将水引入汝州",可能正是为了解决"耕地无水"
的状况,赋予精绝州使用水资源的权利,以灌溉耕地。精绝州需经国王
指示,才将水引入当地,表明该州与他州共用一条水源,共有一条主渠;
精绝州用于灌溉的干渠,附属于主渠,并通过斗门类分水设施与其他
州调节用水。按精绝州位于尼雅河流域,与他州共用的水源,应即是尼
雅河。

  这样,以精绝州所在的尼雅河流域为例,流域内的灌溉系统分不
同层级,主、干、支、毛渠相配套,各层级有斗门调节用水。从而形成灌
溉范围广大又较完备的灌溉体系,为绿洲农业生产发展提供良好的生
产条件。

  至于水利的管理,上引两件文书没有明确反映。无法确知第 604
号文书中打开封口的税监莱比耶是否属于水利管理人员。第 368 号文
书只能表明国王通过下达敕谕协调州际间的灌溉用水,不知这种管理
方式是常态,还是只是用以解决州际间用水矛盾的权宜之计。但不论
哪种,皆含有鄯善王国对同一水源利用进行统一调控与管理的意味。
按拉普逊（Rapson）等人的推测,莎阇位于且末与精绝之间的安迪
尔,[1]即今安迪尔河流域。那么第 368 号文书中,国王要求派百人至
莎阇,似乎与引水入精绝州无关。但拉普逊等人的推论缺乏坚实证据,
在此不排除莎阇实际与精绝州距离较近,存在使用同一水源的可能。
若是,国王要求调动的人员应是为了从莎阇改动、保护水源。文中提到

---

[1]E. J. Rapson and P. S. Noble, *Kharoṣṭhī Inscriptions: Discovered by Sir Aurel Stein in Chinese Turkestan*, Part III, Clarendon Press, 1929, p. 325.

"发生在沙阍捣乱破坏之类的事情",反映水资源利用过程中多有矛盾发生,突显出加强水资源管理的必要性。

从第368号文书国王的敕谕对象可知,作为地方最高长官的州长总管当州水利。现探讨王国地方水利的管理情况。

第157号文书:[1]

底牍正面

[1]人皆爱慕、美名流芳之爱兄、州长车摩耶、书吏特迦左和探长苏左摩诸大人,税监黎贝耶再拜稽首,

[2]谨祝福体健康,万寿无疆,并致函如下:……余还在此听说,

[3]汝等已在该处将水截流,余甚为欣喜。汝来信提及已带数人来此。当这些人到汝处时,要在泉边将祭牛一头奉献给贤善大神。

[4]据贵人昆格耶说:"余曾得一梦,梦见天神未接受该泉边之祭牛。"贵人昆格耶还说,在尼壤之乌宾陀之牛栏中有一头两岁之牛。

[5]彼要将这头两岁之牛作为奉献贤善天神之祭品。贵人昆格耶还说,该祭祀须在埃卡罗侯牟特格耶之庄园进行。

[6]关于这头两岁之牛之事,汝不可玩忽职守,应速派祭司林苏前去。由彼和贵人左摩将牛带来。

[7]不得留难。

底牍背面

[1]贵人昆格耶还作过一梦,梦见三位曹长的一只五岁之羊在布尼和累弥那作为祭品。务必从速处理此事,

[2]认真办理。

文中负责截流水源的人即收信人,除州长外,有书吏、探长等人。至于

---

[1]林梅村:《沙海古卷》,第279－280页。

参与地方水资源管理的其他地方官吏,在第120号文书有所反映:[1]

> 3年4月15日,务必第二次去往 siṭge poṭge。所有劳工到泉水[……]水体极其浑浊(kha[lu]ṣa)。由于那一过失,出身名门的人们达成协议。余等结束后,从 siṭge poṭge 返回长官们那里。因皇家事务在那里的出身名门的人有:Namarazma、高级州长、Paṃciṃna、[Naṃ]maśura、Tǵaca、曹长阿波尼耶(Apñiya)、Calmasa和 Kaṃciya、贵人 Lýipana。

按文意,因某种过失水资源出现浑浊多泥的现象,对此进行管理的人员为"出身名门的人",有州长、曹长、贵人等官员。其中曹长应是负责州内地方用水事宜的重要人员,参见第502号文书:[2]

> [1]威德宏大、伟大之国王陛下敕谕,致州长克罗那耶和税监黎贝耶谕令
>
> [2]如下:今有沙门修爱上奏,曹长阿波尼耶已将水借来。彼将借来之水给了别人。
>
> [3]当汝接到此楔形泥封木牍时,应即刻对此详细审理,此水是否为阿波尼耶所借,
>
> [4]又是否将此水借人。此外,若排水口未曾准备好,则不
>
> [5]能让阿波尼耶赔偿损失。

文书中,国王对地方内部的用水情况加以干预,由州长、税监主管解决州内的用水纠纷。曹长阿波尼耶与上引第120号文书中的曹长阿波尼耶,可能为同一人。从沙门奏劾曹长"将水借来"转借他人可知,曹长对所借之水无单独处理权,借来的水资源应为州内某一地区民众共有。"借水"实指引水,曹长借水,表明曹长担负州内地方引水的职责。但现有资料无法确证曹长是否为负责州内地方引水的专职人员。另外,对于该文书与上引604号文书提到的借水,目前难探其究竟。只知

---

〔1〕T. Burrow, *A Translation of the Kharoṣṭhī Documents from Chinese Turkestan*, p.21. 贝罗将文中的"泉水"释作"桥"。刘文锁先生指出林梅村先生释译为"泉边"更为准确。见刘文锁:《沙海古卷释稿》,第262–263页。因而,在此将"桥"改译成"泉水"。

〔2〕林梅村:《沙海古卷》,第125页。

在出水口未准备好的情况下,可以将水资源转借给他人。否则,非因出水口的问题而将水转借出去,所造成的损失由出借人承担。

地方有专门守护水源的人。见第 188 号文书:[1]

[1]彼将……带至泉边。……三岁之橐驼十头……

[2]汝一定得办此事。该牲畜务必赠与诸守泉人。

文中明确提到守泉人。赠予守泉人牲畜的意图是什么,是要守泉人祭祀?还是他们的报酬?不得而知。推测守泉与保护水资源有关,其相关规定,无从考察。

根据前引第 157 号文书的文意,截流水源之后,要在泉边进行祭祀,税监主管祭祀,贵人、祭司应是实际的执行者。提供祭品和场地的人员有曹长、埃卡罗侯等官员,也有平民。用作祭品的牛、羊,是由牲畜主人无偿提供,还是官府用资财购买所得?不明。文中另用羊在布尼、累弥那做祭品,说明同一州内不止一地进行祭祀,截流之后的水边祭祀应是州内全民性的活动。在水边祭祀的神为贤善天神,即跋陀罗佛,主管洗浴事。祭祀该神,或为祈求水源充足且无水患,与前文提到的民众求助帝释天有相通之处。另外,斯坦因曾提到西域在水源附近的拜神传统,如和田喀拉喀什河上的库赫马里、吐峪沟、庙尔沟、库车的两条河口处都有寺庙,这些崇拜地点从古延续到今天。[2]从而可见干旱少雨的绿洲区在水源边祭祀的习俗传承之久。

观之,鄯善王国拥有较为完备的灌溉设施体系,并相应地有较为严密的管理体系。国王会亲自调控同一水源州际间的用水,也会通过州长等地方官员干预州内地方用水。在地方上,州长总管一州水利,负责截流、引水入州,解决州内用水纠纷;另有税监、贵人、曹长、探长、书吏等地方官吏参与。曹长或主管州内各地方的引水,地方安排有守泉人。另外,截流水源入州之后,州内各地方在泉边举行祭祀活动,由税监之类的官员负责。

---

〔1〕林梅村:《沙海古卷》,第 286 页。

〔2〕〔英〕奥雷尔·斯坦因著,巫新华、秦立彦、龚国强等译:《亚洲腹地考古图记》(第 2 卷),广西师范大学出版社 2004 年版,第 1042 页。

至于灌溉农作物的技术,可利用第 72 号文书进行分析,其文云:[1]

背面

……小麦已灌溉两、三次,登记如下:

(栏三)

[2]伏……灌溉两次

[3]第二遍楚伽灌溉小麦两次

[4]督军阿般那灌溉小麦两次

正面

(栏一)	(栏二)
[1]左陀帕伽灌溉两次	[2]州长林苏灌溉三次
[3]左腊摩灌溉三次	[3]曹长左尔摩沙灌溉三次
[5]波格那灌溉小麦四次	[4]探长苏遮摩灌溉两次
[7]左腊摩灌溉两次	[7]曹长左尔摩沙灌溉两次

由背面栏三第 3 行记"第二遍",可知该文书是对小麦多遍灌溉的记载。多遍灌溉的现象,当缘于民众根据小麦生长期实行灌溉。小麦的生长过程主要包括出苗、分蘖、拔节、孕穗、开花灌浆期。其中以分蘖、孕穗和灌浆期最为关键,这三期各浇一次水,是确保小麦收获的基础。文中记载每遍灌溉多次,应是为保证小麦在当地干旱的自然环境下,在各生长期内得到充足的水分。民众已掌握小麦灌水的具体时间,体现了当时鄯善王国灌溉技术的发展水平。

文中灌溉用水以两三次者居多,也有达四次者,出现这种差异的具体原因不明。从灌溉者来看,未显示出官吏与平民之间用水次数存在等级差别。另外,正面同一栏记载的有同名同职者,该现象让人费解。

绿洲国民众在种植业生产中是否已有农时观念,没有直接的材料证明。不过,第 565 号文书中有"星宿日猪日,宜耕作、播种葡萄园,耕

---

[1]林梅村:《沙海古卷》,第 159 – 161 页。

作顺利并能增产",[1]明确适宜农作物种植业的生产日期,应是人们在生产实践中不断积累经验,将之与星象学方面知识相结合的结果。虽然内容上带有占卜性质,但仍可看作是某种意义上的农时观念。

刘文锁曾分析,第565号文书的内容根据的是秦汉以来中原内地流行的《日书》,以日常生活为主,可以认为是民间流行的占卜形式。其中"耕作、播种葡萄园"的内容,虽不见于《日书》,但《日书》中的《农事篇》《土忌》等涉及农事、稼穑,《日书》中"建除十二日"的"收日"也有可资比较的内容。睡虎地秦简《日书》甲种《秦除篇》:"收日,可以入人民、马牛、禾粟。"所以该条"星宿日猪日"占卜农业生产和收成的理念,应同样源自于《日书》。用葡萄代替"禾粟",即是用西域绿洲有代表性的农作物替代中原农作物,是当地人用本有观念和现实情况对内地传入的《日书》内容的筛选和改造。[2] 这可以看作是在文化传播过程中,农业生产影响文化的一个例证。

4.4 绿洲国的畜牧业
——以佉卢文资料反映的鄯善王国为中心

佉卢文书中,描述骆驼的词汇最为繁复,有关羊的称谓也较多,马和牛的称谓略显简单,涉及骡等其他畜产的词汇极少。[3] 这在一定程度上反映了鄯善王国的畜产结构,即:以骆驼和羊为主,马、牛次之,其他畜产更次之。结合绿洲墓葬中多出土大量羊毛织物及羊肉等,可知羊是绿洲民众最普遍饲养的畜种。尼雅遗址区出土的猪鬃、狗骨架、鸡骨,[4]说明鄯善王国还饲养这些畜产。但因缺乏相关资料,这里所谓的畜牧业主要是针对驼、马、牛、羊等较大型家畜而言。

---

〔1〕林梅村:《犍陀罗语文学与古代中印文化交流》,载《中国文化》,2001年第17—18期,第232页。

〔2〕刘文锁:《沙海古卷释稿》,第337－359页。

〔3〕刘文锁:《沙海古卷释稿》,第83－87页。

〔4〕参见新疆维吾尔自治区博物馆考古队:《新疆民丰大沙漠中的古代遗址》。王炳华、日恩国、于志勇等:《95MN1号墓地的调查》,第88－132页。李遇春:《尼雅遗址的重要发现》,载《新疆社会科学》,1988年第4期,第37－46页。

4.4.1　畜牧业的经营方式

文书中多见"皇家畜群"字样,也有关于官僚贵族及平民的牲畜的记载。"皇家畜群"与后者明显不同。以下对这两类畜牧业的经营方式分别讨论。

需要注意的是,学界对"皇家畜群"的性质存在不同意见,[1]在此稍加探讨。粗略统计,包括"皇家(royal)"一词的文书不少于34件。[2]其中29件译自rayaka,另有译自rayakade(399、600、640)、rajade(374)、raja(677)者。但与皇家牲畜有关的皆译自rayaka或rayakade。按,rayaka"royal"是raya"king"的形容词性形式,意为"王室的""皇家的"。rayakade是rayaka加上离格后缀de"from",表示"来自王室的""来自皇家的"。关于raja"kingdom, state",j = jy,即raja = rajya,意为"王国""政府(州)"。rajade是raja加上离格后缀de,表示"来自王国的""来自政府(州)的"。[3] 佉卢文书中对"皇家/王室"和"王国/政府"有明确区分,译文中将raja、rajade译作"皇家(的)"当有不确。由rayaka及其派生词翻译成的皇家畜群应指为王室所有的牲畜。

文书中不见官畜或国有畜产的记载,或缘于文献的有限性;亦或是鄯善王国无官畜的真实反映,这又可能与鄯善为小国有关。

文书记载显示鄯善王室成员有属于个人的私有牲畜。如第350号

---

〔1〕学界多认为皇家畜群是王室私有牲畜。见刘文锁:《沙海古卷释稿》,第159 - 160页;殷晴:《丝绸之路与西域经济——十二世纪前新疆开发史稿》,第125 - 126页。但王欣在提到皇家畜群属王室专有的同时,又指出所谓的皇家牲畜为国有。见王欣,常婧:《鄯善王国的畜牧业》,载《中国历史地理论丛》,2007年第2期,第94 - 100页。

〔2〕A. M. Boyer, E. J. Rapson, E. Senart and P. S. Noble, *Kharoṣṭhī Inscriptions, Discovered by Sir Aurel Stein in Chinese Turkestan*, Parts I - III, Oxford at the Clarendon Press, 1920 - 1929. T. Burrow, *A Translation of the Kharoṣṭhi Documents from Chinese Turkestan*. 林梅村:《沙海古卷》。至少40、55、106、122、134、146、152、159、180、182、236、248、272、317、341、349、367、374、383、392、399、439、448、480、509、524、562、567、583、600、640、677、696、725号等文书含有"皇家"一词。T. Burrow与林梅村的译文有所不同,但只要有一方译为"皇家(royal)"者,便统计在内。

〔3〕参见E. J. Rapson and P. S. Noble, Kharoṣṭhī Inscriptions, *Discovered by Sir Aurel Stein in Chinese Turkestan*, Part III, p.324. F. W. Thomas, "Some Notes on the Kharoṣṭhī Documents from Chinese Turkestan", pp.45 - 46. T. Burrow, *The Language of the Kharoṣṭhi Documents from Chinese Turkestan*, p.15.关于raja/raya及其派生词的含义,承蒙邵瑞祺(Richard Salomon)教授和Desmond Durkin-Meisterernst教授指教,在此谨致谢忱,一切可能出现的错误皆由笔者负责。

文书提到,"兹于4年3月1日,皇后之牝骆驼务必由属于州长夷多迦之男人一名看管"。[1] 另有第439号文书云:[2]

[1]威德宏大、伟大之国王陛下敕谕,致州长克罗那耶和税监黎贝谕令

[2]如下:今有怖军上奏,彼已收到王妃之母牛。彼现为叶吙县之牧羊人,同时又是kuv́ana谷物之司税,现又将皇

[3]家母牛交给彼。此人身兼五职,殊不合法。(中略)倘若确实如此,

[4]皇家母牛不应再交给彼,若有人未担任任何职务,应将皇家母牛交付此人。

按文书内容,"王妃之母牛"与"皇家母牛"并列,不能合为一群同时牧养,可知王室成员个人的私有牲畜不在皇家畜群之列。但两件文书中,王室成员个人私有牲畜与皇家牲畜,都是经由州长等地方官员分派给牧养者,两者皆由官方管理,经营方式相同。基于这一点,可以将王室成员个人私有牲畜与皇家畜群的经营情况一起论述。

已有的研究成果表明,皇家畜群在王国的都城和地方都有分布。地方长官不但将皇家牲畜分派给地方民众牧养,还征派人力到都城牧放皇家牲畜。各级官吏和平民都有牧养义务,官府供给牧养牲畜所需的草料,并向牧养者提供薪俸、衣食。被送至地方牧养的牲畜,育肥后经征税官送返。[3] 关于皇家畜群牧养人员的征派与安排情况,可参见第777号文书。文书记载:[4]

兹于大王、侍中、天子伐色摩那陛下之第9年11月8日,彼时,当[……]来自[……]彼时masiṃciye诉称牧羊人苏耆陀(Suǵita)已是牧羊人。第10年,摩迦耶(Moǵaya)[与……]必须

〔1〕〔英〕贝罗著,王广智译:《新疆出土佉卢文残卷译文集》,第88页。

〔2〕林梅村:《沙海古卷》,第115页。

〔3〕長澤和俊:《楼蘭王国史の研究》,第355-381頁。王欣,常婧:《鄯善王国的畜牧业》第94-100页。

〔4〕T. Burrow, "Further Kharoṣṭhi Documents from Niya", pp.119-120. 参见刘文锁:《沙海古卷释稿》,第381页。

去做牧羊人。第 11 年,茨摩耶(Tsmaya)必须去做牧羊人。第 12
年,祖吉尔伽(Tsuǵelǵa)与 Civiṃtǵa 必须去做牧羊人。第 13 年,
[……]

文中在伐色摩那国王第 9 年,已确定至少后续四年的牧羊人,每任任期
一年。从而可知,王国提前选定皇家畜群的牧养人员。此项事宜的执
行程序不明,但根据上引 439 号文书,推测是由国王下达命令,再由州
长等地方官员做出具体安排。文中每任牧羊人有一人或两人不等,出
现这种差别的原因,尚无从考察。

被征派的牧养人员无法按时到任者,可由他人代替。第 5 号文
书载:[1]

底牍正面

[1]威德宏大、伟大之国王陛下敕谕,致御牧卢达罗耶谕令如
下:今有……

[2]黎贝耶此子业已作为使者外出,秋天理应由黎贝耶随畜
群放牧。待汝接到此楔形泥封木牍时,

[3]务必即刻对此事详加审理。黎贝耶若随……畜群放牧,

封牍背面

[1]则必须于秋天至此地随畜群放牧,而黎贝耶秋天根本不
能来此随畜群放牧。

[2]唯 26 年 2 月 21 日……已将贵霜军带至京城皇廷……

按 T. Burrow 的注释,背面最后一行可理解成 Kuṣanaṣena(贵霜军)作为
黎贝耶的替代者被带至皇廷。[2] 由此可知文书内容,黎贝耶本应在当
年秋天牧放皇家牲畜,因子外出或导致黎贝耶无法抽身前往都城到
任,便由贵霜军代替黎贝耶前去做牧养者。文中早在 2 月份就对当年
秋天牧养人的替换事宜做出了安排,反映出王国对皇家畜群的重视。
但为何替代者也提前在 2 月份抵达都城,不得而知。

---

〔1〕林梅村:《沙海古卷》,第 35 页。

〔2〕T. Burrow, *A Translation of the Kharoṣṭhi Documents from Chinese Turkestan*, p. 1.

上件文书中强调黎贝耶必须在秋天到都城放牧,秋天或是皇家畜群牧养人换任的时间。另外,第 198 号文书中,国王敕谕州长与奥古侯"从彼处送来两头橐驼,……务必于秋天将养肥的一头送来,转交诸税监,由彼等送来";第 180 号文书"皇家橐驼"帐中,摩酰利王某年 9 月 17 日"司土乌波格耶有十一头牝驼活着,有二头橐驼送到皇廷……柯罗罗·卢特罗耶有牝驼八头,一头橐驼送到皇廷"。[1] 根据这两件文书,推测秋季作为牲畜育肥的季节,也是送返皇家牲畜的主要时节。皇家畜群的牲畜数量因而发生较大变化,官府需重新统计,被征派的牧养者于此时换任并接管变化后的畜群自在情理之中。

第 19 号文书同样记载了皇家畜群牧养人的替代情况。其文云:[2]

[1]威德宏大、伟大之国王陛下敕谕,致州长克罗那耶税监黎贝谕

[2]令如下:今有一女子,名驮摩施耶那。彼于此地代替夷陀色那随畜群放牧。当汝接到此楔形泥封木牍时,务必亲自详细审理此事。

[3]倘若驮摩施耶那确实替代夷陀色那随畜群放牧,依据原有国法,应给予其衣食及薪俸。

文中交代,夷陀色那本应牧放皇家畜群,却由驮摩施耶那代替;替代者驮摩施耶那可以依国法享有相应的待遇。

上引 5 号、19 号两件文书,都是国王命令州长、税监、御牧等地方官员处理皇家畜群牧放人员的替代事宜。这进一步证明,州长等地方官员负责对皇家畜群牧养者的征派与安排。被征派的牧养者需要别人替代时,或须事先征得地方官员的许可,只是文书中没有透露相关的信息。

第 19 号文书提到依"国法"由地方官府支付牧养者薪俸、衣食等,

〔1〕林梅村:《沙海古卷》,第 70、196 - 197 页。
〔2〕林梅村:《沙海古卷》,第 42 - 43 页。

使其得到佣值。这说明民众牧放皇家牲畜,不是无偿劳役,官府与牧养者构成雇佣关系。因而,皇家畜牧业中存在雇工经营方式。

至于私营畜牧业,则应是家庭成员自行牧养,实行个体经营。鉴于前述皇家畜牧业以雇工方式经营,私营畜牧业中存在雇佣关系当无疑问。另外,寄养代牧的经营方式也已经存在。现引第519号文书进行分析,文书记载:[1]

长木牍正面

[1]人皆爱慕之爱兄沙门索驮耶及左施格耶,汉军

[2]和名仆谨祝贵体健康,万寿无疆,并致函如下:

[3]余已为绵羊之事发出书信五六封。但迄今未获回音。

[4]余去该地将八只绵羊及羊羔交汝左施格耶和叶波怙,

[5]并将六头牲畜送去。此事距今已有三年之久。

[6]伏卢楚克罗后又带来十头小畜,均系山羊。

长木牍背面

[1]现尚留四头,其余劣种牲畜,汝亦扣留下来。该

[2]羊及属领地所有之羊已给苏左摩照料,

[3]应带至且末。余现呈上此信,愿为汝效劳。

[4]山羊请不必再送。

按贝罗的释读,正面第4、5行应该是“余至该地,将八只带有羊羔的绵羊与六只牡羊交汝左施格耶和叶波怙”。[2] 该文书内容表明,汉军与名仆作为羊主,没有亲自牧放羊畜,而是交给左施格耶和叶波怙牧放,左施格耶等人需要返交羊畜给汉军。

另有第644号文书云:[3]

[2]人皆爱见,人神崇敬,亲爱的邻居吠摩色那,皮齐耶谨祝

汝贵体

〔1〕林梅村:《沙海古卷》,第306-307页。

〔2〕T. Burrow, *A Translation of the Kharoṣṭhi Documents from Chinese Turkestan*, p.102. 林文中的“六头牲畜”或为“六头牡畜”之笔误。

〔3〕林梅村:《沙海古卷》,第311页。

[3]健康,万寿无疆,并致函禀报如下:去年,

[4]仅有一……橐驼由汝照料。余等去年曾将橐驼带来。该橐驼

[5]现又逃回汝处,并受到关照。

文中皮齐耶的骆驼原本由邻居饲养,也非自己饲养。

从牲畜所有者与牧养者之间的关系看,第519号文书中双方为兄弟,亦或是礼节性的称呼,不一定存在血缘关系。再由背面第3行"余现呈上此信,愿为汝效劳",推测牧养者不是被役使的人员。第644号文书中双方为邻居,也不见役属的关系。因此,两文书中的经营方式的性质当不属于仆从为主人的义务劳作。

再分析第519号文书。由该文书出土于尼雅遗址,可知左施格耶等人是在精绝为汉军等羊主牧放羊群。文中,羊主对牧羊人左施格耶等人不满,要把羊群转至且末交给苏左摩照料,而不是让苏左摩到精绝的草场替代左施格耶等人,说明牧羊人是在使用自己占有的草场为羊主饲育牲畜。另外,羊主声明除羊羔外共交给牧羊人14只羊,牧羊人在后来三年中交回10只不合规格的山羊,尚余4只未交,另有"其余劣种牲畜"(或指羊群繁育的仔畜)。文中没有透露羊主给予牧羊人佣金的信息,也没有提及羊主获取羊群本身所能产生的其他经济利益,如毛、奶等。这当意味着牧羊人利用自己的草场牧放羊群,虽然没有直接得到羊主的薪酬,却可以获得羊群所产生的一些经济利益。从而,牧养者扮演了代养人的角色;对于牲畜所有者,是以寄养的方式经营自己的畜牧业生产。因此,公元3、4世纪时,绿洲国的畜牧业生产中已存在寄养代牧的经营方式。这种寄养经营与解放初南疆的牧户代牧,以及蒙古民族中传统的"苏鲁克"所体现的家畜寄养有相似之处[1] 可见,寄养代牧在畜牧业经济中行之已久。

---

[1]中共新疆维吾尔自治区委员会政策研究室等编:《新疆牧区社会》,第427-428页。〔日〕利光有纪著,晓克译:《蒙古的家畜寄养惯例》,《内蒙古近代史译丛》(第2辑),内蒙古人民出版社1988年版,第139-166页。戴双喜、包英华:《法律视域中的苏鲁克制度》,载《内蒙古社会科学》(汉文版),2007年第6期,第18-23页。内蒙古自治区编辑组、《中国少数民族社会历史调查资料丛刊》修订编委会:《蒙古族社会历史调查》,民族出版社2009年版,第67页。

4.4.2　畜牧业管理措施及政策法规

　　佉卢文书反映王国内设有御牧、皇家厩吏等职官管理皇家畜牧业，并由御牧协助地方官吏解决民间畜产纠纷。官府还采取多项政策措施以保障畜牧业的发展。

　　前引第 638 号文书表明鄯善王国专门制定了对新户主畜产征收标准的法令。另，根据已有的研究成果可知，官府对皇家畜群实行账簿管理，将牲畜登籍造册，包括牧养者所饲育牲畜在某一时段内的生、死、产仔等状况，从而掌握畜群的变化。此外，王国规定地方官府须为途经当地的皇家牲畜提供饲料和水，救治途中患病的皇家牲畜；若皇家牲畜在途中自然死亡，需将该牲畜的饲料交给当地官府；若牲畜死于牧养者的催赶，牧养者要做出填赔。在保护民众私有牲畜的所有权方面，要求非法致他人牲畜死损者给予畜主相应的赔偿，并立有私人牲畜因公致死要由官府赔偿的"国法"。为保证牲畜安全，官府还采取了禁止在牧场狩猎、为牧放皇家畜群的人员配备卫兵等项措施。[1]

――――――――

〔1〕長澤和俊：《楼蘭王国史の研究》，第 355 - 381 頁。王欣、常婧：《鄯善王国的畜牧业》第 94 - 100 页。长泽和俊指出第 383 号文书是有关皇家畜群的一种调查册。现对该文书略加分析。文书记载(T. Burrow, *A Translation of the Kharoṣṭhi Documents from Chinese Turkestan*, p.77. 译文参见〔英〕贝罗著，王广智译：《新疆出土佉卢文残卷译文集》，第 100 页)：

　　此一有关现有之皇家骆驼、牝驼及已死骆驼之文件，由太侯注伽钵及啰苏妥加保存。

　　此系司土鸠没犀那之印。

　　……] putġetsa；另有一岁之 pursaka 驼一峰。其生牝(驼) putġetsa 一峰。另有骆驼 [……] 另有骆驼 [……]。另有黑色骆驼 noñi 一峰。其生牝驼 putġesta 一峰。另有骆驼 [……] 一峰。另有骆驼 vaghu 一峰。其生牝驼 putġesta 一峰。另有骆驼 [……] aṃklasta 一峰。另有白色 (spetaġa) 骆驼一峰。另有白色(?)

　　牡骆驼一峰。另有骆驼 [……]。另有黑色骆驼一峰。另有两峰牝驼已供作牺牲。这些骆驼 [……] 当时有七峰幼驼死亡。后因该过失又有牝骆驼三峰走失。另外，那里 [……] 死于澳毕没多之池塘中。关于该骆驼，曹长凯罗摩沙系保证人。那时太侯苏阇多系驼群牧养人。此文件系根据司土鸠没犀那之口述所写 [……] 楼兰诸证人 [……] 证明。那时，司土鸠没犀那(?) 皇家骆驼。另有 koro 骆驼一峰。(这些骆驼皆已登记。)

　　(未完，转下页)

给皇家畜群的牧养人员配备卫兵应与当时动荡的社会环境密切相关。西域绿洲国之间、绿洲国与周边山区政权之间时常处于敌对状态，甚至发生冲突。多件文书记录了鄯善国王敕谕地方长官关注于阗及扜弥的情况。

（接上页注〔1〕）

根据亚诺什·哈尔马塔（J. Harmatta）的推测，putgetsa 指脱离母畜的骆驼，koro 意为"年老的"（J. Harmatta, "The Expeditions of Sir Aurel Stein in Central Asia", in *Acta Antiqua*, Vol. 45, No. 2 - 3, 2005, pp. 119 - 124）。putgetsa 应是对刚断奶而未成年的骆驼的称呼。骆驼 13 岁为老，那么 koro 应指 13 岁以上的骆驼。贝罗指出 pursaka = pursa，或与阉畜有关，aṃklasta 指未经过训练的骆驼（T. Burrow, The Language of the Kharoṣṭhi Documents from Chinese Turkestan, pp. 106, 71）。按骆驼一般在 3 ~ 5 岁时阉割，一岁的 pursaka 驼可能指尚未去势的幼公驼。骆驼一般在三岁时开始调教，所以 aṃklasta 骆驼当未满三岁。文中包括骆驼的性别、种类、数量、毛色、亡失数量及原因、骆驼担保者、牧养者、证人等，不只是简单记录牧养人员及其所饲育牲畜的生、死、产仔等项。文末"这些骆驼皆已登记"，进一步表明该文书不同于一般的皇家牲畜籍账簿。分析文书内容，文中记录的是太侯苏阇多牧养皇家骆驼的情况，并根据用印人司土鸠没犀那口述写成，写就的文件又由太侯注伽钵及啰苏保存，但司土、太侯注伽钵及啰苏与皇家驼群的关系不明。佉卢文书中用印者不下 28 件，主要为法律判决书、买卖契和赠送契，用印人或为审讯者，或为证人与参与买卖者。这件文书中有楼兰的证人，驼群牧养人为太侯苏阇多。由此推测司土鸠没犀那是皇家驼群监管者，负责检查并详细记录畜群牧养状况。那么，该文书当是制作皇家牲畜籍帐的凭据或底稿，亦可用作考核牧养人员的依据。作为文件保存者的太侯注伽钵及啰苏或为司土之上的驼群管理人。若是，第 383 号文书恰反映了造皇家牲畜籍账的初级流程，即：由司土等地方基层官员负责调查检视私人牧养的皇家畜群，详记每一个畜群的存亡状况，并以此为基础另造牲畜籍帐，其间需有证人参与；然后将检视记录交由上级管理者保存（或附带牲畜登记簿）。

另外，关于畜牧业的管理措施，殷晴根据第 661 号文书分析认为，西域当时可能已实施马印制度，与马籍制度相配套。见殷晴：《丝绸之路与西域经济——十二世纪前新疆开发史稿》，第 124 页。但没有其他同时代的文书提到牲畜烙印，在此或只能说明民间的私有牲畜管理已使用烙印，以明确其私有性。至于为牲畜烙印是否已上升到官府的一种严格正规的管理制度层面，尚难确定。

第 376、516 号文书都提到于阗的进犯。[1] 第 324 号文书提到，"鲜卑人（应是"苏毗人"）到达且末，劫掠王国，抢走居民"，[2]反映了周边山区游牧民对绿洲王国的劫掠侵扰。其中不乏对牲畜的掠夺，如第 212号文书记载，"迦克和黎贝曾将几匹牝马赶到彼之耕地间放牧，苏毗人从该地将马牵走"。[3] 文书中多次强调警惕、戒备苏毗人，突显出为牧放皇家畜群者配备卫兵，以防劫掠的必要性。

凶猛野兽的存在也当是配备卫兵的重要原因。第 116 号文书反映当地有狼出没，文云：[4]

　　[1]唯威德宏大的、伟大的国王陛下、侍中、天子元孟在位之 7
　　　　年 6 月 14 日，是时摊派的狼税份额业已决定。

　　[2]……

　　[3]苏耆和迟那伽一份

　　[4]弥支格耶和柯尼陀一份

　　[5]凡三份

文中征收狼税的具体标准不明。但征收狼税本身即表明狼给人们的生产生活造成了极大影响。皇家牲畜及牧放者的安全无疑会受到威胁，需要配备卫兵对其实行强有力的保护。

除采取上述政策措施外，在牲畜牧养、饲料征收、牲畜使用等方面，官府还实施了其他的相关政策法规，兹略述之。

牲畜牧养方面，一是要在春天放走畜群中的一头牲畜。见第 743号文书：[5]

　　[1]威德宏大、伟大之国王陛下敕谕，致州长索阇伽谕令如
　　　　下：今有

〔1〕林梅村：《沙海古卷》第 105-106、127 页。
〔2〕〔英〕贝罗著，王广智译：《新疆出土佉卢文残卷译文集》，第 78 页。
〔3〕林梅村：《沙海古卷》第 70 页。后来出土的该文书的封牍背面，经美国学者邵瑞祺解读，使其内容相对完整。见〔美〕邵瑞祺著，黄盛璋译：《尼雅新出的一件佉卢文书》，载《新疆社会科学》，1986 年第 3 期，第 82-86 页。
〔4〕林梅村：《沙海古卷》，第 180 页。
〔5〕林梅村：《沙海古卷》，第 152 页。

[2]乌波格耶给畜群增添一头橐驼。据放牧法规,春天还要
从畜群中放走一头橐驼。

该法规应是针对皇家驼群而言,其具体内容无从知晓。国王要求按照
放牧法规在春天放走畜群中的一头骆驼,应与乌波格耶给畜群增添一
头橐驼有直接关系。这一法规的存在可能与宗教信仰中的放生习俗
有关,也可能因春天是骆驼发情配种期或草料缺乏的季节,需对畜群
牡牝比例或总数量进行严格控制。[1]

二是不得私自出借、售卖皇家牲畜。第 509 号文书中,苏伐耶系饲
养皇家马匹的人,私自将一匹牝马借给他人狩猎,致使牝马死亡。对
此,国王明确提到"将他人私有之物借予别人,殊不合法",并敕谕州长
等亲自审理,依法作出判决。[2] 从而可知,饲养者不得私自出借皇家
牲畜。另外,第 524 号文书记载:[3]

底牍正面

[1]威德宏大、伟大之国王陛下敕谕,致州长夷陀伽和督军伏
陀谕令如下:

[2]今有税监苏遮摩和善喜向本廷起诉。据税监苏遮摩上
奏,彼听吉臣说,"余之主人确系

[3]皇家厩吏。彼等靠皇家牝马才得以谋利。彼等将其到处
出售。(中略)

[5]关于吉臣

---

〔1〕陈跃认为,文中增添的橐驼为公驼,春季是骆驼的发情交配时间,为保持驼群稳定和配育
顺利进行,驼群只能保留一头体格健壮的公驼。见陈跃:《南疆历史农牧业地理研究》,西北大学
硕士学位论文 2009 年,第 112 页。现有佉卢文书中,viraǵa 表示"雄性的"(第 180、383、519 号文
书),viraǵauṭa 或 viragaüṭa 意为"公驼"(A. M. Boyer, E. J. Rapson, and E. Senart, *Kharoṣṭhī In-
scriptions, Discovered by Sir Aurel Stein in Chinese Turkestan*, Part I, 1920, pp. 72,137. T. Burrow, *A
Translation of the Kharoṣṭhi Documents from Chinese Turkestan*, pp. 34,77)。但上引文书未出现 viraga
一词,其中的 uṭa 既可指"公驼",也可指"雌驼",陈跃一说有待商榷。关于 uṭa、viraǵauṭa 和 viragaüṭa
的释义及前引 383 号文书的译文,承蒙 Stefan Baums 博士指教,在此深表谢意,一切可能出现的错
误由笔者承担。

〔2〕林梅村:《沙海古卷》,第 126–127 页。

〔3〕林梅村:《沙海古卷》,第 129 页。

[6]说……皇家厩吏到处出售牝马。若有证人，

封牍背面

应和彼等之誓约一起审理。依法作出判决。（后略）

按文意，皇家厩吏利用职权之便，出售皇家牝马谋取利益，被告发。国王命令州长审理该事务，要求依法作出判决，说明主管皇家牲畜的人私自出售皇家牲畜，也是违法的。

主管和饲养皇家牲畜的人员，不能私自出借、出售牲畜，即无权随意处置牲畜，一定程度上表明主管者及饲养者对皇家牲畜没有用益权。对于违反规定者，官府采取何种处罚措施，不明。

地方为途经当地的皇家畜群提供饲料，以及厩养皇家畜群，使征收饲料成为必然。王国存在关于饲料征收的法规，在下面一件文书中有所反映：[1]

伟大的大王下记。向 Cojhbo（州长）·cimola，税收官、书记斯固塔、税收官埔高下诏。即：那里的王所有的家畜群的饲料谷物，人民的东西，不得作税交付。而且，追征税也停止。这个楔形文书到达那里时，应尽快收集那里的谷物，饲料用谷物，应按饲料法收集，给与的饲料用谷物的负债，每年都要询问。

文意颇为晦涩，应是翻译所致。文末内容涉及征收皇家畜群谷物饲料的问题，其中明确提到饲料法。

饲料法的具体内容不明。但第146号文书对饲料的征收情况稍有涉及，其文如下：[2]

（栏一）

[1]务必向皇家驼群交纳般遮雷那（谷物）

[3]十户长牟达罗耶

（栏二）

[1]十户长帕尔苏

---

〔1〕莲池利隆：《佉卢文木简——尼雅遗址出土的佉卢文资料的研究(2)》，第140-141页。
〔2〕林梅村：《沙海古卷》，第186-187页。

［3b］司税波格耶送交谷物

（栏三）

［1］伏卢之部中

［2］司税波格陀之般遮雷那谷物二十二弥里码。

文中的"般遮雷那"即paṃcarena或paṃcara,意为"（谷物）饲料"。[1] 据文书内容可知,为皇家畜群征收饲料,是以"十户""部"等为征收单位,与国内其他税物的征收单位相同。[2]

再分析第272号文书,文云:[3]

［1］威德宏大、伟大之国王陛下敕谕州长索阇伽,汝应知悉朕所下达之

［2］谕令。（中略）

［6］司税派帕尔怙陀在汝处征收 kuʹvana, tsaṃghina 和 koyimaṃdhina三种谷物,并存放于城内所有官府。现在

［7］应征收 kuʹvana, tsaṃgina 和 koyi……谷物并……于城内。是时,若有信差因急事来皇廷,应允许彼从任何人处取一头牲畜,租金应按规定租价由国家支付。

［8］国事无论如何不得疏忽。饲料紫苜蓿亦在城内征收,caṃdri、kamaṃta、茜草和curoma均应日夜兼程,速送皇廷。（中略）

兹于11月7日。

文中征收的饲料有苜蓿。征收饲料的时间是11月,正是牧草枯萎的时节,人工种植类饲料的需求量随之增大。 绿洲王国是否还存在其他的

---

〔1〕莲池利隆:《佉卢文木简——尼雅遗址出土的佉卢文资料的研究(2)》,第140-141页。
〔2〕关于鄯善王国赋税的征收单位,参见刘文锁:《沙海古卷释稿》,第162页。
〔3〕林梅村:《沙海古卷》,第81-82页。

145

饲料征收时间,目前无法探明。[1]

第 272 号文书与第 146 号文书中,都是由司税主管饲料的征收与送交,与其他税物的主管人员相同。[2] 但征收的饲料当并非要全部送至王廷。第 272 号文书 6—7 行,司税负责征收的谷物税留在当地官府储存,不需送到王廷。作为税收组成部分的饲料税也必定有部分留在地方官府,如此才有饲料提供给途经当地及牧养在地方的皇家牲畜。官府规定,对于在地方的皇家牲畜,"倘若其自然衰老而亡,应将饲料上交当地州邦"。[3] 这正是地方官府留有部分饲料税的体现。

关于牲畜使用的政策,在此主要探讨驿畜的提供与更换。长泽和俊曾根据佉卢文书指出,鄯善王国内各个绿洲仍像西汉统治时期一样,担负着驿亭的职责。[4] 驿传中牲畜使用的相关规定,可参见第 367 号文书,其文云:[5]

[1]（威德宏大、伟大之国王陛下敕谕）,致诸州长索阇伽和檀阇伽谕令

[2]如下:现布色正办理皇家事务,须由莎阇提供两头橐驼和一名卫兵,将其护从至边境;

[3]再由精绝提供适于作战的战马一匹及卫兵一名,护送其至于阗。汝若将彼等扣留或仅提供不适于作战的卫兵,汝得当心。

---

〔1〕山本光郎指出鄯善王国每年秋收后征税,持续到冬天及来年春天,4 月份对年度税收进行全面调查。见山本光郎:《カロシュテー文书 No.714 について》,《北海道教育大学纪要》,第 52 卷第 2 号,2002 年,第 27 – 39 页。刘文锁的观点与之大体相同,他提到,鄯善王国征税的时间集中在秋、冬季节,即 9 月及以后的几个月,每年的税收核查、审计大约在所谓的"雨季"。见刘文锁:《沙海古卷释稿》,第 167 – 168 页。饲料税征收时节或与其他税征收时节相同,但考虑到苜蓿类牧草一年可多次收割,牧草税的征收时节亦可能有独特之处。

〔2〕长泽和俊指出:税监和司土从地方征收赋税,其中的谷物税被整理成多个小包裹;然后税吏、司税等官员将税物运送到中央即扜泥地区。见长泽和俊:《楼兰王国史の研究》,第 383 – 396 页。

〔3〕林梅村:《沙海古卷》,第 52 – 53 页第 40 号文书。

〔4〕长泽和俊:《鄯善王国的驿传制度》,见〔日〕长泽和俊著,钟美珠译:《丝绸之路史研究》,第 224 – 236 页。

〔5〕林梅村:《沙海古卷》,第 103 页。

文中鄯善王国使者出使于阗,途中经过莎阇和精绝,国王规定由莎阇提供至王国边境,即精绝西境的牲畜,然后精绝提供由边境至于阗的牲畜。这表明各路段都有相应的地方官府负责。散布在各绿洲中的地方官府,向使者(包括信使)提供牲畜,更换原牲畜。结合第306号文书中"应由莎阇提供一头橐驼,由精绝送还",[1]可知扮演驿站角色的绿洲向使者提供牲畜的同时,要将原牲畜送返上一绿洲。

如果地方官府不提供牲畜或遇紧急情况,使者等可自行租用牲畜。见第223号文书:[2]

[1]威德宏大、伟大之国王陛下敕谕,致御牧卢达罗耶谕令如下:今有

[2]僧吉罗上奏本廷,彼将出使于阗,应由汝州供给一匹专用马。

[3]汝州未提供马,但僧吉罗已租用到一匹马,租金应由汝州提供。州长勤

[4]军为担保人。

按文意,使者租用牲畜的租金,由本应提供牲畜的地方官府支付。前引第272号文书中"若有信差因急事来皇廷,应允许彼从任何人处取一头牲畜,租金应按规定租价由国家支付",是对紧急情况下信使租用牲畜的反映,租金同样由官府支付。

前引第367号文书中,鄯善使者在王国境内骑乘的牲畜是骆驼,出境去往于阗时,由精绝改供适于作战的马匹。这可能与当时动乱的社会环境有关。官府是否会根据使者身份而提供不同的牲畜,尚无从考察。

4.4.4 畜牧业生产技术

在从事畜牧业生产的过程中,鄯善王国民众积累了丰富的生产经验,佉卢文文书反映其掌握的生产技术有如下几项:

---

〔1〕林梅村:《沙海古卷》,第90页。
〔2〕林梅村:《沙海古卷》,第72-73页。

一是分群牧养。文书中关于皇家牲畜的牧养,多标明牧养人员牧放的畜种,如"皇家驼群之牧人"(182)、"牧驼者"(189)、"驼群牧养人"(383)、"皇家牧驼人"(562)、"叶吠县之牧羊人"(439)、"牧羊人"(777)、"负责管理皇家之牛"(134)和"将一些牝马交苏伐耶看管"(509)。这体现了官府有将驼、马、牛、羊等牲畜分开牧养的要求。驼、马、牛、羊等牲畜,虽然都是草食动物,但习性不同,食草的方法、数量,以及行走、食草的速度都有区别。按畜种分别牧养正是针对这种状况所采取的措施。

同一畜种的牲畜又按牝、牡分群牧养。前引第439号文书中牧羊人饲养王妃的牝牛,[1]第509号文书皇家厩吏将牝马交给苏伐耶照料,都属于此例。牝、牡畜分开饲养,在放牧中尤显重要。特别是春季正是牝、牡畜发情配种的旺季,如果牝、牡畜混群牧放,不仅其采食和休息会受到影响,也会出现自由交配、重复交配,以及无效交配,导致近亲和劣种遗传,这在一定程度上会降低牲畜的利用价值。

另外,第392号文书云:[2]

[1]人神爱慕之爱兄州长索阇伽,州长柯利沙

[2]再拜稽首,谨祝贵体健康,万寿无疆,并致

[3]函如下:彼等现自皇廷带来皇家橐驼二十头,现皆患重病。

[4]余等已将……从汝州带至空旷之地。

[5]彼等现已来此。当汝接到此信时,应即刻迅速派人来。

[6]……须带至圈地。波格那已去山地。

[7]鸠元那已将橐驼带去。

由文中一次即从皇廷带来二十头皆患重病的骆驼,推测这里的"圈地"

---

〔1〕该文书中牧羊人饲养牛,可能将牛羊混牧,似与上述牲畜分群牧养的原则不符。其实,参考青海的游牧之法——"牛群可无羊,羊群不可无牛……牛羊相间而牧,翌年之草始均"(见徐珂:《清稗类钞》(第五册),中华书局1984年版,第2277页),可知牛羊混牧不但可提高草场利用率,还有利于牧草均匀生长,提高牧草品质。鄯善王国将牛羊混牧,或表明当时民众已认识到其益处,进而或可算作是王国畜牧业生产技术之一例。

〔2〕林梅村:《沙海古卷》,第301-302页。

是专门用于饲养、照料病驼的地方。这体现了根据牲畜健康状况分群牧养的原则,如此才能保证病畜得到特殊照顾,同时不会影响健康牲畜。

再者,分群牧养或涉及牡、牝畜的比例。前注文所引第383号文书记载的存活骆驼不下16峰,但只明确记有一峰牡驼,其余为牝驼、刚断奶的骆驼、未经调教的骆驼、老驼,亦或有幼公驼。由此推测这峰牡驼是该驼群的种驼,其与成年牝驼的最高比例在1∶9左右。另有第180号文书记载:[1]

> A.[1]司土阿没提(Aṃti)有9峰牝驼,1峰牡驼,初生幼驼
> 1峰。
>
> [2]鸠那犀那(Kunaṣena)有9峰牝驼,[1峰]牡驼,幼驼
> [……]

文中两个驼群的牡、牝比例都是1∶9。这应是当时鄯善王国饲养的骆驼繁殖群中通行的牡、牝比例。按新中国成立之初,牧民饲养的驼群中,种驼与牝驼的比例最低为1∶7~8。[2]鄯善王国时期与之大体相同,可见分群牧养中牡、牝畜搭配比例方面的生产技术应用之早。

以上内容表明鄯善王国的牲畜牧养,已注意到按畜种分类,同一畜种又按性别、健康状况等分别牧养,同时掌握了繁殖牲畜群的牡、牝比例。分群牧养,不但便于管理,而且又能提高饲养效果,增强其经济效益。

二是严格的饲料搭配及供给标准。第214号文书记载:[3]

> [1]威德宏大、伟大之国王陛下敕谕,致诸州长柯利沙和索阇
> 伽谕令如下:现在朕派
>
> [2]奥古侯阿罗耶出使于阗。为处理汝州之事,朕还嘱托奥
> 古侯阿罗耶带去一匹马,馈赠于阗大王。

---

〔1〕T. Burrow, *A Translation of the Kharoṣṭhi Documents from Chinese Turkestan*, p.34.

〔2〕内蒙古自治区编辑组、《中国少数民族社会历史调查资料丛刊》修订编辑委员会:《蒙古族社会历史调查》,第24页。

〔3〕林梅村:《沙海古卷》,第71页。

[3]务必提供该马从莎阇到精绝之饲料。由莎阇提供面粉十

瓦查厘,帕利陀伽饲料十瓦查厘和紫苜蓿两份,直到

[4]累弥那为止。

[5]再由精绝提供谷物饲料十五瓦查厘,帕利陀伽饲料十五

瓦查厘,三叶苜蓿和紫苜蓿三份,直到扞弥为止。

文中提供给马匹的饲料包括面粉(具体成分不明)、帕利陀伽、谷物、紫苜蓿、三叶苜蓿。除不知"帕利陀伽"是何种饲料外,[1]其余为粮食和人工牧草两种精、粗饲料,反映了饲料供给的多样性。按文意,莎阇提供第一段行程,即从莎阇到累弥那的饲料;精绝提供第二段行程,即从累弥那到扞弥的饲料。两段行程各需饲料总量的比例为2:3,当与其距离长短不同有关,即从莎阇到累弥那的距离近于从累弥那到扞弥。再考察第一段行程中,面粉、帕利陀伽、紫苜蓿等饲料的供给比例是5:5:1;第二段行程中,谷物、帕利陀伽、苜蓿的供给比例同样是5:5:1。提供给牲畜的粮食与牧草饲料的数额比例是一定的,表明鄯善民众在饲养牲畜方面已认识到精、粗饲料间的营养搭配。粮食类精饲料能量高、蛋白质丰富,粗纤维少,易于消化,适口性好。作为粗饲料的苜蓿等牧草,对马匹尤为重要。苜蓿是粗蛋白质、胡萝卜素、维生素的良好来源,又富含粗纤维,属于优等的粗饲料,可以促进各种营养物质的消化吸收,保障营养水平的平衡,提高饲料的利用率。

如不考虑帕利陀伽这种饲料的具体种类,文书中精饲料比例远高于粗饲料,精饲料占饲料总量的45%强。这或与该牲畜为马匹及其特殊的用途密切相关。牲畜饲料的供给标准,应该会随季节、畜种及其用途的不同而有所区别。

三是注意牲畜品种的改良及培育。第74号文书记载:[2]

(栏二)

[1]昆格耶之百户中

---

〔1〕贝罗估计该物是如谷物饲料、紫苜蓿之类的饲料。见 T. Burrow, *A Translation of the Kharoṣṭhi Documents from Chinese Turkestan*, p. 40, Note.

〔2〕林梅村:《沙海古卷》,第161–162页。

[2]檀阇伽、鸠那色那、牟达罗耶及罗尔苏良种驼一头。

[3]楚利陀、兰沙尔查、支尼耶、昆格耶之良种驼一头。

文中特意将良种驼列出,一定程度上反映出鄯善对改良牲畜品种的重视。

另外,前注文所引第383号文书中的牡驼为白色,而白骆驼向被畜牧业民族视作最为珍贵的驼种之一。以白色牡驼做种驼,突显了鄯善民众通过选种培育名贵牲畜的努力。第180号文书中饲养在地方的皇家骆驼有"于阗驼",[1]其非鄯善王国本有驼种。鄯善引进、牧养新的驼种,可以为当地的畜牧业发展注入新的血液,从而保证牲畜品种的优势。

四是阉割牲畜技术的应用。第85号文书记载:[2]

(栏五)

[1][贵人]苏耆陀阉马一匹

[2]税监苏耆陀阉马一匹

[3]左特怙耶交阉马一匹

文中所列马匹均为阉马,马匹所有者既有官员,也有平民。第437、591号文书属于人口买卖契约,其中均提到对不遵守契约而企图翻案的人员要"罚以四岁阉割马一匹"。[3] 由此可见阉割马匹技术在鄯善王国应用之广。

前注文所引第383号文书中的 pursaka 骆驼或与去势的骆驼有关,表明鄯善王国已应用阉割骆驼的技术。而悬泉汉简中(Ⅱ0216③：317),疏勒王子贡献给西汉的骆驼中有两头"乘",即是阉割的骆驼。[4] 可知早在公元前1世纪,疏勒民众已掌握阉割骆驼的技术,不排除同一时期鄯善及其他西域绿洲国也已应用该技术。至公元5世纪

〔1〕林梅村:《沙海古卷》,第196 – 197页。

〔2〕林梅村:《沙海古卷》,第169页。

〔3〕T. Burrow, *A Translation of the Kharoṣṭhi Documents from Chinese Turkestan*, pp. 89 – 90, 126.

〔4〕参见刘戈、郭平梁:《"大宛汗血天马"揭秘——兼说中国家畜家禽阉割传统》,载《敦煌学辑刊》,2008年第2期,第83 – 92页。

欧·亚·历·史·文·化·文·库

前期,绿洲国阉割骆驼的技术当更为成熟。

阉割之后的牲畜生长快,体格健壮。同时,只留高大、健壮的雄畜作种畜,可以保证后代牲畜的品种优势,从而使畜牧业生产的经济效益得到相应的提高。另外,阉畜脾性温顺,易于役使,便于管理。这一点对于马匹牧养尤为重要,因为当时马匹主要用于军事、交通。阉割马匹技术的应用,使绿洲国更易驯养出适于作战的军马和交通的驿传马。

绿洲国民众实际掌握、应用的畜牧业生产技术,应远较现有资料所反映的更为全面、复杂而成熟。

4.5 绿洲农产品贸易的发展

4.5.1 新农业区的农产品贸易

伊藤敏雄对西域楼兰屯戍区的贸易活动有深入分析,其中包括农产品贸易。他指出,官府以组织者的形式参与交易,个人参与交易是在屯戍官府的交易范围内进行的;在交换贸易形态上,以丝织品购入谷物的现象较普遍,以物易物,丝织品充当货币的角色,也存在用谷物购买必需品的现象;另有使用钱购买农产品者。他还推测楼兰屯田区与西域周边绿洲国也有贸易往来。[1] 前章所引班固《与弟超书》恰说明汉地政权屯戍区同周边政权存在商业贸易活动。屯戍区购入谷物可看作是"积谷"贸易的继续。高昌最初作为屯戍区,其农产品贸易应与楼兰无大差别。

对于设郡后高昌地区的农产品贸易,可利用吐鲁番文书进行探讨。前述北凉高昌郡的按赏配生马制度,按规定若马死亡需要民户出钱更买。这必然引发马畜买卖的出现,从而显示出政府政策对农产品贸易的推动作用。另有《北凉某年二月十五日残文书》云:[2]

---

〔1〕〔日〕伊藤敏雄著,羊毅勇译:《魏晋时期楼兰屯戍中的交易活动》,载《新疆文物》,1999年第2期,第92–102页。

〔2〕荣新江、李肖、孟宪实主编:《新获吐鲁番出土文书》(上),第216页。

（前略）

［3］ 　丨牛贾毯廿张

［4］丆藏毕放出，事

［5］丆　校曹主簿养

［6］　　二月十五日白

［7］　　　廷掾　　口

由残存文字可知文书内容涉及县官府的毯牛贸易事宜，也属于官方参与的畜产品贸易。私人之间也有牲畜买卖活动，如《前凉升平十一年（367）王念卖驼券》云：[1]

［1］升平十一年四月十五日，王念以兹驼卖

［2］与朱越，还得嘉驼，不相贩移。左来

［3］右去，二主各了。若还悔者，罚毯十张

［4］供献。时人樽显丰、书券李道伯共

文中买卖双方以驼换驼，互不相找。这属于畜产品交换贸易的一种。

以上是畜产品交易，关于种植业农产品的贸易，《相辞为共公乘艾与杜庆毯事》云：[2]

［1］正月内被敕，催公乘艾枣直（值）毯，到艾

［2］舍。艾即赍毯六张，共来到南门前，见

［3］杜庆。艾共相即以毯与庆。今被召审

［4］正，事实如此，从官分处。辞具。

［5］　　　　　　　　　谍

文中以毯支付枣值，即当时枣已作为商品进行贸易。前引《西凉建初十四年（418）严福愿赁蚕桑券》则记载了用毯预买育蚕用的桑叶，[3]实是以租用他人桑树产的桑叶养蚕。

〔1〕唐长孺：《吐鲁番出土文书》图文版（第1册），文物出版社，第2页。
〔2〕唐长孺：《吐鲁番出土文书》图文版（第1册），文物出版社，第105页。
〔3〕关于该文书中的"蚕桑"指饲养蚕种的桑叶的观点，参见卢向前：《高昌西州四百年货币关系演变述略》，载氏著：《敦煌吐鲁番文书论稿》，江西人民出版社1992年版，第220页。

不少文书中记载了粮食借贷贸易,如《北凉神玺三年(399)仓曹贷粮文书》云:[1]

[1]　　　　　⼝主者赵恭、孙殷:今贷梁石⼝

[2]　　　　　⼝拾斛,秋熟还等斛,督入本⼝

[3]　　　　　⼝尅给。明案奉行。

[4]　　　　　　　　　神玺三年五月七日起仓曹

(后略)

该文书是关于郡府仓曹贷粮的报告,规定秋收后偿还,且无利息。另有《西凉建初十一年(415)张仙入贷床文书》记载:[2]

[1]建初十一年十二月廿四日,张仙入贷床六斛

[2]强⼝言

文中"入贷床"当说明张仙偿还从官方借贷的糜。[3] 偿入的六斛中是否含有利息,不明。下面这件文书《刘普条呈为得麦事》记:[4]

[1]合得麦七十斛九斗五升,下�麦一斛,倍为二斛。⼝

[2]都合麦五百卅斛八斗。请副内纪识。

[3]　　　　　　　　　　五月十日刘普条呈

"迖"有拖欠之意,那么"下迖麦一斛,倍为二斛"即是指拖欠的麦1斛按2斛纳入,但这种"拖欠"的具体情况不明,或以为其与麦收之际偿还官府贷出的麦有关。[5] 如是,延迟偿还从官府借贷的粮食,需要交纳高额利息。不过若按时偿还官府贷给的粮食,是否也要交纳利息,仍无从得知。

---

〔1〕唐长孺:《吐鲁番出土文书》图文版(第1册),文物出版社,第12页。

〔2〕唐长孺:《吐鲁番出土文书》图文版(第1册),文物出版社,第6页。

〔3〕参见西北出土文献を読む会:《トゥルファン出土漢語文書校訂稿(Ⅳ)》,http://www. human. niigata－u. ac. jp／~ ssekio／prof／research／seihoku－04. pdf,第15页。原载《東アジア——歴史と文化》,第12号,2003年。该文还根据这件文书推测5世纪前期,吐鲁番实施有义仓谷物借贷制度。但目前仍显论据不足。

〔4〕唐长孺:《吐鲁番出土文书》图文版(第1册),文物出版社,第7页。

〔5〕西北出土文献を読む会:《トゥルファン出土漢語文書校訂稿(Ⅴ)》,http://www. human. niigata－u. ac. jp／~ ssekio／prof／research／seihoku－05. pdf,第4－5页。原载《東アジア——歴史と文化》,第13号,2003年。

上述为官方参与的粮食借贷活动,《翟强辞为负麦被抵牛事》对私人间的粮食借贷贸易有所反映,其文云:[1]

[1] □春从人匚　　匚奴,奴佛流

[2] □二斛,夏匚　　匚偿麦三斛,

[3] 匚夏麦匚　　匚□茹恶,已偿

[4] 麦一斛 五 斗 ,残负麦一斛五斗,比

[5] 尔当方宜索偿。(后略)

按文意,应是翟强春季从佛流处借麦 2 斛,夏季麦熟时需偿还 3 斛。计算得利息率是 50% ,这是否为当时私人间通行的粮食借贷利率,限于资料亦不可知。

另有《某人条呈为取床及买毯事》记载:[2]

[1] 杨齐从刘普取官床四斛,为丝十三两。

[2] □□得床十一斛,作丝二斤三两半。阎儿前买毯贾(价)

[3] 　　　　　　　　　　　　　　　　匚条呈

文中"取麦""为丝"与"得麦""作丝"说明官府用官粮收购百姓手中的生丝,但这种换购带有一定强制性,即官府为"作丝"对百姓指定的任务。[3] 那么,这里的糜实际具有支付手段的功能。

与以往中原政权屯戍时新农业区贸易主要以丝织品充当货币,并有钱币流通明显不同,上述高昌郡时期的农产品贸易形态,无论官私贸易都属于实物贸易,且多为农产品与毯类织物间的贸易。不见以**钱易农产品**的记载,应是当时钱币不大行于高昌的真实情况的反映。这与前凉以后高昌政权转移频繁的政治形势有关。而对于当时高昌的商业经济,也不必估计过高。[4] 另外,几乎未见高昌郡与其他绿洲国的贸易和周边外部势力的农产品贸易,当是资料所限。

〔1〕唐长孺:《吐鲁番出土文书》图文版(第 1 册),文物出版社,第 50 页。

〔2〕唐长孺:《吐鲁番出土文书》图文版(第 1 册),文物出版社,第 6 页。

〔3〕参见乜小红:《略论十六国以来高昌地区的丝织业》,第 55 页。

〔4〕参见卢向前:《高昌西州四百年货币关系演变述略》,第 226 - 232 页。

4.5.2 绿洲国的农产品贸易

在此仍主要依据佉卢文资料进行分析。文书中不乏绿洲国民众将农产品作为商品直接出售的记载。如第 307 号文书中"若谷物须用酒类购买,就请购买",[1]反映的是以酒购买谷物的交换贸易。另有尼雅遗址出土的第 530 号文书云:[2]

底牍正面

[1] 威德宏大、伟大之国王陛下敕谕,致州长索阇伽谕令如下:

[2] 今有苏怙陀上奏,鸠伐耶从扜泥彼处取走谷物三弥里码,

[3] 双方同意作价布特格跛橐驼一头。

按文意是鄯善都城扜泥与精绝绿洲间的农产品贸易,以骆驼支付谷价。这属于跨绿洲的农产品贸易活动。再看第 696 号文书:[3]

伐苏德伐谨向主人阁下、彼亲爱之父亲、伟大 gus̓ura 婆提伽致敬,并一再地、千千万万次地祝彼父亲神体康泰。余之报告如下:余已从楼兰来此,并带来了 rete 骆驼。直至今日,该地尚未进行买卖。余已将此事禀告大人。余希望回楼兰。不论大人处有任何消息,务请写信告余。当汝必须去时,余会将它带给余父,楼兰之gus̓ura。此村所收之皇家税收(harga)已蒙陛下恩准赐给余等。

该文书出土于楼兰 L. A. 遗址,从"余已从楼兰来此",知收信人在楼兰。结合"余希望回楼兰","余会将它带给余父,楼兰之 gus̓ura。此村所收之皇家税收(harga)已蒙陛下恩准赐给余等"一句,可判断发信人伐苏德伐是楼兰人,发信时在鄯善都城。伐苏德伐从楼兰带着骆驼到都城进行买卖,则都城有专门的牲畜交易市场。

绿洲国农产品作为商品直接出售的现象不仅发生在绿洲国内部人员中,也存在于绿洲国民众与西域外部人员之间的商业活动中,这

---

[1] 林梅村:《沙海古卷》,第 295 页。

[2] 林梅村:《沙海古卷》,第 131 页。

[3] 〔英〕贝罗著,王广智译:《新疆出土佉卢文残卷译文集》,第 180-181 页。

可利用第 661 号文书进行分析,其文云:[1]

　　兹于于阗国王、王中之王希那扎·德伐·毗夷多尸没诃(Hinaza Deva Vijitasiṃha)在位之 3 年 10 月 18 日,[2]有城市男子一名,名赫伐那犀(Khavarnarse)。据彼称:有一峰骆驼系属余所有。该骆驼身上有一个清楚之烙印,如 VAŚO。现余将该骆驼以 8000māṣa 之价格卖给 suliga(粟特人)伐袛提·伐达伽(Vagiti Vadhaǵa)。为该骆驼,伐袛提·伐达伽已将全部价款(māsa)付清,赫伐那犀亦已收到该款……此文件(?)系由余,拔赫地伐(Bahudhiva)根据赫伐那犀之请求所写。

按拉普逊等人刊布的该号简牍释文,文末还有证人,首位证人名叫 Nani - Vadhaǵa。[3] 该文书出土于安迪尔遗址。与其他佉卢文书不同的是,这件文书使用于阗王纪年。孟凡人分析这件文书是由于阗人或其他从于阗至鄯善的人带到鄯善并流入安迪尔遗址的,文书年代是 4 世纪初左右。[4] 他在布腊夫(Brough)、林梅村研究的基础上,进一步论证文中的证人 Nani - Vadhaǵa,与发现于敦煌小方盘城西面烽燧的粟特文 2 号古信札中的粟特商团首领 Nanai - vandak,是同一人。[5] 如是,第 661 号文书内容就是粟特商人在于阗购买骆驼,商团首领为证人之一,说明途经西域绿洲的外来粟特人向当地居民购买了农产品,这即属于前章所论的"赎食"贸易。法国学者魏义天根据粟特古信札的收信地址、粟特文书发现地或提到粟特人的地方,并结合其他文献记载,论述了粟特商业网在西域和甘肃地区的形成发展,指出粟特商人

　　〔1〕〔英〕贝罗著,王广智译:《新疆出土佉卢文残卷译文集》,第 176 页。

　　〔2〕林梅村指出应为"第十年三月十八日"。见林梅村:《沙海古卷》,第 29 页。

　　〔3〕A. M. Boyer, E. J. Rapson and E. Senart, *Kharoṣṭhī Inscriptions: Discovered by Sir Aurel Stein in Chinese Turkestan*, Part II, Clarendon Press, 1927, p.249.

　　〔4〕孟凡人:《楼兰鄯善简牍年代学研究》,新疆人民出版社 1995 年版,第 389 - 402 页。

　　〔5〕J. Brough, "Comments on Third-Century Shan-Shan and the History of Buddhism", In *Bulletin of the School of Oriental and African Studies*, Vol.28, No. 3, 1965, p.594. 林梅村:《敦煌出土粟特文古书信的断代问题》,载《中国史研究》,1986 年第 1 期,第 98 - 99 页。孟凡人:《楼兰鄯善简牍年代学研究》,第 477 - 482 页。

·欧·亚·历·史·文·化·文·库·

在沟通中亚和中国交通线的每个地方,都建立了严密的城镇殖民网。[1] 在这种东西贸易发展和商人往来的背景下,"赎食贸易"当更进一步发展。

另外,根据《后汉书》《三国志》《晋书》等正史记载,可知公元1世纪至5世纪前期,绿洲国与中原政权曾进行"贡献"贸易。[2] 又《梁书·诸夷传》称魏文帝时,"(于阗)王山习献名马",[3] 表明绿洲国贡献的物品中仍有农产品。限于资料,对这一时期以农产品作为商品进行贡赐贸易的问题无法详论。

前引530号文书以骆驼支付谷价,以及上章论述"仰谷"问题时引用的第635号文书中绿洲居民以谷物支付山地居民所售物品的价值,另有第575号文书中有用骆驼、谷物等购买人口的记载,[4] 都反映出绿洲国农产品具有价值尺度的功能。此外,绿洲国内普遍存在以农产品支付地价的现象,兹略举几例:

该地能种1米里马10希籽种。给价价值30穆立之三岁马一匹。(495)

该地作价价值50(穆立)之二岁骆驼一峰。该骆驼,柯那耶已收取。另收到之atǵa muli(附加费用)为酒10希。柯那耶从罗没索磋处总共收到地价60(穆立)……今后,无论何人在司土及税吏面前提出该事,彼之翻案在皇廷均属无效……今后,无论何人再提出该事,将罚阉割之牲畜一头并责打70大板。(571)

该达摩阇愿将内共有7avacira之葡萄园一所卖给司书罗没索磋。给价6手长之地毯(tavastaǵa)1条,kavaj'i(棉布)1,绵羊2只,谷物1弥里码。(581)

彼等愿将能种7希sahini籽种之ciraiṃta地一块卖给罗没索磋……作为该地地价之酒6希及谷物10希,皆已当诸证人之面付

〔1〕É. de La Vaissière, *Sogdian traders: a history*, translated by James Ward, pp. 43 – 70. 中译本〔法〕魏义天著,王睿译:《粟特商人史》,广西师范大学出版社2012年版,第22 – 41页。

〔2〕参见余太山著:《两汉魏晋南北朝与西域关系史研究》,第69 – 141页。

〔3〕《梁书》卷54,第814页。

〔4〕〔英〕贝罗著,王广智译:《新疆出土佉卢文残卷译文集》,第150 – 151页。

清。该地售价为 10 穆立。(587)[1]

从上引这些文书可知,谷物与牛、马、骆驼、羊等畜产品,都可以用来支付地价,也可以用毛、棉纺织品及酒等以农产品为原料制成的手工业品支付。但综观佉卢文书,以手工业品作为地价的情况并不多见,更多的是用谷物和牲畜等农产品。

绿洲内亦存在谷物借贷、牲畜租借的贸易活动。前引第 100、140号文书对谷物借贷有所反映。关于借贷利息的问题,可参见第 142 号文书,其文云:[2]

> [1]黎贝耶曾借粮食一弥里码一硒。按惯例借一还二,务必按此方式
>
> [2]将粮食还给税监黎贝耶。

文中"借一还二"说明借贷的谷物要加倍偿还,利息率达 100%,而这属于当时的"惯例"。第 539 号文书记载:[3]

> [……]秋天收到酒 4 希,第二次之 4 希系酒之利息。谷物之利息为[……]2 希及谷物 3 米里马。[……]总值为 19。于秋天,十月内[……

该文书应是有关秋天十月份所收物品的统计账目。其中酒与谷物的利息,似乎是与相当本金的贷放物一同偿还。酒的利息率达 100%,与上引第 142 号文书谷物的利息率相同,那么,当时的本有的借贷利率惯例可能就是 100%,但具体的偿还期限不明。文中秋天正是谷物收获季节,由此推测绿洲国内的谷物借贷活动,一般在秋收后偿还本息。

前文提及的绿洲国官府租借牲畜,即属于牲畜租借贸易。民间也存在该类贸易活动。如第 516 号文书记载"善喜之母左迪曾向甘阁伽租用一头橐驼",[4]文书中均未提及租借双方的官职,应属于平民间的租借贸易。

---

〔1〕〔英〕贝罗著,王广智译:《新疆出土佉卢文残卷译文集》,第 125、147、155、160 – 161 页。
〔2〕林梅村:《沙海古卷》,第 66 – 67 页。
〔3〕〔英〕贝罗著,王广智译:《新疆出土佉卢文残卷译文集》,第 138 页。
〔4〕林梅村:《沙海古卷》,第 127 页。

关于牲畜租金的支付,见第 505 号文书。[1]

> 诸 tseǵecis 皆在都城。tseǵes 为埃卡罗侯莫祇耶及祖吉色啰。彼以金额 13 雇用骆驼一峰。祖吉难摩(Tsuǵenaṃma)收到粮食 2 米里马 15 希粗粉,5 希 maka 及法衣(kavaśi)1 件。粮食 3 米里马,衣服(chataǵa)共计 1 件。该祖吉难摩又收到刀 1 把。现祖吉难摩无权要求埃卡罗侯莫祇耶之财产……第二个 karoma,祖吉难摩在都城收到。

推测文书内容是埃卡罗侯莫祇耶及祖吉色啰向祖吉难摩租借一头骆驼,祖吉难摩所收到的是租金,其中包括谷物、衣服和刀。租金支付形式多样,但都是实物。

目前尚不清楚所借贷谷物的具体用途。前引第 223 号文书租借的牲畜被用作出使的交通工具;前引第 767 号文书及上引第 516、505 号文书中,租借牲畜的目的不明。所以无法进一步探讨农产品借贷、租借贸易对绿洲社会商品经济产生的影响。

综观上述绿洲国农产品贸易形态,不难发现,除 661 号文书记载的之外,都属于实物贸易。但需要注意的是,前引第 495、571、587 号文书,都出现"穆立(muli)"这一价值单位。学界对"穆立"有不同解释,林梅村认为佉卢文"muli"同于阗文"mura",意为汉地的"钱"。[2] 若是,第 495、571 号文书中马与骆驼的价值明显偏低,不合常理。汪海岚(Helen Wang)分析指出佉卢文书中"穆立"的自身定义尚待确定,但 1 穆立等值于 1 弥里码谷物,"穆立"有时会代替"弥里码(milima)"。在鄯善王国的经济活动中,金币、中国钱币、谷物、牲畜、地毯、织物、酒等被作为货币使用,而谷物是唯一直接用以兑换的商品,其为主要的交换媒介。[3] 这表明谷物在当时的绿洲国贸易中具有本位货币的作用。

前述粟特商人在于阗国购买当地人的骆驼,骆驼的价格是 8000

---

〔1〕〔英〕贝罗著,王广智译:《新疆出土佉卢文残卷译文集》,第 127 页。

〔2〕林梅村:《新疆和田出土汉文于阗文双语文书》,载《考古学报》,1993 年第 1 期,第 97 页。

〔3〕Helen Wang, *Money on the Silk Road: The evidence from Eastern Central Asia to C. AD800*, The British Museum Press, 2004, pp. 68 – 74.

māṣa,māṣa与前文提到的价值单位"穆立"不同。关于"māṣa",杨富学认为是贵霜时代通用的银币。[1] 汪海岚倾向认为māṣa是指中国的铜钱,并指出māṣa在鄯善王国流通,使用者与外来人口或商旅而非本地人有关。这一论说更为可信。她还综合出土钱币资料,指出今天的和田和库车地区出土了大量五铢钱。于阗国又曾发行汉佉二体钱,融合了贵霜和中原王朝的两种钱币系统的特征;龟兹王国所制钱币保持了中原铸造货币的传统形式,如龟兹无文小铜钱。[2] 由此可知绿洲国的贸易形态不是单纯的物物交换,已使用钱币,商品经济较以往发展。于阗、龟兹自行铸币,两王国似乎较鄯善王国的货币经济更为繁荣,从而显示出各绿洲国商品经济发展不平衡。目前无从考察于阗、龟兹王国内钱币的具体流通使用情况,以及疏勒、焉耆乃至车师前国商品经济的具体发展状况。但根据前面农产品贸易状况的论述,在鄯善王国,钱币的使用似乎在民众之中并不十分普遍。钱币使用范围或多限于如上引第 661 号文书中的地处交通要道的地区。[3]

再考察上述农产品贸易情况,可以发现,上引530、696 两件文书的贸易活动都在鄯善王国都城进行,不妨认为农产品贸易是绿洲国中央与地方经济贸易活动的重要组成部分。出土于安迪尔遗址的第 660 号文书中有"他们再次到扜泥城时,带回黄绸缎",[4]即安迪尔河流域绿洲的民众从都城带回丝织品。绸缎在当时的绿洲国内尚属贵重物品,则都城既能向地方提供农产品类初级产品,也能提供较高级的手工业

〔1〕杨富学:《佉卢文书所见鄯善国之货币——兼论与回鹘货币之关系》,载《敦煌学辑刊》,1995 年第 2 期,第 92 页。

〔2〕Helen Wang, *Money on the Silk Road: The evidence from Eastern Central Asia to C. AD800*, pp.68,37–41.另外关于汉佉二体钱和龟兹钱币,分别参见刘文锁:《安迪尔新出汉佉二体钱考》,《中国钱币》,1991 年第 3 期,第 3–7 页;张平:《再论龟兹的地方铸币》,载《西域研究》,1999 年第 1 期,第 47–51 页。

〔3〕对于第 661 号文书中的"nagaraga",贝罗释读为"城市";托马斯认为实际是一个地名。见 F. W. Thomas, "Some Notes on Central-Asian Kharoṣṭhī Documents", In *Bulletin of the School of Oriental and African Studies*, Vol. XI, 1945, pp.513–549.无论 nagaraga 何指,考虑到文中买主是粟特人,证人为粟特商人,其处于交通线上当无疑义。

〔4〕林梅村:《公元 3 世纪的西域纺织物》,载《西域研究》,1998 年第 1 期,收入氏著:《古道西风——考古新发现所见中西文化交流》,第 395 页。

制品。这种供应能力在一定程度上表明,鄯善王国的都城不仅是王国的政治中心,也是王国的经济中心。推测其他绿洲王国的都城亦是如此。如《汉书》载疏勒"有市列",[1]《后汉书》记元嘉二年(152),于阗侯将"上楼斩(王)敬,悬首于市",[2]说明早在公元前和公元2世纪中叶,疏勒、于阗都城已分别有专门进行商业活动的地点。于阗、疏勒称霸后,两王国都城的商业当继续发展。在此基础上,原来的"仰谷"不再是各独立政权之间的贸易,而成为同一王国内地区间的贸易,以"仰谷"为纽带的小经济圈在西域贸易结构中的层次随之降低,被整合成为以都城为中心的经济贸易区。

农产品贸易无疑刺激着西域绿洲农业商品性的发展,但当时商业对绿洲国总体经济的发展起到多大作用,没有材料直接说明。莲池利隆综合佉卢文书的出土地点及文书内容,指出其中尼雅 N1 遗迹出土的文书以王令和籍帐文书的比例为高,与税收有关的主要是谷物、家畜;N24 遗迹中多契约文书,涉及动产和不动产的契约。[3] 不见明确的商业税收类文书,或因出土资料有限。但这也在一定程度上反映出商业经济,在西域绿洲社会经济中的地位逊于农业经济。绿洲以农业经济为基础,农业生产在经济结构中居主导地位。[4]

另外,前述农产品贸易中不乏用地毯、织物、衣服、酒等手工业制品进行交易者,并提到鄯善王国的经济活动中也多将这些物品用作货币。或以为绿洲国的手工业特别是纺织业经济已较为发达,那么,绿洲国的手工业与农业相比,其地位如何? 考古调查资料显示,尼雅遗址的房址内随处可见捻线杆、打纬工具,表明当地近乎家家从事纺织业。大约与尼雅遗址同时期的营盘墓地中,男性身侧多放有弓箭、刀、镞等,女

---

〔1〕《汉书》卷96 上,第3898 页。

〔2〕《后汉书》卷88,第2916 页。

〔3〕莲池利隆:《佉卢文资料与遗迹群的关系》,载中日·日中共同尼雅遗迹学术考察队:《中日·日中共同尼雅遗迹学术调查报告书》(第2 卷),第245 –259 页。

〔4〕参见 Ch. Atwood, "Life in Third-fourth Century Cadh'ota: A Survey of information gathered from the Prakrit documents found north of Minfeng(Niyä)", pp. 161 –199. 但作者认为鄯善王国的商业主要由汉人经营,且多限于鄯善首都,与中国进行贸易。不确。前述粟特人的农产品贸易可作一反证。

性头侧置剪刀、纺轮、碎布头及羊毛等,反映出男女有明显分工,男性生前多从事畜牧、狩猎等生产活动,女性则从事纺织、缝纫等家庭手工业生产。[1] 纺织业是家户的重要副业。再看第 715 号佉卢文书,内云:[2]

> 有父子二人,莫伽多·支摩啰(Moǵata Cimola)及莫吉耶·莫遮(Moǵeya Moč'a),皆系制箭匠。彼等愿[……]将能种 3 弥里码种子之 misiya 地出卖。莫伽多·支摩啰及莫吉耶·莫遮得九岁之骆驼一峰,作为地价。

文中父子二人拥有私有的耕地,又都是制箭匠,可知二人既从事农业,又进行手工业生产。这正是手工业生产尚未完全脱离农业生产的体现。由此或可推测,绿洲国内手工业生产主要分散在家庭内,依附于农业经济,作为家庭的副业而存在。

4.6 小结

公元 1 世纪初至 5 世纪前期,绿洲的人口分布或仍保持北多南少的总体分布格局,但人口资源已向鄯善、于阗、焉耆、龟兹、疏勒等称霸国集中。于阗成为南道人口最多的绿洲,北道则以龟兹、疏勒人口为多。这一时期,大量、多种外部人群移居绿洲,最为突出的是鄯善王国成为大批贵霜移民的聚居地,楼兰与吐鲁番盆地的高昌地区,特别是高昌地区成为汉人的移居地。与之对应的是,西域绿洲居民仍当以欧洲人种为主,但偏东部绿洲中蒙古人种成分占据的比例较以往有所增加,并仍高于其他绿洲区。这种复杂的居民构成,为东西农业文化在西域绿洲的交流提供了条件。在此背景下,该地出现诸多新的农业品种,最重要的莫过于桑蚕、棉花的引进,园艺作物种类也明显增多,如石榴、桃、杏、核桃等,但目前尚不能肯定当时西域绿洲是否已种植水稻。

西域偏东部的楼兰、高昌地区,在汉地政权的经营下发展为新的

---

〔1〕新疆文物考古研究所:《新疆尉犁县营盘墓地 1995 年发掘简报》,第 4－12 页。

〔2〕〔英〕贝罗著,王广智译:《新疆出土佉卢文残卷译文集》,第 184 页。

农业区,高昌设立郡县进一步成为稳定的经济生产区。两地的官营种植业和畜牧业生产,除直接役使兵卒外,种植业生产当实行了租佃经营,但吐鲁番出土文书显示高昌郡役使百姓佃耕屯田的经营方式具有一定的强制性。另外,与西汉屯田不同的是,高昌郡的屯田已广泛种植桑树类经济作物。官府饲养牲畜,或以骆驼、牛、马、驴等与军事、交通、农田耕作密切相关的牲畜为主,其对饲料供给、死畜处理、牲畜亡失等问题都有相关规定。高昌郡以家庭为主要经营单位的私营农业,也存在租佃、雇佣的经营方式,至于其中是否存在人身依附的关系类型尚不明确,但有较强人身依附性的奴仆当不是农业生产的主要劳力。当地的私营农业中,畜牧业的经济地位似乎逊于种植业,而桑树和葡萄等非粮作物生产在种植业经济中已占有重要地位。在种植业生产技术方面,新农业区普遍应用中耕除草技术,但对土地的利用尚未实行复种制度,生产工具以犁等铁制为主,另有少量木制工具,同西汉时期的屯田没有大的差别。水利灌溉设施的修筑、维护管理皆由新农业区官府负责。高昌郡时期,是由郡府主导灌溉用水,兵卒戍守水源,该水源既溉官田也溉私田,农民似对灌溉事宜也有所参与。民众对灌溉各类农作物都有较为严格的时间安排。

以鄯善为代表的绿洲国官府通过利益调节及立法保护招徕人口,促进国内的农业生产。绿洲国亦兼营种植业和畜牧业,但其畜牧业经济较新农业区更为发达。私营农业以家庭和庄园、领地为经营单位,庄园、领地类大土地所有者多设置管家管理生产。种植业中实行的雇佣、租佃等经营方式,人身依附性较强。绿洲国的水利设施规模或尚不可与新农业区同日而语,却也已拥有较为完备的灌溉设施体系及相应的管理体制。在中原政权向绿洲国推广先进生产技术的背景下,绿洲国民众采用了牛耕技术,但并不普遍,生产工具仍以木质工具为主。所以,绿洲国的种植业生产在总体上依然属于粗放经营,与新农业区相对的精耕细作仍存在明显差距。畜牧业方面,绿洲国以饲养羊畜最为普遍,其次是驼、马、牛等。应为王室私有的皇家畜群的牧养,由官方管理,存在雇工经营方式;民间私营畜牧业还以寄养代牧的方式经营。与畜牧业经济的重要地位相对应,官府制定了多项与畜牧业相关的政策、法规,涉及牲畜饲养、饲料征收、牲畜使用、畜产征收等方面,为绿洲国畜牧业的繁荣发展提供了保障。民众则已掌握分群牧养、严格的饲料搭配与供给标准、牲畜品种改良及培育、阉割牲畜等技术。

在直接的农产品买卖、农产品租用及借贷等农产品贸易活动中,新农业区和绿洲国的农产品既是商品,也被用作货币,具有价值尺度和支付手段的功能,尤其是谷物在绿洲国还具有本位货币的职能。但绿洲国的农产品贸易形态不再是单纯的物物交换,已使用钱币,只是其使用似乎在绿洲国民众之中并不十分普遍。偏东部的新兴农业区的农产品贸易,最初在中原政权的经营下亦以谷帛等物物交换为主,兼用钱币,随着政治形势的变化,特别是前凉以后,钱币的流通变得较为少见。虽然钱币在绿洲国的流通反映出当地商品经济的发展,但西域绿洲仍以农业经济为基础,农业在社会经济结构中居主导地位。

这一时期,偏东部楼兰、高昌的农业生产深受汉地政治形势及汉文化的影响,明显区别于其他绿洲国。这种东、西部农业发展的分异,使西域绿洲农业经济的地域不平衡性更趋明显。

5 公元5世纪中期至 7世纪前期西域的绿洲农业

公元5世纪至7世纪前期,在西域外部,北方先后兴起柔然、高车、突厥以及铁勒等游牧势力;西方有强盛一时的嚈哒;南方有实力逐渐强大的吐谷浑;东方先后有北凉、北魏、西魏、北周、隋等政权。各外部势力在西域展开角逐,给西域带来频繁战乱,破坏绿洲经济生产的同时,也使东西方经济文化交流更为深入,从而在一定程度上也刺激着西域绿洲农业的发展。但因各区域所受影响不同,西域绿洲农业发展的区域不平衡性加剧。

5.1 人口资源的变动及农业经营品种的增加

5.1.1 人口资源的变动

这一阶段西域绿洲的人口状况,文献记载更为零散简略,在此只做粗略考察。

前章提到北凉残众向西流亡至鄯善,致使鄯善国人之半逃奔且末。根据前文的推算,只有一万余人留在鄯善。北凉余势在鄯善只停留4个月便转据高昌,其中或有一部分人员留守,对当地人口有所补充,但鄯善人口达到原有数量的可能性不大。及至南齐益州刺史遣使江景玄出使高车途经鄯善、于阗,发现"鄯善为丁零所破,人民散尽"。[1] 这说明5世纪末,因高车的掳掠,鄯善人口严重减损。

根据《魏书》记载,太平真君六年(445),在北魏追击下,吐谷浑慕

---

[1]《南齐书》卷59,第1025页。

利延势力逃入于阗,"杀其王,死者数万人"。经此一战,于阗人口即损失数万人,无疑对当地人口数量有较大影响。显祖(454—476)末年,于阗使素目伽朝献北魏时称:"西方诸国,今皆已属蠕蠕……今蠕蠕军马到城下,奴聚兵自固,故遣使奉献,延望救援。"[1]可知5世纪后期,于阗又遭受柔然的侵袭,该地人口数量或又受到一定影响。

北道绿洲国中,焉耆在太平真君九年遭北魏讨伐,其王"鸠尸卑那以四五万人出城守险以拒",魏军大败鸠尸卑那,"进屠其城",[2]则当时焉耆人口或不少于四五万人,但魏军对其进行屠城后,人口当有较大损失。

沮渠氏北凉从鄯善转据高昌之后,吐鲁番盆地有多少人,文献无载。北凉遭受北魏攻伐时,沮渠无讳先遣安周"五千人伐鄯善",次年弃敦煌,"无讳自率万余家弃敦煌,西就安周",[3]在西渡流沙的途中,"士卒渴死者太半",[4]即有不到五千家及另外约五千人渡过流沙。按5世纪前期至中期西凉和北凉统治下的敦煌、吐鲁番地区一般户均3、4口,[5]推测近两万人抵达鄯善。四个月后北凉余绪便转至高昌,除留居鄯善和损亡外,涌入高昌的人口应不下万余人,这无疑会使高昌人口陡增。但北凉余绪利用长达八年的时间统一吐鲁番盆地,又曾遭遇饥荒,使高昌"死者无限",[6]与之抗衡的车师前国亦"人民饥荒,无以存活",其王舍国奔焉耆,"三分免一",最终"收集遗散一千余家,归焉耆镇"。[7]在此期间,吐鲁番盆地绿洲的人口不免有所损耗。不过,北凉流亡政权统治高昌时增设田地郡,阚氏高昌国在两郡下又增设三

〔1〕《魏书》卷101,第2237页;卷102,第2263页。余太山认为于阗朝献在466—468年间,见氏著:《两汉魏晋南北朝与西域关系史研究》,第173页。

〔2〕《魏书》卷102,第2266页。

〔3〕《宋书》卷98,第2417页。

〔4〕《魏书》卷99,第2210页。

〔5〕關尾史郎:《从吐鲁番带出的"五胡"时期户籍残卷两件——柏林收藏的"Ch6001v"与圣彼得堡收藏的"Дx08519v"》,载新疆吐鲁番地区文物局编:《吐鲁番学研究:第二届吐鲁番学国际学术研讨会论文集》,第180-190页。

〔6〕慧皎撰,汤用彤校注:《高僧传》,第447页。关于此次饥荒的论述,参见王素:《高昌史稿——统治编》,第246-254页。

〔7〕《魏书》卷102,第2265页;卷30,第723页。

县,达到两郡八县,[1]当是5世纪中后期吐鲁番盆地人口较以往明显增加的结果。

北凉弃敦煌西渡流沙后,伊吾的李宝率众南归敦煌,唐和等则奔高昌。那么,即使西凉余绪盘踞伊吾近二十年使当地人口有所增加,其此次奔离无疑又导致伊吾人口削减。根据《魏书·高祖纪》载,太和十二年(488)12月,"蠕蠕伊吾戍主高羔子率众三千以城内附",[2]可知5世纪后期,伊吾人口不少于3000人,但较以往人口数量增多还是减少尚不明确。

以上除龟兹、疏勒绿洲人口增减不明外,5世纪中、后期,南道于阗、鄯善和北道焉耆的人口,都遭受了战争影响,尤以鄯善减损为甚。但与之形成鲜明对比的是,吐鲁番盆地人口明显增加。

北魏宋云、惠生使西域,提到当时鄯善"其城自立王,为土谷浑所吞,今城内主是土谷浑第二息宁西将军,总部落三千以御西胡",且末"城中居民,可有百家"。[3]从而可知6世纪初,已被吐谷浑占领的鄯善有部落三千在此镇守,且末只有百户,比《汉书·西域传》记载的且末230户明显减少。北道的焉耆于6世纪初被嚈哒袭破,[4]焉耆"众不能自统,请主于(魏)嘉。嘉遣其第二子为焉耆王"。[5]焉耆依附于高昌,足见其实力削弱之惨重,人口数量大为减少当无疑义。

另外,《周书》记载高昌"国内总有城一十六",鄯善"所治城方一里",焉耆国"所治城方二里。部内凡有九城。国小民贫",龟兹国"所治城方五六里",于阗国"所治城方八九里。部内有大城五,小城数十"。[6]考虑到政权的人口数量往往与其城镇大小和数量大体成正比,则6世纪中后期时高昌王国城镇数量增加颇多,人口亦当有所增

---

〔1〕参见荣新江:《吐鲁番新出送使文书与阚氏高昌王国的郡县城镇》,载荣新江、李肖、孟宪实主编:《新获吐鲁番出土文献研究论集》,第133-157页。

〔2〕《魏书》卷7下,第164页。

〔3〕杨衒之著,杨勇校笺:《洛阳伽蓝记校笺》,第209页。

〔4〕学界对于嚈哒袭破焉耆的时间有不同意见,参见拙文《游牧势力在塔里木盆地的角逐及其对交通的影响》,载《西域研究》,2009年第4期,第32页注1。

〔5〕《隋书》卷83,第1846页。

〔6〕《周书》卷50,第914-927页。

长;龟兹、于阗仍为北、南道人口大国,而焉耆人口资源较高昌国已处于劣势,鄯善仍是这几个政权中人口最少者。

《隋书·西域传》对西域政权的城镇及人口有零散记载,现统计如下(表5-1):

表5-1 《隋书·西域传》中绿洲国的城镇规模、数量及人口数量

政权	都城规模	城镇数量(个)	胜兵(人)
高昌	周回1840步	18	—
焉耆	方2里	9	1000 +
龟兹	方6里	—	数千
疏勒	方5里	大城12,小城数十	2000
于阗	方8、9里	大城5,小城数十	数千

表中都城规模以焉耆最小,在城镇数量及胜兵数量上,除龟兹、高昌分别不明外,同样是焉耆最少。

7世纪前期,玄奘西行、东归途中记载了上述绿洲国的僧徒数量。鉴于当时西域的宗教信仰仍以佛教为主,僧徒人数仍可在一定程度上反映一国人口数量的情况,现将其相关数据列表如下:(表5-2)

表5-2 公元7世纪前期西域绿洲国僧徒数量

政权	僧徒数量(人)	资料来源
高昌	数千	《大慈恩寺三藏法师传》卷1,第16页。
焉耆	2000 +	《大唐西域记校注》,第48页。
龟兹	5000 +	同上书,第54页。
疏勒	10000 +	同上书,第995页。
于阗	5000 +	同上书,第1002页。

表内僧徒数量以疏勒最多,其次是龟兹、于阗的数目相当,高昌的"数千"或高于龟兹、于阗,或低于两者,焉耆僧众最少。与之相关的人口基数同表5-1所反映的情况基本相一致。

按文献记载,贞观十四年(640),唐平高昌国时,"下其郡三,县五,

城二十二,户八千四十六,口三万七千七百三十八"[1] 唐军伐龟兹时,"前后破其大城五所,虏男女数万口",[2] 俘虏的龟兹民众即达数万人。那么,7 世纪前期龟兹的人口总数或不比高昌的三万余口少。

再考察其他地区的情况。《沙州伊州地志》记载:"隋大业六年(610),于城东买地置伊吾郡。隋乱复没于胡。贞观四年,首领石万年率七城来降。"[3] 当时伊吾已有七城,其人口数量当较 5 世纪后期有显著增加。

大业五年,隋朝大败吐谷浑,隋在鄯善、且末"置郡县镇戍,发天下轻罪徙居之"[4] 不久隋政权崩溃,"其城遂废"。直到贞观中(627—649),粟特人首领康艳典来居鄯善,"胡人随之,因成聚落"[5] 这说明在 7 世纪前期鄯善人口数量又一度波动。虽不知粟特胡迁居的具体时间,但其最初形成聚落时或之前人口当不会太多,已不比 5 世纪前期的情况。另外,玄奘东归途经西域东南部地区,"至睹货逻故国。国久空旷,城皆荒芜。从此东行六百余里,至折摩驮那故国,即沮末地也。城郭岿然,人烟断绝"[6] 其中的"睹货逻故国",学界多考订为今安得悦遗址,并认为其可能是汉小宛国王治所在[7] 由此可知当时的小宛、且末绿洲呈现一片荒废的景象。虽然当时唐朝势力已进入西域,但尚未深入该地区,所以可推测小宛、且末绿洲在 7 世纪前期已成荒无人烟之地。

综合以上分析,西域东南部绿洲人口数量锐减,部分地区荒芜,鄯善人口数量较 5 世纪前期大为减少。于阗人口虽亦遭损耗,但其人口

---

〔1〕《唐会要》卷 95《高昌》,中华书局 1955 年版,第 1701 - 1702 页。

〔2〕《旧唐书》卷 198,第 5304 页。

〔3〕王仲荦著、郑宜秀整理:《敦煌石室地志残卷考释》,上海古籍出版社 1993 年版,第 200 页。

〔4〕《隋书》卷 83,第 1845 页。

〔5〕王仲荦著、郑宜秀整理:《敦煌石室地志残卷考释》,第 197 页。

〔6〕玄奘、辩机著,季羡林等校注:《大唐西域记校注》(下),中华书局 2000 年版,第 1031 - 1032 页。

〔7〕岑仲勉:《汉书西域传地里校释》,第 40 - 43 页。余太山:《楼兰、鄯善、精绝等的名义——兼说玄奘自于阗东归路线》,载氏著:《两汉魏晋南北朝正史西域传研究》,第 483 - 484 页。

数量在南道仍是首屈一指。北道高昌王国崛起为新的人口大国,哈密盆地伊吾绿洲的人口也较以往明显增加。疏勒、龟兹仍是北道人口大国,龟兹人口当多于高昌。相较于阗、疏勒、龟兹、高昌,焉耆的人口资源优势丧失。

　　这一阶段,西域绿洲除继续有汉人、柔然、鲜卑、粟特人等继续移居外,另有嚈哒、高车/铁勒、吐谷浑、突厥人等徙入,[1]进一步丰富了当地的居民构成,并促进了多种文化在该地的交流融汇。关于这一时期绿洲居民的种属,《北史》提到高昌"国有八城,皆有华人",[2]杜斗城、郑炳林通过分析高昌姓氏得出结论:高昌王国中,汉人占总人口的70% ～75%,少数民族居民占25% ～30%;高昌是一个以汉族为主体的多民族政权。[3]《周书》记述于阗国时,称"自高昌以西,诸国人等多深目高鼻,唯此一国,貌不甚胡,颇类华夏",[4]指明高昌以西诸绿洲国人口体貌特征偏向于欧洲人种,而只有于阗"貌不甚胡",类于蒙古人种。喀什叶城县群艾山亚古墓群年代为公元 6—7 世纪,该地出土的可供形态观察的 3 例颅骨,经研究具有明显的欧罗巴人种的基本特点,且和欧洲人种中的地中海东支类型比较接近。[5] 这可以作为《周书》记载的一例证据,同时或表明南部绿洲居民仍以欧洲地中海东支类型为主。其中所谓于阗"貌不甚胡,颇类华夏",不知是否与前述吐谷浑人的移居有关。[6] 总体上,这一阶段西域绿洲当仍以深目高鼻的欧洲人种为主,但蒙古人种所占比例明显增加,特别是东部吐鲁番盆地。

---

〔1〕参见周伟洲:《古代新疆地区的民族及其变迁》,第 92 - 104 页。

〔2〕《北史》卷 97,第 3212 页。

〔3〕杜斗城、郑炳林:《高昌王国的民族和人口结构》,载《西北民族研究》,1988 年第 1 期,第 80 - 86 页。

〔4〕《周书》卷 50,第 927 页。

〔5〕张全超、陈靓:《新疆喀什地区晋唐时期古代居民的人种学研究》,《边疆考古研究》(第 2 辑),科学出版社 2004 年版,第 368 - 377 页。

〔6〕白鸟库吉指出当时于阗人类华夏,并非汉人移居此地,实应为类似汉人的西藏人混合的结果。见白鸟库吉著:《西域史研究》(上),岩波书店 1971 年版,第 204 页。羽溪了谛也认为于阗人的这种体貌特征是于阗人种多有西藏人之血系,见〔日〕羽溪了谛著,贺昌群译:《西域之佛教》,商务印书馆 1999 年版,第 136 - 138 页。

·欧·亚·历·史·文·化·文·库·

5.1.2 农业经营品种的增加

　　根据正史记载，焉耆"气候寒，土田良沃，谷有稻粟菽麦，畜有驼马牛羊。养蚕不以为丝，唯充绵纩。俗尚蒲桃酒"，[1]龟兹"土多稻、粟、菽、麦，饶铜、铁、铅、麖皮、氍毹、饶沙、盐绿、雌黄、胡粉、安息香、良马、封牛"，疏勒"土多稻、粟、麻、麦、铜、铁、锦、雌黄，每岁常供送于突厥"，于阗"土多麻、麦、粟、稻、五果，多园林，山多美玉"，[2]可知塔里木盆地的绿洲已广泛种植水稻。《大唐西域记》又提到龟兹"宜穈麦，有粳稻，出蒲萄、石榴，多梨、奈、桃、杏"，[3]明确指出龟兹绿洲栽植粳稻。其他绿洲是否也种植这一稻种，以及绿洲中是否有另外的稻种，无从考察。需要注意的是，虽然吐鲁番文书中偶见食用稻米的记载，但不见任何有关吐鲁番盆地种植水稻的资料，所以对于该地当时是否已种植水稻，仍不得而知。[4]考虑到吐鲁番盆地水资源相对缺乏，且夏季高气温天数较多，不利于水稻生长，即使当地有水稻，也当只是零星种植，其规模不比上述焉耆、龟兹等绿洲。

　　新近研究成果认为粳稻起源于中国长江下游流域，[5]帕米尔以西的罽宾等地也早已种植水稻，[6]而目前关于西域绿洲粳稻的传入路径尚无法做出判断。

　　上文提到龟兹多"安息香"，《隋书》记漕国（今兴都库什山西

〔1〕《周书》卷50，第916页。

〔2〕《隋书》卷83，第1852–1853页。

〔3〕玄奘、辩机著，季羡林等校注：《大唐西域记校注》(上)，中华书局2000年版，第54页。

〔4〕王素：《高昌史稿——交通编》，文物出版社2000年版，第87–88页。郭平梁针对明代《西域蕃国志》记吐鲁番"水稻不生"提到："这里说明元以前产水稻，明以后绝种了呢？还是说这个记载本身有误呢？"见郭平梁：《从吐鲁番出土回鹘文文书看高昌回鹘的社会经济》，载敦煌吐鲁番学新疆研究中心、《新疆文物》编辑部编：《吐鲁番学研究专辑》（内部资料），乌鲁木齐1990年版，第243页。卫斯认为吐鲁番地区唐代以前并不栽培水稻。见卫斯：《我国汉唐时期西域栽培水稻疏议》，载《农业考古》，2005年第1期，第231页。

〔5〕Dorian Q. Fuller, Ling Qin, Yunfei Zheng, et al. "The Domestication Process and Domestication Rate in Rice: Spikelet Bases from the Lower Yangtze", *Science*, Vol. 323, 2009. 转引自 http://news.sina.com.cn/o/2009–03–23/175315353606s.shtml.

〔6〕参见余太山：《两汉魏晋南北朝正史"西域传"所见西域诸国的农牧业、手工业和商业》，第339–353页。

南〔1〕)也多"安息、青木等香"。〔2〕 劳费尔指出中国人称为"安息香"的东西有两种:一种是伊朗地区古代的产物;一种是马来亚群岛的一种小安息香树 Styrax benjoin 所产的。原来就是一种伊朗香料的古代名称,后来转用在马来亚的产品。〔3〕 或以为公元 5、6 世纪时,犍陀罗地区只是香料贸易中间人向中国供给香料而不可能是香料的原产地。〔4〕这一结论不免绝对,同时也就否认了龟兹产安息香的可能。按古代的伊朗、漕国、龟兹等地皆属于东西交通重镇,相互间的经济文化交流频繁,这使兴都库什山西南地区及龟兹绿洲引种安息香科植物成为可能。另外,据吐鲁番文书《高昌内藏奏得称价钱帐》文书,知粟特商人大宗的商品交易中,以香药最多,〔5〕反映了西域绿洲对香料需求旺盛。虽然文书中香料的具体种类不明,但作为香料之一种的安息香当包含其中。中原地区对香料亦有大量需求,无疑更刺激安息香科树木引种范围的扩大,安息香树木完全有可能从伊朗地区经兴都库什山传至龟兹。因而,不能排除公元 6、7 世纪,龟兹已种植有安息香科植物的可能性。

另外,《魏书》载高昌国"饶漆",〔6〕似说明吐鲁番盆地栽植大量漆树。按漆树喜温暖湿润的气候,而《晋书》称:"先是,河右不生楸、槐、柏、漆,张骏之世,取于秦陇而植之,终于皆死。"〔7〕表明前凉以前河西地区尚无漆树,张骏时期试图引种,但以失败告终。吐鲁番盆地虽然曾出土漆器,如今鄯善县苏巴什古墓出土一件残漆木板,该墓年代约为西汉中晚期;〔8〕年代为晋唐时期的鄯善县达浪坎儿古墓群中也出土一

---

〔1〕余太山:《两汉魏晋南北朝正史西域传要注》,第 587 页注 289。

〔2〕《隋书》卷 83,第 1857 页。

〔3〕〔美〕劳费尔著,林筠因译:《中国伊朗编》,第 291 – 294 页。

〔4〕〔美〕爱德华·谢弗著,吴玉贵译:《唐代的外来文明》,陕西师范大学出版社 2005 年版,第 224 – 225 页。

〔5〕陈明:《"商胡辄自夸":中古胡商的药材贸易与作伪》,载《历史研究》,2007 年第 4 期,第 8 – 11 页。

〔6〕《魏书》卷 101,第 2243 页。另见《北史》卷 97,第 3212 页。

〔7〕《晋书》卷 87,第 2267 页。

〔8〕吐鲁番地区文管所:《鄯善苏巴什古墓葬发掘简报》,载《考古》,1984 年第 1 期,收入新疆文物考古研究所编:《新疆文物考古新收获(1979—1989)》,第 205 – 215 页。

件漆盘,[1]但这些漆器皆不能排除其来自中原内地的可能性。所以,目前并无其他材料佐证漆树曾生长于吐鲁番盆地,在此只能对《魏书》的记载存疑。

《魏书》另记龟兹"土多孔雀,群飞山谷间,人取养而食之,孳乳如鸡鹜,其王家恒有千余只云"。[2] 其中"群飞山谷间,人取养而食之",似反映出龟兹山谷有野生孔雀,当地人取之进行人工饲养。那么,这种野生孔雀何时出现在龟兹,又来自何处?或以为《晋书》记前凉张骏时期,"西域诸国献汗血马……封牛、孔雀",[3]即是龟兹产孔雀的证据,但进献孔雀的"西域"之国不明。《汉书》记罽宾"出封牛……孔爵",[4]"孔爵"即孔雀。《后汉书》记载役属于安息的条枝"出师子、犀牛、封牛、孔雀"。[5] 罽宾、条枝皆属广义"西域"的范畴,向前凉进献孔雀的或为这些地区。而翻检有关西域绿洲5世纪之前的资料,皆未提到龟兹产孔雀,可能事实如此。至于孔雀的原产地,谢弗指出汉代之前,中国人知道印度有孔雀,在汉朝时,就已经认为孔雀的家园在克什米尔和安息王疆域内,孔雀是一种西方之鸟。[6] 龟兹地处东西交通要道,该地的孔雀完全有可能来自于这些地区,其引进时间当不会距离5世纪前中期太远。[7] 由上引《魏书》中"其王家恒有千余只云"一句可知,5、6世纪龟兹多有大规模饲养孔雀者。《魏书》之后的正史文献中不见龟兹有孔雀的明确记载,不知当地是否继续饲养。若不再饲养,其原因又是为何?

---

〔1〕新疆考古研究所:《鄯善县洋海、达浪坎儿古墓群清理简报》,载《新疆文物》,1989年第4期,收入新疆文物考古研究所编:《新疆文物考古新收获(1979—1989)》,第192–193页。

〔2〕《魏书》卷102,第2267页。另见《北史》卷97,第3218页。

〔3〕《晋书》卷86,第2235页。

〔4〕《汉书》卷96上,第3885页。

〔5〕《后汉书》卷88,第2918页。

〔6〕〔美〕爱德华·谢弗著,吴玉贵译:《唐代的外来文明》,第137页。

〔7〕王子今对龟兹曾经存在孔雀的可能性进行了论证,并提出尚不能排除龟兹地方有原生孔雀的可能。见王子今:《龟兹"孔雀"考》,载《南开大学学报》,2013年第4期,第81–88页。

前述龟兹有封牛,《周书》中有同样记载。封牛即瘤牛,[1]瘤牛原产今印度和巴基斯坦。这在上引《汉书》"罽宾条"中即有所反映,条枝国也早已饲养有封牛。不排除龟兹的封牛在6世纪左右从这些地区引入。另外,早在阳嘉二年(133)四月,疏勒臣磐向东汉"献师子、封牛"。[2]但史料中并没有疏勒出产封牛的记载,所以尚不能确定疏勒是否也饲养封牛。

单纯从现有文献记载判断,孔雀与封牛在西域绿洲的养殖地域并不广泛。孔雀本居于热带、亚热带丛林中,封牛则属于热带特有牛种。龟兹出现这两种禽畜,以及前述《魏书》提到高昌多漆树,是否与当时西域气候变迁有关,尚需进一步考证。

5.2 吐鲁番盆地:绿洲农业经济的发达区

5.2.1 官府对农业的管理与经营

魏氏高昌国在中央设有屯田曹主土田营种,置屯田长史、司马、参军、主簿、吏、郎中等官员;地方郡县设田曹,置田曹司马、录事、参军、主簿等官员,明显继承了秦汉以来历代中原王朝的官制。[3]北凉余绪政权及阚氏等王国是否也设有屯田曹和田曹,无资料证实。

魏氏高昌国屯田曹的重要职责无疑管理屯田农业生产,还管理国内官渠。[4]随着屯田大量租佃化、私田化的趋势加强,屯田管理事宜纷繁复杂,屯田机构的职能也逐渐由管理屯田而兼及一般民田;屯田

---

〔1〕余太山:《魏晋南北朝正史西域传要注》,第251页。刘文锁指出《隋书》记述康国物产时,将驼与封牛相提并论,那么封牛或许就是指单峰驼。见刘文锁:《沙海古卷释稿》,第117页。该说似不确。

〔2〕《后汉书》卷88,第2927页。

〔3〕侯灿:《魏氏高昌王国官制研究》,见氏著:《高昌楼兰研究论集》,新疆人民出版社1990年版,第1-72页,原刊《文史》(第22辑),中华书局1984年版。陈仲安:《魏氏高昌时期门下诸部考源》,载唐长孺主编:《敦煌吐鲁番文书初探》,武汉大学出版社1983年版,第1-31页。王素:《魏氏高昌中央行政体制考论》,载《文物》,1989年第11期,第39-52页。孟宪实:《汉唐文化与高昌历史》,第113-117页。

〔4〕孟宪实:《汉唐文化与高昌历史》,第129-131页。孟宪实认为魏氏高昌屯田曹有时会负责把不属于屯田的土地纳入屯田范围,变私有为国有。但该说证据略嫌不足。

·欧·亚·历·史·文·化·文·库·

曹的出现,实标志着屯田的渐趋衰微。[1] 秦汉时期,田曹的主要职能是劝课农桑,指导农耕,督促所属郡县的种植业生产。[2] 麹氏高昌国的田曹当仍行使有这一职能。

北凉余绪政权中作为郡县属吏的农官有劝农掾,如《北凉高昌某人启为摄行水事》记载:[3]

[1] 〔 〕 书 佐刘会白:南部劝农

[2] [掾] 应 下,郡水无人掌摄,请敕前督

[3] 〔 〕□婢兼行水,须应还付,事诺属敕。

按县廷"劝农掾"一职,在中原地区出现于西汉后期,负责督劝所辖县乡的种植业生产,春夏劝民适时耕种。[4] 北凉流亡政权之后高昌国的属县或继续设立该职。

在对种植业生产采取的政策措施方面,吐鲁番文书中有麹氏高昌官府贷民以种粮的记载。见以下三件文书:[5]

《高昌义和六年(619)傅阿欢入生本小麦子条记》云:

[1] 高 昌己卯岁生本小麦子傅阿欢陆 酙(斛)□

[2] □参军张悦、参军□都、翟怀愿□□

[3] □□月十二日入

《高昌延寿六年(629)六月傅阿欢入当年官贷捉大麦子条记》云:

[1] □□己丑岁官贷捉大麦子傅阿欢肆酙(斛),参军 张 □

[2] 参军郭阿都 翟怀愿 氾延明六月廿八日入

〔1〕李宝通:《试论魏晋南北朝高昌屯田的渊源流变》,第84—85页。

〔2〕樊志民:《战国秦汉农官制度研究》,载《史学月刊》,2003年第5期,第19—20页。王勇:《秦汉地方农官建置考述》,载《中国农史》,2008年第3期,第18—20页。

〔3〕荣新江、李肖、孟宪实主编:《新获吐鲁番出土文献》(下),第277页。关于该文书时间断代的研究,见孟宪实:《吐鲁番新出一组北凉文书的初步研究》,载荣新江、李肖、孟宪实主编:《新获吐鲁番出土文献研究论集》,第75—81页。另参考王素:《吐鲁番新获高昌郡文书的断代与研究》,第21页。

〔4〕王勇:《秦汉地方农官建置考述》,第19—20页。

〔5〕唐长孺:《吐鲁番出土文书》图文版(第2册),文物出版社,第203、205、266页。

《高昌延寿九年(632)八月张明憙入官贷捉大麦子条记》云:

[1]壬辰岁官贷捉大麦子张明憙伍斛,参□

[2] 郭乐子   翟   氾延明八月七日□

第一件文书"生本小麦子"是指作为利息和本金的小麦子,即傅阿欢还本付息共六斛小麦子。后两件文书记录的是傅阿欢、张明憙偿入大麦子。"小麦子""大麦子"当指小麦、大麦籽种,接受入麦的是参军等人,表明麦种是从官府贷出的。而借贷者傅阿欢、张明憙皆无官职,当是平民。关于后两件文书中借贷者还入官府的大麦子,或认为偿还的只是所贷大麦的利息,[1]或以为是大麦种子的本息。[2]但后两件文书并未出现"生本"一类的词,完全有可能偿付的只是本金麦。

秦汉至南北朝各中原政权官府也常贷给农民种粮,既有发生灾害时期的贷放,亦有与灾害无大关系而在春荒时针对贫民的贷给,属于实施生产救助性赈贷。[3]上引后两件文书不偿付籽种利息,可能就具有救助生产的性质。第一件文书借贷籽种的利息率不明,无法确知该贷给活动是为救济,还是有一定的赢利性。高昌国官府贷籽种与民,有无利息当视具体情况而定。后两件文书偿还大麦子的时间分别在六月、八月,距离大麦收获之后不久,或可推测当地一般在收获后即偿还官府贷粮。麴氏高昌之前的北凉余绪等独立政权也当实施了此类政策。另外,根据《隋书》记载"后周太祖作相,创制六官……司仓掌辨九谷之物,以量国用。国用足,即蓄其余,以待凶荒,不足则止。余用足,则以粟贷人,春颁之,秋敛之",[4]知西魏时,司仓主管官府粮食,以及对百姓的春贷秋敛。高昌国或由仓曹负责贷收籽种,文中收纳籽种本息的参军也应是仓曹参军。

---

〔1〕西北出土文献を読む会:《トゥルファン出土漢語文書校訂稿(V)》,第5頁。

〔2〕關尾史郎:《トゥルファン出土高昌国税制関係文書の基礎的研究——條記文書の古文書学的分析を中心として》(六),《人文科学研究》第84輯,1993年,第115頁。

〔3〕刘秋根:《中国封建社会农业金融发展阶段初探》,载《人文杂志》,2007年第2期,第131–135页。

〔4〕《隋书》卷24,第679–680页。

关于公元 5—7 世纪前期屯田等官田的经营,李宝通指出:占相当比重的屯田,仍存在以"部"为单位组织兵卒生产的经营方式,兵卒被称为"部隙";另存在将屯田租佃给民户的经营方式,屯田定额输租的现象较为普遍,加速了屯田私田化的进程。[1] 另外,吐鲁番文书中出现了"田亩作人",虽然学界对其身份及地位理解不同,但都认为其是被征发从事官田耕作,且当时官府征发民户耕种官田。[2] 只是不知这种田亩作人役与上章提到的北凉高昌郡时期"为官种荒芜"的田作役是否性质相同或具有承继性。

包括屯田在内的官田除生产粮食作物外,还广泛种植葡萄、棉花等园艺、经济作物。麹氏高昌时期的《高昌武城塭作额名籍》多提到"屯蒲桃""屯浮桃""屯桃",[3]反映葡萄在屯田中得到大量种植。或认为"桃"与"蒲桃"各指桃树与葡萄,[4]但不论何指,皆反映出屯田广泛种植园艺作物。荒川正晴也曾分析指出,葡萄、棉花的栽培在麹氏高

---

〔1〕李宝通:《试论魏晋南北朝高昌屯田的渊源流变》,第 82—85 页。李先生认为麹氏高昌国时期还有屯田授兵丁的事例,但该说证据不充分。

〔2〕参见冻国栋:《麹氏高昌役制研究》,载《敦煌学辑刊》,1990 年第 1 期,第 31—32 页。朱雷:《论麹氏高昌时期的"作人"》,载氏著:《敦煌吐鲁番文书论丛》,第 45—46 页,原载唐长孺主编:《敦煌吐鲁番文书初探》。關尾史郎:《〈田畝作人文書〉小考——トゥルファン出土高昌国身份制関係文書研究序説》(上、下),《新潟史学》,第 26、27 号,1991 年,第 61—74,65—83 页;《〈田畝作人文書〉の周辺——アスターナー五四号墓出土作人関係文書の分析》,《東アジア——歴史と文化》(創刊号),1992 年,第 100—84 页。〔日〕关尾史郎著,侯世新译,柳洪亮校:《论"作人"》,载《西域研究》,1995 年第 1 期,第 52—53 页。按栋文与朱文论述,田亩作人是官府征发民户或民丁在官府或王室土地上服耕役,其不属于奴属阶层。关尾文中认为田亩作人属于奴属阶层,其是被征发分配从事屯田和官田等国有土地上耕作的作人,对"作人"的这一徭役赋课不是针对"作人"的,而是对其主人的,或者是以主人为单位进行的。另外,关尾先生分析《高昌年次未详将显字等田亩得银钱帐》文书,认为官府将屯田和官田等国有土地分割成小块,由民户、官员、僧侣以及寺院和官府等耕作,但不是强制性的,其中按土地额纳银钱或许作为一种小额工钱,成为替代一种徭役化的耕作义务而交纳的免税钱。见關尾史郎:《高昌田畝(得出)銀錢帳——〈吐鲁番出土文書〉札記(一〇)》(上、中、下),《吐鲁番出土文物研究会会報》,第 64、65、71 号,1991 年,第 1—6,4—8,4—8 页。

〔3〕唐长孺:《吐鲁番出土文书》图文版(第 1 册),文物出版社,第 396 页。

〔4〕刘永连:《吐鲁番文书"桃"与葡萄关系考辨》,载《中国典籍与文化》,2008 年第 1 期,第 107—114 页。

昌王国公田上被积极推行,以确保棉布和葡萄酒的生产。[1] 这一时期或较上一阶段官田经济、园艺作物的种植更为普遍。

以上只是对种植业经营管理问题的简单爬梳,以下探讨官府对畜牧业生产采取的政策措施。

从多件延昌二十七年(587)《兵部条列买马用钱头数奏行文书》、延昌二十七年前后的《高昌众保等传供粮食帐》提到"官驼",[2]《高昌某人计田、舍、奴负官、私麦、叠花帐》记载的"官死羊价",[3] 以及下文引用的俄 Дх.02887《牛犊驴出入历》,可知高昌国官府饲养马、牛、驼、驴、羊等官畜。《兵部条列买马用钱头数奏行文书》表明国家出资购买是官畜的重要来源之一。[4]

《高昌出用、杂除、对额役使车牛残奏》提到"放驼"役,[5]结合上面提到的"官驼",放驼役应指牧放官驼的徭役。或可推测其他官畜也是由官府征调人员进行牧养。所以,官畜牧养的方式之一是由官府征发民众来负责。

至于官畜的饲料来源,上章提到屯田类的官田生产,北凉余绪政权及后续的高昌国当继承之。另外,官府还向民众征收饲草料。《阚氏高昌永康年间(466—485)供物、差役帐》中反复出现"致苜蓿"字样,[6]应即是从百姓手中征调苜蓿,作为饲料。《高昌延寿十二至十五年(635—638)康保谦入驿马粟及诸色钱麦条记》,[7]则反映了官方对

〔1〕荒川正晴:《ユーラシアの交通·交易と唐帝国》,名古屋大学出版会 2010 年版,第 141 –146,150 页。

〔2〕唐长孺:《吐鲁番出土文书》图版(第 1 册),文物出版社,第 338 – 344,238,428 页。

〔3〕陈国灿:《斯坦因所获吐鲁番文书研究》,武汉大学出版社 1995 年版,第 154 – 155 页。陈先生指出"官死羊价"是对官羊的死所承担的责任。见同书第 55 页。

〔4〕阿斯塔那 507 号墓出土的麹氏高昌文书多为延寿六年(629)至十六年时期的,其中《高昌俗下科马帐》(《吐鲁番出土文书》图文版(第 2 册),第 270 页)证实高昌国存在科马事宜,帐中记录的被科马者都是世俗之人,既有官员,也有平民,具体的科取标准不明。帐内标明"俗下科马",似乎意味着有相对应的"僧下科马",即僧俗皆须承担该义务。但文中的科马是官府临时征用,还是作为一种税赋征为官有,不得而知。若是征为官有,那么向百姓科取牲畜就成为官畜的又一来源。

〔5〕柳洪亮:《新出吐鲁番文书及其研究》,第 71 页。

〔6〕荣新江、李肖、孟宪实主编:《新获吐鲁番出土文献》(上),第 129 – 145 页。

〔7〕唐长孺:《吐鲁番出土文书》图文版(第 2 册),文物出版社,第 21 – 22 页。

谷物类饲料的征收。王素分析推测交纳"驿马粟"的时间、次数与数量较为统一,应是一年两次,每次约交纳六斗。[1] 当地民众交纳的饲草料,无疑是官畜饲料的重要来源之一。

另外,一系列麴氏高昌国时期的"马帐"文书表明,高昌国承袭了北凉高昌郡时期的按赀配生马制,仍存在包括官员、寺院在内的民户为官府饲养马匹,供官方役使的制度,其名目包括郡上马、拾骑马、长生马、远行马等。[2] 而至迟在重光元年(620)八月,高昌国官府将原来实行的民户供给远行马改为纳入远行马价钱,而这应属于麴伯雅恢复后实行的各项改革之一。[3] 自高昌郡至高昌国,民户为官府饲养马匹无疑延续了汉代"牧于民而用于官"[4]的马政,在保障官方马匹使用的同时,也促进了私营畜牧业的发展。

官府对牲畜采取的管理政策措施,最为突出的当属实行帐簿管理。现引麴氏高昌时期的《高昌牛簿》如下:[5]

[1]实行牛　黄牛公一头　紫大牛一头　赤青大牛二头　梨
大牛贰头

[2]黄大牛一头　黑大牛一头　青草牛三头　赤青草牛三头
梨草牛

[3]四头　白面梨草牛二头　紫草牛二头　黑草牛一头　晏
草牛二头

---

〔1〕王素:《高昌史稿——交通编》,第533页。

〔2〕關尾史郎:《高昌国時代の〈馬帳〉について——〈吐魯番出土文書〉札記(一一)》(上、中、下)《吐魯番出土文物研究会会報》,第91、92、93号,1993年,第1-6、1-6、1-6页。

〔3〕關尾史郎:《〈高昌延壽元年(624)六月勾遠行馬價錢敕符〉をめぐる諸問題》(上),《東洋史苑》第42、43合併号,1994年,第62-82页;《トゥルファン出土高昌国税制関係文書の基礎的研究——條記文書の古文書学的分析を中心として》(六),《人文科学研究》第84輯,1993年,第122-125页。〔日〕关尾史郎著,黄正建译文:《有关高昌国"远行马价钱"的一条史料——大谷一四六四、二四〇一号文书及其意义》,《出土文献研究》(第3辑),中华书局1998年版,195-197页。陈国灿先生认为远行马价钱是高昌国重光以来临时征发的一种税目,只存在于高昌重光间和延寿初年。另外文书中的"长生马后钱"是民间交纳供养长生马的银钱。见陈国灿:《对高昌国某寺全年月用帐的计量分析——兼析高昌国的租税制度》,《魏晋南北朝隋唐史资料》第9、10期,1988年,第9-10页。

〔4〕王应麟:《玉海》(第83函,第73册)卷184,文物出版社1992年版,第1页。

〔5〕唐长孺:《吐鲁番出土文书》图文版(第1册),文物出版社,第381页。

[4]犁驳草牛一头　赤秃草牛三头　赤白胁草牛一头　赤草
牛三头

[5]黄草牛一头

　　　　　　入大草牛中　　　　入大草牛中
[6]三岁赤青　草牸一头　　黑草牸一头　三岁赤犊犕一
头　二岁紫犊犕

[7]一头　紫晏字犊二头　白梨字犊一头　黄字犊二头

[8]白额晏字犊子一头　黄秃特犊子一头　一岁赤字犊子
五头

[9]赤清字犊子一头　晏字犊子一头　赤白额字犊子一头

[10]未入额犊子　白胁赤字犊子一头　青字犊子一头　赤
梨字犊子一头

[11]コ字｜犊｜子｜一｜头｜晏字犊子｜一｜头｜梨｜驳｜特｜犊｜
子｜一

簿首"实行牛"的意义不明,其包括成年牛与可用于劳作的牛犊,结合簿中第10行的"未入额犊子","实行牛"是否能理解为实际记录在簿并已可被使用的牛,而"未入额犊子"指虽登录在簿却不被算入能使用的幼畜?账簿以此为分类基础,再按牛畜齿岁、性别、毛色及其头数分别记载。由第6行内容可知,草牛犊三岁时变为成年牛,犕牛犊成年似乎较草牛犊稍晚。已入额的牛犊中有一岁牛,没有提及齿岁更小的,从而可推测牛犊满一岁时才入额。不将未满一岁牛犊入额,可能是考虑到其死损率较高。不入额的牛犊被登录在簿,或与考察牛畜孳生率及最终存活率以考课牛畜管理人员有关。

上件文书反映的是对牲畜自身建立簿籍。此外,关于牲畜的使用及其变动情况也有账历记载,见俄 Дх.02887《牛犊驴出入历》:[1]

　　（前略）

---

〔1〕《俄藏敦煌文献》(第10册),上海古籍出版社1998年版,第112页。该文书录文参见關尾史郎:《サンクトペテルブルグ蔵、Дх 02683v＋Дх 11074v 初探──トゥルファン盆地の水利に関する一史料》,《中国水利史研究》第30号,2002年,第18−19頁。本处录文之此稍有不同。

181

[5] 起四年四月一日尽□年十二月十日,依前新入牛犊合一
百五头

廿九头殿中属用

[6] 　出除七十二头其　　　除□□□

卅三头布施死,入内并云给杂用

[7] 　为皮一枚付勾婆遣藏

[8] 　为菥(筋)一具付赵昆

二头横截病即仰镇分处陪(?)未入

五头新兴县养其　　　一头特

[9] 今余牛犊卅三头其　　　四头字

一头特

廿六头婆巢前放其　十头犕(?)

十五头字

[10] 依新入驴五头　二头加

三头字

[11] 　二头令云何留 字

[12] 　一头加付双利入内磨

[13] 　一头加付殿中吏赵庆磨

[14] 　一头字付阇玄员丁驴云(?)婆罗门

[15] 　合出驴五头尽　除□□□

（后缺）

陈国灿根据文中出现的殿中之职与柳婆、横截、新兴等县名,推断该文书的时代是高昌国早期。[1] 账中使用牛犊、驴的人员,有任殿中职者。再考察其中对于牛犊的统计时段是自某4年4月1日至某年12月10日,即使是在同一年,时间跨度也长达八个月。期限如此之长,被使用的牲畜当不包括私畜,账历中的牛犊、驴应为官畜。

账历记录新入牛犊及驴的数量,再分别条列两种牲畜的出除与余留数额,并标明牲畜的去向或所在地。官府可据此掌握一定时期内所

---

〔1〕陈国灿:《略论敦煌吐鲁番文献研究中的史学断代问题》,载《敦煌研究》,2006年第6期,第126页。

饲养官畜的具体变化情况,但这种账历记载周期不明。账中"新入牛犊"或恰区别于上引《高昌牛簿》的"未入额犊子",成为"实行牛"。

除对牲畜进行账簿管理外,官府还对牲畜采取保护措施,注意使牲畜得到休养或治疗。上引《牛犊出入历》第9行记牛犊"二头横截病即仰镇分处陪(?)未入"即应是使病畜治疗休养的反映。另外,关尾史郎曾指出《高昌浐林等行马入亭马人名籍》文书中的"亭马"与"行马"相对应,"亭马"或为"停马",即不能役使的马匹。[1] 王素根据唐代官马因疾病和疲劳,可暂时转入"阶亭"坊中进行疗养,进一步分析认为高昌的"亭"也属于此类场所,转入该场所的马即被称为"亭马",其经过休养后再被配置役使。[2] 这种根据在役牲畜健康状况,适时对牲畜进行治疗的措施,能够在一定程度上保障牲畜的安全,降低牲畜的死损率。

上引《牛犊驴出入历》第6—8行中,牛犊"卅三头布施死,入内并云给杂用""为皮一枚付勾婆遣藏""为䈥(筋)一具付赵昆",表明高昌国对于死亡的官畜有相应的处理规定,使死畜的筋、皮等到进一步利用。《高昌延寿六年(629)入马皮、驼皮等条记》记录了麴氏高昌入藏畜皮的事项,其文如下:[3]

(二)

[1]己丑岁符师斛下三岁赤字驹皮壹张,宣威白善祊□

[2]六月廿八日参军延欢入。

(三)

[1]己丑岁李显悦下赤马皮壹张,宣威白善祊、宋□

[2]六月廿九日□

(四)

[1]己丑岁回斛下黑字驹前介皮壹张,宣威白善祊、宋相

〔1〕關尾史郎:《高昌国時代の〈馬帳〉について——〈吐鲁番出土文書〉札記(一一)》(下),《吐鲁番出土文物研究会会報》第93号,1993年,第3—4页。

〔2〕王素:《高昌史稿——交通编》,第534—538页。

〔3〕柳洪亮:《新出吐鲁番文书及其研究》,第59—61页。

怀□

[2] 六月卅日移君入。

（七）

[1]　　□驼皮壹张,□

文中纳入官府的畜皮有马皮和驼皮,[1]其中所纳成年马的马皮只记毛色,而马驹则要记毛色及性别。为何出现这种差别? 待考。再看文中己丑岁6月28日至30日,每日都有马皮入藏,某种程度上或反映出当地马匹死损率较高,而前面提及多件延昌二十七年兵部买马文书的存在也可能与此不无关系。

私畜被征用而死损时,官府要给以赔偿。《高昌某年传始昌等县车牛子名及给价文书》记曰:[2]

[12]□□□□官车牛伍具,单车壹具乘,合得银钱究(玖)拾壹
文。次东宫车牛

[13]□钱伍拾壹文,○○单车壹乘,壹脚破轵13付主,得银
钱拾伍□

（中略）

[16]□□校郎司空明荦、通事令史辛孟护贰人传:西头
远行牛名:安乐□□

[17]□□得银钱拾壹文,永安东寺□　□壹文。次涛林主
簿康虎皮,牛死生

[18]□□□□□□价,得银钱壹佰贰拾壹文,买肉去;得银钱
拾肆文□□

---

〔1〕关尾史郎将上引文书反映的纳入牲畜皮革事项看作是一项全民性的课役,且认为其与民户为官府饲养牲畜相关联,所纳皮革正是民户为官府饲养的牲畜皮革。他分析文书的条目,指出其中“某某下”的某某是饲养官畜民户小组的负责人,“宣威白善祐”等人属于接受皮革纳入的官员,最后的“入”字前的人员是纳入者,也是牲畜的饲养人。见關尾史郎:《トゥルファン出土高昌国税制関係文書の基礎の研究——條記文書の古文書学的分析を中心として》(八),《人文科学研究》第98辑,1998年,第98－107页。如是,这种畜皮入藏规定也当适用于官方饲养的牲畜。

〔2〕唐长孺:《吐鲁番出土文书》图文版(第1册),文物出版社,第428页。

荒川正晴分析该文书很可能作成于延寿年间（624—640），并指出僧俗、官民皆向官府提供车牛，官府对提供者按规定支付相应的银钱[1]。但第17行洴林主簿下的牛并未直接标明所给价，却有"牛死"一词，后面又有文书中仅一见的"买肉去"，两者似乎有直接关系，即：主簿的牛死亡，由官府将肉买去。那么，"得银钱壹伯贰拾壹文"当是官府对主簿死亡之牛做出的赔偿。第13行"单车壹乘，壹脚破研付主，得银钱拾伍匚"，意即户主供出的车辆，遭受破损，官府给予相应的补偿。这可以作为所供出牛死损时，官府要给予赔偿的佐证。

5.2.2 私营农业的生产经营

《梁书》称高昌"备植九谷，人多噉麨及羊牛肉。出良马"；[2]《册府元龟》卷985引唐太宗发布的诏书中指责高昌麹文泰"畜牧果园，悉有征税"，[3]反映出吐鲁番盆地的农业生产仍是种植业与畜牧业相结合。但限于资料，以下重点论述私营种植业生产，关于畜牧业只能简略论及。

《北凉承平年间（443—460）高昌郡高昌县赀簿》显示，北凉余绪统治高昌时期存在将各色田地面积按一定比例换算赀额的制度，以此作为征发赋役的依据；该计赀制度以里为单位，按户计算。赀簿中多见"出""入""得"等字样，当各意为"出卖""以入""买得"，反映当地百姓间的土地买卖盛行。[4] 因这种计赀制度是将土地面积折算成赀额，

---

〔1〕荒川正晴：《麹氏高昌国の遠行車牛について（1、2）》，《吐鲁番出土文物研究会会报》，第16、17号，1989年，第1－4、4－6页。

〔2〕《梁书》卷54，第811页。

〔3〕王钦若等编纂，周勋初等校订：《册府元龟：校订本》（第11册）卷985，凤凰出版社2006年版，第11402页。

〔4〕关于这件赀簿的时间、性质及其录文，见朱雷：《吐鲁番出土北凉赀簿考释》，载氏著：《敦煌吐鲁番文书论丛》，第1－24页，原刊《武汉大学学报》1980年第4期。但池田温与堀敏一认为簿中的"出""入"表示"相互间的租佃关系"，见池田温：《〈西域文化研究〉第二〈敦煌吐鲁番社会经济资料（上）〉批评と紹介》，《史学雑誌》69编第8号，1960年，第70－74页。〔日〕堀敏一著，韩国磐、林立金、李天送译：《均田制の研究》，福建人民出版社1984年版，第270－273页。在此以朱先生说为是。另外，关尾史郎进一步分析认为这一赀簿的制作时间在442年之后与450年之间，见関尾史郎：《〈北涼年次未詳（5世纪中頃）賷簿残卷〉の基礎的考察（上）》，《西北出土文献研究》2，2005年，第42－56页。

185

所以可以根据这类赀簿及与之相关的资料考察当时百姓的土地占有情况。

《北凉承平年间高昌郡高昌县赀簿》所载赀额基本明确的有 14 户,但与之对应的田亩数量记载完整的仅有 3 户。在此姑且以土质好且赀额高的常田——每亩折合赀额 3 斛——推算簿中各户占有的土地面积,[1]列表如下(表 5-3)(赀额数有缺损的用"+"表示,相应的田亩数亦用"+"。下同):

表 5-3 《北凉承平年间高昌郡高昌县赀簿》中各户田亩

序号	户主	赀额(斛)	田亩数(亩)	备注
1	—	228.5	76.17	
2	□预	257	85.67	
3	冯照	263	89	计算得出田亩数
4	—	233.5	77.83	
5	—	201+	67+	
6	潘靖	80	26.67	
7	冯法政	12	4	原文记载田亩数
8	—	28	9.33	
9	隗氏平	20	6.67	
10	宋通息	赀尽	0	
11	—	26	8.67	
12	—	20	6.67	
13	—	221.5	73.83	
14	齐都	80	32.5	计算得出田亩数

---

[1]池田温和朱雷对各色田地的计赀额进行了考证,见池田温:《〈西域文化研究〉第二〈敦煌吐鲁番社会经济资料(上)〉批評と紹介》;朱雷:《吐鲁番出土北凉赀簿考释》。裴成国对该赀簿及另外的赀簿残片(见王素:《吐鲁番出土北凉赀簿补说》,载《文物》,1996 年第 7 期,第 75 - 77 页)所含各户的资产情况和土地面积加以统计,得出一个每亩土地折合赀额 2.84 斛的均值,进而推算其他各户的田亩数量。见裴成国:《吐鲁番新出北凉计赀、计口出丝帐研究》,载《中华文史论丛》,2007 年第 4 辑,第 76 - 90 页。但簿中仅 3 户的赀额与田亩数记载完整,相对 14 户所占比重甚小,以此推算的数据或存在较大偏差。所以本文按每亩 3 斛的较高计赀额推算该簿各户占有田亩面积的最低额。

表中的田亩数除备注标明计算得出或原文记载外,余者都是推算得出。表内所列各户土地面积相差悬殊,少者无地,多者高达89亩多,户均40.29亩;有6户即42.86%家户的田亩数在平均值以上,其占总土地面积的83.24%,一定程度上表明当地不少百姓占田规模较大。

另有《北凉高昌计赀出献丝帐》正是依据各户的土地赀额征收丝织品的帐簿。利用帐内记载的赀额,以及每亩田地折合3斛的赀额,可计算出每户占有的最少田亩数。[1] 具体列表如下(表5－4)(赀额与田亩数的单位分别是"斛""亩"):

表5－4 《北凉高昌计赀出献丝帐》中各户田亩

序号	户名	赀额	田亩数	序号	户名	赀额	田亩数
1	杜司马祠	153[+]	51[+]	13	范周会	59	19.67
2	阚强	105	35	14	—	57.5	19.17
3	田玫	91.5	30.5	15	廉德	54.5	18.17
4	王奴安	88	29.33	16	隗登	30	10
5	宋平	85.5	28.5	17	孔矞	28	9.33
6	王宁	83	27.67	18	索君明	26	8.67
7	宋充	74.5	24.83	19	—	25.5	8.5
8	尚能	72	24	20	阚岌	22	7.33
9	杨田地祠	67.5	22.5	21	宋旌々	21	7
10	李谧	66[+]	22[+]	22	魏□黄	21	7
11	严祛	60[+]	20[+]	23	—	20.5	6.83
12	乐胜	59.5	19.83	24	李慎	19	6.71

---

〔1〕该出献丝帐的录文见荣新江、李肖、孟宪实主编:《新获吐鲁番出土文献》(下),第279－281页。王素对录文提出了商榷,见王素:《吐鲁番新获高昌郡文书的断代与研究》,第21－22页。在此仍依据《新获吐鲁番出土文献》录文。对于该帐,裴成国在《吐鲁番新出北凉计赀、计口出丝帐研究》一文中按77户计算,并将赀额划分五等加以统计,得出户均赀额是23.5斛,户均折合土地面积8.3亩。本文将可资统计的76户全部条列,并按照赀额多少降序排列。

续表 5 - 4

序号	户名	赀额	田亩数	序号	户名	赀额	田亩数
25	王场	19	6.33	51	李弘长	6	2
26	—	18	6	52	孙国长	6	2
27	王萁	17.5	5.83	53	王模	6	2
28	西郭奴	17.5	5.83	54	路晁	6	2
29	—	17	5.67	55	田盘安	6	2
30	严经	16$^+$	5.33$^+$	56	雷持	6	2
31	严延	14	4.67	57	贯先	5	1.67
32	韩相	13	4.33	58	张玄通	4.5	1.5
33	成魏安	12$^+$	4$^+$	59	宋棱	4.5	1.5
34	索卢法生	12	4	60	令狐男	4.5	1.5
35	宋越	12	4	61	成崇安	4.5	1.5
36	许通	12	4	62	唐暖	4.5	1.5
37	张远安	11	3.67	63	□豹	4	1.33
38	张仁子	11	3.67	64	阚钱	4	1.33
39	荆佛须	11	3.67	65	廉遂	4	1.33
40	—	10.5	3.5	66	刘奴朴	3	1
41	赵相受	10.5	3.5	67	张抚	3	1
42	孙孜	10.5	3.5	68	宋狯	3	1
43	李畚	10	3.33	69	帛军弘	3	1
44	赵士进	9	3	70	樊秉	3	1
45	张清	9	3	71	张士奴	3	1
46	左臭	9	3	72	路鱼	3	1
47	韩钊	8	2.67	73	令狐宠	3	1
48	严逻	7.5	2.5	74	张宴	2	0.67
49	张崇	7	2.33	75	王圆	2	0.67
50	赵定	6$^+$	2$^+$	76	王遂	2	0.67

表格内占田最多的杜司马祠至少有 51 亩,其次是百姓个人阚强有 35 亩,最少的不足 1 亩。76 户平均赀额是 23.75 斛,户均折合土地面积最低为 7.92 亩,与表 5-3 的统计结果存在差距。

鉴于《北凉高昌计赀出献丝帐》与《北凉承平年间高昌郡高昌县赀簿》同属于北凉余绪统治时期,我们可将上列两表综合在一起考察。表 5-3、5-4 共 90 户,户均占有土地约 12.95 亩。另按当时户均 5.57 口计,[1] 人均占有土地约 2.32 亩。

再考察与北凉按赀配生马制度有关的《北凉缘禾五年(436)民杜犊辞》,其称"有赀七十八斛",[2] 依然按每亩折合赀额 3 斛计,杜犊至少有 26 亩土地。俄藏 Дx.02947 背《前秦建元十四年(378)买田券》中买方一次买入常田即达 17 亩。[3]《前秦建元二十年(384)籍》记录的土地转移情况中,张晏一户卖出 14.5 亩的同时,又买入 8 亩,另一户卖出 14 亩土地。[4] 根据这些资料或可推知,早在北凉余绪入主高昌之前,当地百姓个人占有颇具规模土地的现象就较为普遍。

俄藏 Дx.02683 + Дx.11074《地亩清册》记载:[5]

(前略)

[3]囗　　　阿留奴婆罗门十二亩

[4]囗　　　阚延受(?)十亩半

[5]道人宝龙(?)五亩半　　　　　道人相保三亩

　　　　　　　　　　　　　　四 豆
[6]都计明(?)佃赵信十 七 亩　　　官佃延伯亩(?)

　　　　二 　　 豆
[　]　　三亩

---

〔1〕裴成国:《吐鲁番新出北凉计赀、计口出丝帐研究》,第 93 页。

〔2〕柳洪亮:《新出吐鲁番文书及其研究》,第 8 页。

〔3〕《俄藏敦煌文献》(第 10 册),第 136 页。有关文书的录文及时代,见徐俊:《俄藏 Dx.11414 + Dx.02947 前秦拟古诗残本研究——兼论背面券契文书的地域和时代》,《敦煌吐鲁番研究》(第 6 卷),北京大学出版社 2002 年版,第 209-210 页。

〔4〕录文见荣新江、李肖、孟宪实主编:《新获吐鲁番出土文献》(上),第 177-179 页。荣新江对该文书内容进行了分析,见荣新江:《吐鲁番新出〈前秦建元二十年籍〉研究》,第 23-44 页。

〔5〕《俄藏敦煌文献》(第 9 册),上海古籍出版社 1998 年版,第 332 页。录文参见唐耕耦、陆宏基编:《敦煌社会经济文献真迹释录(二)》,全国图书馆文献缩微复制中心 1990 年版,第 457 页。

[7] 虔卯一亩　半瓜半豆　　　　王常生四亩半　豆

[8] 道人僧殷五亩　　　　　　　法林一亩半

[9] 智安四亩

[10] 右石垂渠　　　　　合九十九亩　廿九亩半豆
　　　　　　　　　　　　　　　　　□　　□

　　　□□□六
　　　□□□□十七半

　　　　　　　　　　　　五十八亩半　□
　　　　　　　　　　　　半亩　瓜

[11] 都合卅九顷廿二亩其　卅五亩　麻
　　　　　　　　　　　　十四亩半　大麦
　　　　　　　　　　　　卅八顷三亩半　小麦

（后略）

关尾史郎将这件文书的年代系于 5 世纪后期,并指出文中 99 亩是由石垂渠灌溉的土地面积,49 顷 22 亩应是郡县等某一地区水渠灌溉的田地面积总额,其中"五十八亩半"是种植豆的面积。[1] 文中的土地经营者既有田主,也有佃民,既有世俗民,也有僧人,在条列佃民时还标明了田主。除却官田外,残存的 10 位田主中,拥有土地最多的是 17 亩,最少的是 1.5 亩,平均每位田主有田 6.4 亩,似较前述北凉余绪统治时期的土地规模缩小。但毕竟文中可资利用的数据偏少,据此得出这一结论难免有失偏颇。不过从残存的记载看,仅在石垂渠一地所占田亩有高达 17 亩者,另有 12 亩、10.5 亩者,或可推测吐鲁番地区百姓的占田规模在 5 世纪后期即使有所减小,占有的土地具有一定规模的现象仍然存在。

　　麹氏高昌国实行计田输租、计田承役的赋役制度。[2] 一些计田承

---

〔1〕關尾史郎:《サンクトペテルブルグ蔵、Дx 02683v + Дx 11074v 初探——トゥルファン盆地の水利に関する一史料》,第 14－26 页。本文录文亦参见了该文。另外,丘古耶夫斯基也论及了这件文书的时代和内容,见〔俄〕丘古耶夫斯基著,王克孝译,王国勇校:《敦煌汉文文书》,上海古籍出版社 2000 年版,第 99 页。

〔2〕程喜霖:《吐鲁番文书中所见的麹氏高昌的计田输租与计田承役》,《出土文献研究》,文物出版社 1985 年版,第 159－174 页。卢开万:《试论麹氏高昌时期的赋役制度》,载唐长孺主编:《敦煌吐鲁番文书初探》,第 66－99 页。

赋役类文书反映了这一时期的土地占有情况。《高昌计亩承车牛役簿》记载了官府依据土地向民众摊派车牛役的事宜,背面写有《高昌延昌二十七年(587)虎牙将军张忠宣随葬衣物疏》,[1]可知此簿的写作年代不晚于 587 年。簿中完整记录田主及其田亩数的有 27 户次,若将分记在多处的同名户主合并,则共有 25 户(含 1 座寺院)。内 10 亩以上 2 户,皆为世俗之人,最多者约 12.54 亩,5 至 9 亩 10 户,4 亩以下 13 户,共计田亩约 122.56 亩,户均约 4.9 亩。另外,《高昌延寿八年(631)糵质等田亩出银钱帐》[2]记载的田亩数更少,其中田亩数完整的有 27 户(含 1 座寺院),最多的只有 7 亩,最少者 60 步,共 95.34 亩,户均 3.53 亩。另根据前引《唐会要》记唐贞观十四年(640)平高昌国时,"下其郡三,县五,城二十二,户八千四十六,口三万七千七百三十八",可知 7 世纪前期吐鲁番盆地户均 4.69 口人。按延寿八年与贞观十四年只相差 9 年,人口状况当无太大变化,进而可计得当时人均占有土地 0.75 亩,远较前述北凉时期百姓个人占有田亩数为少。其他计田承赋役类文书及田籍残片,以及反映麴氏高昌统治末期一般百姓土地占有实况的唐西州"勘田簿",[3]也不见当地百姓拥有大规模土地的迹象,其所占田地多是零星几亩或不足一亩。仅在延寿十六年(639)之前的《高昌诸寺田亩帐》与《高昌诸寺田亩官绢帐》中,几座寺院占有的田地达三、四十亩之多,但绝大多数寺院在 10 亩以下。[4] 另外,《通典》卷174"西州"条注"本高昌国界……垦田九百顷",[5]结合上引《唐会要》中的户、口数,计得麴氏高昌国灭亡时全国户均 11.18 亩土地,人均

〔1〕柳洪亮:《新出吐鲁番文书及其研究》,第 27 - 29 页。

〔2〕唐长孺:《吐鲁番出土文书》图文版(第 1 册),文物出版社,第 434 页。学界多以为该文书是麴氏高昌以银钱交纳田地租税的反映,但关尾史郎认为文中交纳的不是常规赋税,而是根据占有的土地面积交纳的一种附加税。见关尾史郎:《高昌〈田畝(得·出)銀錢帳〉について》(中),《吐鲁番出土文物研究会会报》,第 66 号,1991 年,第 4 - 5 页。

〔3〕关于"勘田簿"的性质,参见朱雷:《吐鲁番出土唐"勘田簿"残卷中所见西州推行"均田制"之初始》,《魏晋南北朝隋唐史资料》18,武汉大学出版社 2001 年版,第 100 - 105 页。

〔4〕两件文书的录文见唐长孺《吐鲁番出土文书》图文版(第 2 册),文物出版社,第 255 - 258、259 - 261 页。杨际平对两文书所反映的寺院占田情况进行了列表统计分析。见杨际平:《麴氏高昌土地制度试探》,载《新疆社会科学》,1987 年第 3 期,第 86 - 95 页。

〔5〕杜佑撰、王文锦等点校:《通典》,中华书局 1988 年版,第 4558 页。

2.38 亩。这与前述北凉余绪统治时期百姓个人的占田亩数相差无几，但麴氏高昌国的九百顷土地是全国官、私各类土质田亩，包括王公贵族、官员等占有的土地，而非单纯百姓私人占有的土地。综合这些资料信息可推知，到麴氏高昌国后期，吐鲁番盆地百姓的占田规模已较北凉余绪统治时期及 5 世纪后期大为缩小，只有少数寺院占有的土地仍具一定规模。一些寺院拥有大量地产，应与当地崇信佛教，各阶层世俗人士的积极施舍和支持密切相关。[1]

目前关于麴氏高昌国的土地制度尚不明晰，不过现有资料表明当时虽然土地买卖的现象普遍存在，但受到官府的严格限制。[2] 在这种情况下，发生土地兼并的可能性较小，这与前述麴氏高昌国不见百姓个人占有较大规模土地的现象相对应。[3] 当时人均土地额较低，突显了该地区人多地少的矛盾。

对于自 5 世纪中期至 7 世纪前期吐鲁番盆地百姓土地占有情况发生上述变化的具体原因，限于资料，无法进行深入分析。如前引《北凉承平年间高昌郡高昌县赀簿》表明当时百姓间的土地买卖活动盛行，但是否存在土地兼并，无从得知。考虑到上引《唐会要》文显示高昌国

---

〔1〕参见谢重光：《麴氏高昌寺院经济试探》，载《中国经济史研究》，1987 年第 1 期，第 45 – 48 页。

〔2〕张鸿儒：《麴氏高昌的土地买卖和推行均田制的某些迹象》，载《河北大学学报》，1988 年第 1 期，第 171 – 179 页。陈国灿：《高昌国的占田制度》，载《魏晋南北朝隋唐史资料》第 11 期，1991 年，第 226 – 238 页。关于麴氏高昌国的土地制度，学界有不同观点，除前引两文外，还可参见唐长孺：《唐贞观十四年(640)手实中的受田制度和丁中问题》，载唐长孺主编：《敦煌吐鲁番文书初探》，第 100 – 125 页。马雍：《麴斌造寺碑所反映的高昌土地问题》，载氏著：《西域史地文物丛考》，第 154 – 162 页。池田温：《中国古代貿田・買園券の一考察》，载《西嶋定生博士還曆記念：東アジア史における國家と農民》，山川出版社 1984 年版，第 259 – 296 页。卢开万：《麴氏高昌未推行均田制度论》，载《敦煌学辑刊》，1986 年第 1 期，第 3 – 15 页。姚崇新：《麴氏高昌王国官府授田制初探》，载中国吐鲁番学会秘书处编：《中国吐鲁番学会第一次学术研讨会论文集》(内部资料)，第 131 – 147 页。

〔3〕笔者在完成有关北凉余绪统治时期至麴氏高昌国百姓土地占有规模变化问题的论述之后，有幸拜读到裴成国先生惠赐的学位论文《高昌国社会经济文化新论》(北京大学博士研究生学位论文，2011 年)，发现其大作中亦探讨了麴氏高昌国百姓土地占有情况及与之相关的土地买卖问题，且拙文结论与之大体相同(第 10—30 页)。相较而言，裴文的分析更为精细深入，而拙文较为概括；另外在根据文书内容统计百姓占有的田亩数据及计算结果方面也存在差异。所以本文未作改动，谨记于此。同时，对裴先生慨赠学位论文深表谢意。

后期有 3 郡 5 县 22 城,而阚氏高昌国时期仅有 2 郡 8 城,[1] 则麹氏高昌国晚期城的数量较之增多 14 个,无疑在 7 世纪前期,吐鲁番盆地的人口已较北凉流亡政权及阚氏等高昌国时期大幅增加。7 世纪前期当地百姓占有的土地面积较小,当与此密切相关。前述麹氏高昌国灭亡时,全国人均占有土地面积 2.4 亩,恰反映出当地人多地少的矛盾突出。

在上述百姓占有土地规模发生变化的基础上,吐鲁番盆地的种植业生产结构又是何种情况?

《北凉承平年间高昌郡高昌县赀簿》记载的田地类型包括常田、卤田、石田、沙车田、无他田、无他潢田及桑田、葡萄田、苜蓿田、枣田、瓜田等。其中,常田、无他潢田等明显是根据土地的土质腴瘠、水源条件划分的,桑田、葡萄田等是按种植的作物种类划分的。桑田、葡萄田等属于非粮作田,常田、潢田等则可归为种植粮食作物的粮作田。以这种划分方式统计赀簿中各类田地的面积,可列表如下(表 5-5):[2]

表 5-5 《北凉承平年间高昌郡高昌县赀簿》中各类田地面积

	粮作田		非粮作田				
	常田	其他	桑	葡萄	枣	苜蓿	瓜
面积(亩)	217.5	163.5	86	50.5	41	4	2.5

由表内数字可计算出:非粮作田的面积是 184 亩,粮作田面积是 381 亩,二者分别占农田总面积的 32.6%、67.4%。非粮作田占农田总面积的近 1/3,显示出 5 世纪中期经济、园艺类作物在农业生产占有重要地位。

上表中,桑、葡萄、枣树的种植面积较大,各占非粮作田总面积的 46.74%、27.45%、22.28%,共占非粮作田总面积的 96.47%,在非粮作

〔1〕参见荣新江:《吐鲁番新出送使文书与阚氏高昌王国的郡县城镇》,载荣新江、李肖、孟宪实主编:《新获吐鲁番出土文献研究论集》,第 133 - 157 页。
〔2〕赀簿中记有"空地",但其用途不明,并且可供统计的只有 3 亩,面积很小。因而,表中未将其统计在内。田亩性质不明者也未被统计在列表中。另,按池田温考证,"无他田"(池田温释作"其他田")土质及产量相当于常田,见池田温:《〈西域文化研究〉第二〈敦煌吐鲁番社会经济资料(上)〉批评と紹介》。所以,表中将该类田地视作常田加以统计。

物生产中占据绝对比重。其他麹氏高昌国时期的文献也证实吐鲁番盆地广植桑树、葡萄、枣树。《高昌传供酒食帐》载"吴尚书得……浐林枣一凡(斛)",[1]"浐林枣"应是一种以浐林地名命名的枣,被提供给官员食用,足见其品质优良,或已成为一个品牌,闻名于吐鲁番。《高昌乙酉、丙戌岁某寺条列月用斛斗帐历》中的"帝万枣",也应是一种比较有名的枣;同帐中记载九月份的支出,提到"麦三兜(斗),作面,用迎枣"。[2]迎枣,应为当地的一种节日活动,这只有在枣树的种植达到一定规模时才会出现。由此可以肯定,当地植有大量枣树。

大量高昌国时期的葡萄酒税帐、葡萄园租佃契表明了葡萄的广泛栽植。[3]《梁四公记》中南朝梁杰公指出高昌"蒲桃浐林者皮薄味美,无半者皮厚味苦",并提到"高宁酒""浐林酒",[4]可见吐鲁番盆地的浐林葡萄与无半葡萄及高宁酒、浐林酒,闻名于当时。较发达的酿酒业成为葡萄种植业的"产后"部门,无疑能够在一定程度上提高葡萄种植的经济效益。

早在5世纪前期吐鲁番盆地就有预买桑叶养蚕的现象,[5]结合前面提到的《北凉高昌计赀出献丝帐》与《北凉高昌计口出丝帐》,以及麹氏高昌的《高昌诸寺田亩官绢帐》,可知5世纪中期至7世纪前期该地农户普遍植桑育蚕,进行丝织品生产。这与躲避战乱的中原汉人移居高昌、中原丝绸西向营销之路受阻而罗马等西方国家对丝绸的需求有

---

〔1〕唐长孺:《吐鲁番出土文书》图文版(第1册),文物出版社,第368页。

〔2〕唐长孺:《吐鲁番出土文书》图文版(第1册),文物出版社,第401、405页。

〔3〕参见卢向前:《麹氏高昌和唐代西州的葡萄、葡萄酒及葡萄酒税》,载《中国经济史研究》,2002年第4期,第110-120页。孙振玉:《试析麹氏高昌王国对葡萄种植经济以及租酒的经营管理》,载敦煌吐鲁番学新疆研究中心、《新疆文物》编辑部编:《吐鲁番学研究专辑》(内部资料),第218-239页。

〔4〕《太平广记》卷81《梁四公记》,中华书局1961年版,第519页。关于该记载可信性的论述,可参见王素、李方:《〈梁四公记〉所载高昌经济地理资料及其相关问题》,载《中国史研究》,1984年第4期,第131-135页。

〔5〕唐长孺:《吐鲁番出土文书》图文版(第1册),文物出版社,第6页《西凉建初十四年(418)严福愿赁蚕桑券》。

增无减、粟特商胡进行的丝织品贸易,等等,有密切关系。[1] 另外还需考虑到罗马等西方国家崇尚的是中国传统丝绸,其原料是以杀蚕方式得到的丝线,并非纺绵而成的丝。位于吐鲁番盆地西南部的塔里木盆地,多采用蚕蛾飞尽乃治茧进而取绵纺丝的技术。但汉人聚集的吐鲁番盆地除应用这种技术外,还采用中原地区传统的杀蚕取丝技术,从而为该地成为西方丝织品的重要供应基地提供了技术支持。[2]

吐鲁番盆地植桑业同育蚕业相结合,为丝织业提供原料,丝织业成为桑蚕业的"产后"部门。粟特胡等商人则连接起当地与西方的丝织品贸易,如《高昌内藏奏得称价钱帐》中,商胡交易的物品包括香料、碙沙、丝、药、金、银、铜、石蜜、郁金根等,其中丝的交易量位居第三;在称价钱即商税税率上,丝的称价钱仅在金、银之后。[3] 由此足见丝织品之贵重,以及吐鲁番盆地丝织品的国际贸易之繁荣。繁荣的丝织品贸易反过来带动当地桑蚕业发展,使吐鲁番盆地形成植桑——养蚕——丝织业——丝织品销售这样一条完整的产业链。植桑的产业链延长,使植桑业的经济利润最大化。前列表5-5桑田在非粮作田总面积中所占比重最大,几占一半,应是经济利益刺激的结果。吐鲁番盆地的非粮作物生产,或正是以植桑为主。植桑基础上形成的桑蚕业所带来的高额经济利益,可以在一定程度上弥补当地农田面积过小,粮田收益低下之不足,从而促使当地家户耕织结合的经济生产模式得到发展。

---

〔1〕参见武敏:《从出土文书看古代高昌地区的蚕丝与纺织》,载《新疆社会科学》,1987年第5期,第92-100页;《吐鲁番古墓出土丝织品新探》,《敦煌吐鲁番研究》(第4卷),北京大学出版社1999年版,第299-322页。〔加拿大〕盛余韵著、雷闻译:《中国西北边疆六至七世纪的纺织生产:新品种及其创始人》,《敦煌吐鲁番研究》(第4卷),第323-373页。乜小红:《略论十六国以来高昌地区的丝织业》,第54-58页。但孟宪实认为魏氏高昌中期,在波斯银币与来自中原的丝织品的冲击下,吐鲁番地区的丝织业较以往大为衰落,植桑规模缩小,见孟宪实:《论十六国、北朝时期吐鲁番地方的丝织业及相关问题》,《敦煌吐鲁番研究》(第12卷),上海古籍出版社2011年版,第197-227页。

〔2〕关于塔里木盆地与吐鲁番盆地的育蚕技术,参见唐长孺:《吐鲁番文书中所见丝织手工业技术在西域各地的传播》,《出土文献研究》,第146-151页。

〔3〕参见朱雷:《魏氏高昌王国的"称价钱"》,载氏著:《敦煌吐鲁番文书论丛》,第69-81页。姜伯勤:《敦煌吐鲁番文书与丝绸之路》,文物出版社1994年版,第175-181页。

除上述非粮作物外,以棉花织成的白叠布在 5 世纪中后期至 6 世纪中期被用作货币,表明当时棉花在吐鲁番盆地也有大量种植。[1]

关于吐鲁番盆地粮食作物的生产结构,国内学界有不同观点。或认为以产麦为主;[2]或认为当地以粟、面为主食,将粟、麦作为主要的粮食作物。[3] 前引 5 世纪后期的俄藏 Дx.02683 + Дx.11074《地亩清册》中,49 顷 22 亩土地种植的粮食作物,以小麦的面积最大,占总亩数的 97.6% ;其次是豆,约为 1.2% ;糜(床)约占 0.9% ;大麦的种植面积最小。[4] 单此一件文书显示出小麦生产颇具规模,反映了文书所统计地区拥有优越的土壤和水利条件。再看 5 世纪前期的《朱显弘等种床、瓜田亩文书》,其文如下:[5]

[1] ﹃床十亩

[2] ﹃床七亩

[3] ﹃床九亩

[4] ﹃床三亩

[5] ﹃朱显弘床六亩

[6] ﹃瓜一亩半

[7] ﹃八亩

[8] ﹃床十二亩

按文书整理者言,这件文书的年代大体是北凉玄始十二年(423)前后。

---

〔1〕韩国磐:《从吐鲁番出土文书来看高昌的丝棉织业》,载韩国磐主编:《敦煌吐鲁番出土经济文书研究》,厦门大学出版社 1986 年版,第 344 - 356 页。卢向前:《高昌西州四百年货币关系演变述略》,第 217 - 266 页。王炳华:《从考古资料看古代新疆植棉及棉纺织业发展》,第 329 - 334 页。王艳明:《晋唐时期吐鲁番的植棉和棉纺织业》,载《敦煌研究》,2005 年第 1 期,第 37 - 44 页。

〔2〕宋晓梅:《高昌国——公元五至七世纪丝绸之路上的一个移民小社会》,中国社会科学出版社 2003 年版,第 46 页。但作者在另文中指出高昌郡至高昌国时期,吐鲁番盆地的粮食作物以糜、麦为多,粟米多限于供给上层人物,见宋晓梅:《吐鲁番出土文书所见高昌郡时期的农业活动》,第 33 - 34 页。王素称高昌盛产小麦,自然以面食为主,也以大麦制成的粆及糜、粟作为主食,见王素:《高昌史稿——交通编》,第 85 - 94 页。王先生似将小麦作为当地的主要粮食作物。

〔3〕王炳华:《吐鲁番古代饮食文化初探》,载氏著:《西域考古历史论集》,第 774 页。

〔4〕参见〔俄〕丘古耶夫斯基著,王克孝译,王国勇校:《敦煌汉文文书》,第 99 页。

〔5〕唐长孺:《吐鲁番出土文书》图文版(第 1 册),文物出版社,第 102 页。

文中记载的粮食作物只有穈。

上引两件文书反映的粮食种植结构大不相同,或因其过于残缺,或因统计地段土地肥瘠差异所致,亦或缘于时代的不同。在缺少直接相关材料的情况下,只能通过其他途径加以探讨。但囿于资料,在此集中考察麹氏高昌国中后期。

民众的粮食消费情况能够在一定程度上反映当地的粮食生产结构。相对完整的《高昌乙酉、丙戌岁某寺条列月用斛斗帐历》,记载了麹氏高昌延寿二年十月至三年(625—626)十月某寺的粮食支用事项。[1] 支用的粮食包括"麦""床""粟"或"床粟"等名目。其中仅一次提到小麦,而且是用大麦换购而得,账中的"麦"皆指大麦。[2] 穈、粟都是秋种作物,账历记每月支出量时又将穈、粟合称。现将账中支出的粮食产品大致分为大麦与穈粟两种,根据其内容统计列表如下:(表5-6,以"斛"计)

表5-6　《高昌乙酉、丙戌岁某寺条列月用斛斗帐历》中
某寺全年大麦、穈粟的支出

	10月	11月	12月	正月	2月	3月	4月	5月	6月	7月	8月	9月	合计
大麦	95.1	15.915	13.445	21.19	33.44	9.94	4.75	15.6	29.4	27.1	50.4	14.35	330.63
穈粟	9.9	40.39	67.2	86.09	39.3	33.04	92.37	26.1	13.82	10.64	9.88	9.97	438.7
总量	105	56.305	80.645	107.28	72.74	42.98	97.12	41.7	43.22	37.74	60.28	24.32	769.33

由表格中的数字可计得全年支出的大麦约占粮食支出总量的42.98%,低于穈粟的支出,说明该寺院应是以种植穈粟为主,大麦居次。

该账历内不同阶层的粮食消费结构还存在差异。其中僧人和沙弥食麦、穈、粟;作为寺内主要劳动力的"(外)作人",食用的粮食种类

---

〔1〕唐长孺:《吐鲁番出土文书》图文版(第1册),第400-405页。吴震曾复原该帐历,见吴震:《吐鲁番出土高昌某寺月用斛斗帐历浅说》,《文物》,1989年第11期,第61-62页;《7世纪前后吐鲁番地区农业生产的特色——高昌寺院经济管窥》,载殷晴主编:《新疆经济开发史研究》(上),新疆人民出版社1992年版,第46-53页。本文以下所引该件文书内容皆据吴先生复原的帐历,不再一一注出。

〔2〕吴震:《7世纪前后吐鲁番地区农业生产的特色——高昌寺院经济管窥》,第43-88页。

与僧徒相同,但以糜粟为主;地位低下的"使人"全年食粟。[1]《高昌延寿元年(624)张寺主明真雇人放羊券》第2—3行记载"与雇价床□□□伍酏(斛),壹日与放阳(羊)儿壹分饼与糜贰㪷(斗)",受雇放羊儿得到的食物是饼和糜。再查以其他相对完整的供食文书,开皇三年至七年(583—587)间的《高昌竺佛图等传供食帐》中的供食对象主要是外国客使和突厥官员,所供粮食以面食为主,可统计的面达121.84斛,床米10.54斛,粟米只有2.05斛。另外,《高昌重光三年(622)条列虎牙氾某等传供食帐一、二》记载供食对象包括"世子夫人""襄邑夫人""郎中""参军""侍郎""吴尚书""镇军"等王族人员与官员,以及僧人和"客胡";供用的面(包括细面、白罗面、面)达16.07斛,床米1.55斛,粟米0.695斛。[2] 显然,当地具有一定身份和地位的人以享用麦制的面食为主,消费糜粟量少,普通百姓以糜粟为主。

麦、糜、粟除食用外,常作为支付手段,用于支付赁租价、雇价,偿付钱款。如以大麦偿还举借的银钱,用粟支付赁羊尿粪、刺薪的价值,以糜支付雇价,[3]等等,但几乎不见以小麦作为支付手段的记载。在租佃土地而以实物支付租价的文书中,也多是以大麦和糜、粟缴纳租价,少见明确以小麦支付的。[4] 另外,《高昌乙酉、丙戌岁某寺条列月用斛斗帐历》中以物易物的贸易活动,是以大麦、粟执行价值尺度职能而换购其他物品。大麦、糜、粟在民众经济生活中的广泛使用,表明这些作

---

〔1〕吴震:《7世纪前后吐鲁番地区农业生产的特色——高昌寺院经济管窥》,第43-88页。陈良文也提出该寺存在粮食食用的等级差别,僧、沙弥食粮精而多,作人、使人食粮劣而少,见陈良文:《从〈高昌乙酉、丙戌岁某寺条列月用斛斗帐历〉看高昌寺院经济》,载《湘潭师范学院·社会科学学报》,1987年第2期,第49-53页。

〔2〕以上三件文书录文见唐长孺《吐鲁番出土文书》图文版(第1册),第393、412-414、376-377页。关于第二件文书年代的推定及供给对象的身份,见吴玉贵:《试论两件高昌供食文书》,载《中国史研究》,1990年第1期,第70-80页。

〔3〕分别见唐长孺《吐鲁番出土文书》图文版(第1册),第302页《高昌延和元年(602)张寺主元祐举钱券》、第392页《高昌延寿元年(624)张寺赁羊尿粪、刺薪券》、第393页《高昌延寿元年(624)张寺主明真雇人放羊券》。

〔4〕明确以小麦作为租价的仅见于唐长孺《吐鲁番出土文书》图文版(第1册)第293页《高昌延昌二十九年(589)董神忠夏田残券》和《吐鲁番出土文书》图文版(第2册)第252页《高昌某人从寺主智演边夏田券》。

物在当地的种植较小麦更为普遍。

土地租佃价格对粟、糜、大麦、小麦的价格有所反映,现将出租的常田并明确记其夏价的文书统计列表。(在此只统计粮田,不计菜园、葡萄田。表中《吐鲁番出土文书(图文版)》略称《吐》)

表 5-7 《吐鲁番出土文书》中麴氏高昌国常田夏价

时间	土地类别	夏价(每亩)	文献出处	备注
延昌二十八年(588)	常田	银钱 6 文	《吐》(1),p.247	文书中夏 1.5 亩计银钱 9 文
延昌三十六年(596)	常田	大麦 6 斛,糜 6 斛或粟 7 斛	《吐》(1),p.279	文中记"十月内上床使毕",推测"五月内□□使毕"的缺文是"上麦"
延昌二十九年(589)	—	小麦 2.7 斛	《吐》(1),p.293	考虑到小麦对土壤肥力要求较高,该文中的土地应为常田
延寿六年(629)	常田	大麦 5 斛与秋 5 斛	《吐》(1),p.426	秋指糜或粟,[1]按夏价中大麦与糜往往等量,而粟略高,该文中的秋当指糜。
延寿六年(629)	常田	银钱 6.67 文	《吐》〔贰〕,p.242	文书中夏 3 亩计银钱 20 文
延昌二十四年(584)	常田	银钱 5 文	《吐》〔2〕,p.250	
麴氏高昌延昌以前	长(常)田	小麦 2.5 斛	《吐》〔2〕,p.252	

---

〔1〕町田隆吉:《六~八世紀トゥルファン盆地の穀物生産——トゥルファン出土文書からみた農業生産の一側面》,《堀敏一先生古稀記念:中国古代の国家と民衆》,汲古書院 1995 年版,第 633-648 頁。

上表常田夏价包括银钱和实物两类,实物夏价中有以小麦一次交纳者,有以大麦和糜/粟两次交纳者,后者是针对一年收获两季的情况支付夏价,每亩夏价小麦的支付量明显少于大麦和糜粟,表明当时小麦产量低于这三种粮食作物。另按同类土地的夏价基本一致,则表中每亩常田的平均夏价是:5.89 文银钱 = 2.6 斛小麦 = 5.5 斛大麦 = 5.5 斛糜 = 7 斛粟。进一步可计得每斛小麦价值 2.27 文,大麦或糜 1.07 文,粟 0.84 文。小麦的价格最高,其次是大麦和糜,粟最低。

《高昌乙酉、丙戌岁某寺条列月用斛斗帐历》中的贸易活动也记录了当时的粮食价格,列表如下:

表 5-8 《高昌乙酉、丙戌岁某寺条列月用斛斗帐历》记载的粮食价格

	粟			糜		大麦		小麦
数量(斛)	7	16	3.9	69	2.7	12	8	2
总价(文)	5	10	3	69	3	12	8	2.8
每斛单价(文)	0.7	0.63	0.77	1	1.1	1	1	1.4
交易月份	12月	12月	3月	4月	7月	8月	8月	7月

表内小麦的价格是根据大麦的价格推算得出。由帐历第 58 行记七月"麦贰斛(斛)柒兜(斗),得钱参(叁)文",知七月份每斛大麦价值 1.1 文。第 60 行记七月"大麦贰斛(斛)伍兜(斗),用贸小麦贰斛(斛)",按当月大麦每斛 1.1 文,可计得小麦每斛价值 1.4 文。

表 5-8 中的粮食价格,随月份不同发生变化。如粟在距离收获期较远的三月份,价格最高,在收获后不久的十二月份价格最低,显示了粮食价格与其供应量之间的对应关系。由表内数据可计算出:粟的平均价格为每斛 0.7 文,糜 1 文,大麦 1.03 文,小麦 1.4 文。小麦的交易在七月份,恰是小麦收获后不久,即小麦供应充足的时期。因而,1.4文应是小麦的较低价。

与表 5-7 计得的粮食价格相较,表 5-8 的价格偏低,但总体上仍是大麦、糜和粟的价格远低于小麦。小麦价格最高,粟最低,大麦和糜

的价格大体相同。这种价格差异,间接反映出当地小麦种植规模较小,穄、大麦相当,粟的种植规模最大。

以上分析表明穄粟是 6 至 7 世纪前期吐鲁番盆地种植的主要粮食作物,麦类居次。其中,又以粟的种植比重最大,其次是穄与大麦,小麦比重最小,属于典型的旱作农业类型。这与吐鲁番盆地干旱的自然环境相契合。四种粮食作物中,小麦需水量最大;粟、穄、大麦需水量较少,耐干旱,对土质要求也较小麦为低。顺便观察前列表 5 - 5,土质肥沃、水源条件好的常田占粮作田总面积的 57.1%,土质贫瘠、水源条件差的田地占到 42.9%,可用于耕种小麦的土地当并不十分充裕。由此或可推测,5 世纪中期至后期的粮食生产结构与麹氏高昌国时期大体相同。

另外,日益突显的人多地少的矛盾无疑使吐鲁番盆地存在粮食需求压力,人口压力也当是该地区出现上述粮食作物种植结构的重要原因。按扩大耕地面积与提高单位面积产量是增加粮食生产的两种途径,但扩大耕地面积一途,在地域狭小的吐鲁番盆地会受到限制。依靠精耕细作,实行集约经营,提高土地利用率与生产率成为生产者的主要选择,复种又是提高土地利用率的最佳方法。《北史》记载高昌"厥土良沃,谷麦一岁再熟"。[1] 町田隆吉对此做出解释:吐鲁番地区的常田实行大麦—粟/穄一年两熟的种植制度;大麦的种植时间在二月,收获期是五、六月份;粟、穄于六月份播种,十月份收获;小麦的具体种植时间不明,收获于六、七月份。[2] 卢向前则指出高昌西州种植的小麦是春小麦,五六月收获,大麦在五月收获。[3] 由此可知,小麦不仅产量较低,又较大麦的收获时间晚,无疑会影响粟或穄在同一地块上的种植,这与提高土地单位面积产量及土地利用率的要求相矛盾。在这种情况下,粟、穄、大麦种植规模较大,而小麦种植面积较小自然符合情理。

---

〔1〕《北史》卷 97,第 3212 页。

〔2〕町田隆吉:《六～八世紀トゥルファン盆地の穀物生産——トゥルファン出土文書からみた農業生産の一側面》。

〔3〕卢向前:《唐代西州土地关系述论》,上海古籍出版社 2001 年版,第 58 - 63 页。

需要补充的是,表5-5中瓜田是总土地面积的0.44%,占非粮田面积的1.36%;前引《地亩清册》中的瓜田只占0.01%;《朱显弘等种床、瓜田亩文书》的瓜田面积,占可统计总面积的3.1%(第7行不明作物的亩数未计入田亩总面积),都显示出瓜菜类园艺作物的种植规模较小。虽然高昌麹斌造寺碑中有"周耀真菜园""镇家菜园子""得师菜园"等名目,[1]吐鲁番文书也有租佃菜园、种植葱韭的记载,[2]但《高昌乙酉、丙戌岁某寺条列月用斛斗帐历》及其他供食帐文书中少见瓜菜的供给,[3]应是当地蔬菜种植规模有限的真实反映。蔬菜种植属于劳作密集型产业,重要的是其耗水量及对土质要求都非常高,这无疑会限制蔬菜类园艺作物在水资源缺乏、良田面积相对较小的吐鲁番盆地的种植。

关于私营畜牧业生产,前述百姓为官方养马制度的延续、前引《梁书》记高昌"人多噉麨及羊牛肉。出良马"、《高昌延寿元年(624)张寺主明真雇人放羊券》,以及文书《高昌午岁武城诸人雇赵沙弥放羊券》,[4]反映吐鲁番民众以饲养羊、牛为主,且多饲养马匹。

吐鲁番出土文书证实当时的私营农业中存在雇佣经营方式,杨际平分析相关的雇工契,指出当时吐鲁番地区农业生产中除岁作(雇期为一年)外,还普遍存在雇佣短工的现象,有一天到数月不等;多数雇工只是作为家庭农业生产的辅助劳力,以补充家庭劳力之不足;雇主生产的目的,并没有以面向市场为主,更多地是为了自给;雇佣双方是一种契约关系,在身份上无良贱等级之分,但人身束缚仍较严重。他在文中列表标明雇价的支付形式包括谷物和银钱,雇主多提前预付,又

---

〔1〕黄文弼:《宁朔将军麹斌造寺碑校记》,载黄烈编:《黄文弼历史考古论集》,文物出版社1989年版,第196页。

〔2〕如唐长孺:《吐鲁番出土文书》图文版(第1册),文物出版社,第385页《高昌延昌二十六年(586)某人从□□崇边夏镇家菜园券》;第446页《高昌重光四年(623)孟阿养夏菜园券》等。

〔3〕王素认为《朱显弘等种床、瓜田亩文书》的瓜为蔬瓜,而《高昌重光三年(622)条列虎牙汜某等传供食帐一》中的"胡瓜",是果系瓜,见氏著:《高昌史稿——交通编》,第99页。但王艳明认为"胡瓜"是指黄瓜,见王艳明:《从出土文书看中古时期吐鲁番地区的蔬菜种植》,载《敦煌研究》,2001年第2期,第87页。

〔4〕唐长孺:《吐鲁番出土文书》图文版(第2册),文物出版社,第250页。

有部分预付与部分后付并存者。[1] 乜小红利用《高昌延寿元年(624)张寺主明真雇人放羊券》和《高昌午岁武城诸人雇赵沙弥放羊券》两件文书,指出当时存在不同的雇佣关系和雇佣类型,一种是雇工与雇主之间是一种较为平等的契约关系,人身依附性较小;一种是雇工与雇主关系不平等,对雇主存在较强的依附性。[2] 当时吐鲁番盆地农业生产中的雇佣经营类型具有多样性,但总体上似乎较上章所述鄯善王国的雇佣经营中的人身依附关系有所减弱。

关于种植业中实行的租佃经营,学界集中考察了吐鲁番地区租佃立契的时间、租田类型及数量、租价支付方式与形式及数额、主佃双方承担的责任等问题,并判断双方的地位,探讨租佃关系发达的原因。租佃的田地类型有常田(含葡萄园、菜园)、部田等;租种数量多为一两亩或三四亩的小块土地,只有极少数在十亩以上,这与当地人多地少的情况相一致。租价以定额租为主,其支付方式有预付、后付两种,两者在数额上没有大的差别;支付形式上,后付多为农产品实物,预付除农产品实物外,还有银钱类货币,货币与实物支付的普遍性大体相当。租额以银钱支付者,每亩五至十六文不等;以实物支付者,又分一季与两季交纳,一季者每亩交小麦二斛左右,两季者每亩交大麦五六斛、穈五六斛或粟七斛左右(以高昌斛斗计)。在所负责任方面,田主承担"租殊佰役",佃农承担"渠破水滴"。租佃双方主要是处于平等地位的契约关系。租佃关系的发达应与吐鲁番盆地地处东西交通要冲,其社会生产力较为发展、商品经济发达有密切关系。[3] 单从租价支付形式与

---

〔1〕杨际平:《敦煌吐鲁番出土雇工契约研究》,《敦煌吐鲁番研究》(第2卷),北京大学出版社1997年版,第215-230页。

〔2〕乜小红:《从吐鲁番敦煌雇人放羊契看中国7—10世纪的雇佣关系》,载《中国社会经济史研究》,2003年第1期,第23-28页。

〔3〕孔祥星:《唐代前期的土地租佃关系》,载《中国历史博物馆馆刊》,1982年第4期,第49-68页。韩国磐:《从〈吐鲁番出土文书〉中夏田券来谈高昌租佃的几个问题》;杨际平:《麹氏高昌与唐代西州、沙州租佃制研究》,分见韩国磐主编:《敦煌吐鲁番出土经济文书研究》,第199-224页、第225-292页。赵文润:《隋唐时期吐鲁番地区租佃制发达的原因》,载《陕西师范大学学报》,1987年第1期,第104-108页。池田温:《中国古代的租佃契(上、下)》,《東洋文化研究所紀要》,第60、117册,1973、1992年,第1-112、61-131页。

·欧·亚·历·史·文·化·文·库·

主佃双方关系看,当时吐鲁番盆地的租佃经营也已较3、4世纪的鄯善王国有所进步。但租取的多是小块土地,意味着当地种植业生产难以形成规模经营,从而制约着农业商品性生产的发展程度。

至于租佃经营的具体形式,《高昌延和四年(605)连相忠等夏田券》反映出麹氏高昌亦存在主佃双方合作耕种的现象,其文云:[1]

[1]　　　　　 ⊐乙丑岁正月二日,连相忠从马寺主惠岳

[2]□□边夏张渠常田叁亩,要(约)逶(经)壹年。田要(约)用种

[3]麦(?),到七月内亩 与 夏 价 ⊏ ⊐酙(斛)⊏　　⊐亩与夏

[4]床五酙。次相忠夏秋田柒⊏　⊐粟拾肆

[5] 酙 ,要(约)与相忠耕牛⊏

[6]□□人从马寺主惠岳边夏⊏

[7]　　⊐亩与夏价粟拾肆,要(约)⊏

[8]壹日。次马□麻从马寺主惠岳边夏张 渠 □

[9]陆亩,田要(约)用种秋,到⊏　⊐ 夏 价 粟 □

[10]□□ 要 (约)耕牛壹⊏

(后缺)

按文书内容,连相忠租种寺院僧人三亩常田,以麦、糜交纳夏秋两季租,另租种秋田,以粟纳租。马某人亦租种该僧人六亩秋田。第5行提到"要(约)与相忠耕牛⊏",应是指田主要向相忠提供耕牛。同样第10行"要(约)耕牛"也当是指田主要向佃农提供耕牛。那么,连相忠等人租种的土地实际是与田主共同经营。田主出土地、耕牛等生产资料,佃农出劳力或其他部分生产投资,主佃双方合作经营。这种租佃的性质当同于上章提到的伙种制。

上引券中一年交两季夏价者,每亩纳糜五斛,纳麦量不明。交一季

---

〔1〕柳洪亮:《新出吐鲁番文书及其研究》,第56页。

者,券中第4—5行提到"粟拾肆斛",第7行有"□亩与夏价粟拾肆",似乎是每亩夏价粟十四斛。这高出前面提到的每亩交粟七斛一倍多。难道与田主提供耕牛有关？或认为七斛左右已属过高,当时吐鲁番盆地的亩产量不大可能达到这种程度,这可能不是每亩田地一年的租额;或者缘于当时高昌斛斗不及唐斛斗三分之一。[1] 具体情况不明,存疑。

需要注意的是,吐鲁番出土文书中有关于奴隶的记载,[2]唐长孺也曾分析唐代西州诸乡户口帐,指出唐初西州的奴婢在当州全部人口中占有的比例较高,其无疑是麹氏高昌遗留下来的,大致在10%左右;他还依据武周和开元时期的名籍,认为除从事家内劳动和作为主人随从等外,另有部分奴婢参加生产劳动。[3] 而在5世纪中期至7世纪前期当地是否使用奴隶进行农业生产,文献中没有明确反映。考虑到唐先生估算的奴婢在总人口中的比例,以及上章对公元1世纪初至5世纪前期吐鲁番盆地奴隶状况的分析,或可推测5—7世纪前期,奴隶仍不是吐鲁番盆地农业生产的主力。

另外,吐鲁番文书多见"作人"一词,学界对其中作为隶属民的一种多有研究。但关于这类作人的具体地位及其与奴隶的关系,学界有较大争论。[4] 至于此种隶属民在农业生产的劳动力构成中占多大比

〔1〕参见杨际平:《麹氏高昌与唐代西州、沙州租佃制研究》,载韩国磐主编:《敦煌吐鲁番出土经济文书研究》,第259－260页。

〔2〕参见钟盛:《〈吐鲁番出土文书〉中所见的南北朝时期高昌地区的奴婢状况》,《内蒙古社会科学》,2004年第1期,第12－14页。吉田豊、森安孝夫、新疆ウイグル自治区博物館:《麹氏高昌国時代ソグド文女奴隸売買文書》,《内陸アジア言語の研究》第4号,1989年,第1－50页。荒川正晴:《トゥルファン出土〈麹氏高昌国時代ソグド文女奴隸売買文書〉の理解をめぐって》,《内陸アジア言語の研究》第5号,1990年,第137－153页。林梅村:《粟特文买婢契与丝绸之路上的女奴贸易》,载《文物》,1992年第9期,收入其著:《西域文明——考古、民族、语言和宗教新论》,东方出版社1995年版,第68－79页。

〔3〕唐长孺:《唐西州诸乡户口帐试释》,载唐长孺主编:《敦煌吐鲁番文书初探》,第181－190页。

〔4〕朱雷分析作人的地位在奴婢与部曲之间,相当于南朝宋、齐的"十夫客"。见朱雷:《论麹氏高昌时期的"作人"》,第44－68页。堀敏一认为其属于比奴婢更进一步的田奴、隶农的身份,与南朝的"十夫客"有所区别。见〔日〕堀敏一著,韩昇译:《六朝时期隶属民的诸形态》,载刘俊文主编:《日本学者研究中国史论著选译》(第4卷),第49－52页。关尾史郎则认为这类作人与奴隶在本质上没有大的区别。见〔日〕关尾史郎著,侯世新译,柳洪亮校:《论"作人"》,载《西域研究》,1995年第1期,第51－57页。

重,不得而知。

吐鲁番盆地绿洲以牛羊为主的畜牧业生产,无疑能为种植业中牛耕技术的采用及粪肥的施用提供保证,种植业又能为畜牧业提供丰富的饲料资源,但以何者为重,还是两者并重? 考察吐鲁番文书中有关赋役的资料,可发现当地主要征收粟、麦等种植业产品和葡萄酒、刺薪、丁税钱、远行马价钱等,以及百姓承担车牛役、为官方饲养马匹供其役使外,不见民众交纳畜产品的明确记载,[1]墓葬考古资料中也少见畜产品随葬。这与上章佉卢文书所展现的鄯善王国的情况明显不同,或反映出5—7世纪前期,整个吐鲁番盆地承袭上一阶段由屯田区发展起来的高昌郡的特点,即以种植业为主,畜牧业占据相对次要的地位。

5.2.3 农业生产技术的进步

这一时期吐鲁番盆地农业生产技术的进步,主要表现在种植业生产方面,即依靠精耕细作,实行集约经营。学界已有所论述,涉及牛耕的使用、复种耕作制度及与之相配套的施肥、锄草、水利灌溉等方面。[2] 下面仅先对该地的种植业生产技术问题略作补充。[3]

施肥作为增强地力的重要途径,其施用方法对肥效发挥及作物能否获得充足营养的影响至关重要。《高昌乙酉、丙戌岁某寺条列月用

---

〔1〕至于《吐鲁番出土文书》图文版(第1册)第132页《高昌章和五年(535)取羊供祀帐》中,官府祭祀所用来自民众的牛羊,不见付钱的说明,似乎是官府作为赋税直接从民间征收得来。但按王欣解释,帐中的"取"字实为"买"的意思。见王欣:《魏氏高昌王国的祭祀制度》,《出土文献研究》(第3辑),第170-178页。关于魏氏高昌税役的研究,参见程喜霖:《吐鲁番文书中所见的魏氏高昌的计田输租与计田承役》,第159-174页。卢开万:《试论魏氏高昌时期的赋役制度》,第66-99页。關尾史郎:《高昌田租試論——二系列の田租を論じて土地制度に及ぶ》,《吐鲁番出土文物研究会会報》,第71号,1991年,第2-3頁;《トゥルファン出土高昌国税制関係文書の基礎的研究——條記文書の古文書学的分析を中心として》(二、六),第39-93、101-138頁。

〔2〕主要参见宋晓梅:《高昌国——公元五至七世纪丝绸之路上的一个移民小社会》,第33-44页。另参见町田隆吉:《六～八世紀トゥルファン盆地の穀物生産——トゥルファン出土文書からみた農業生産の一側面》。

〔3〕在此以粮食作物的生产技术为主要分析对象,不对葡萄等园艺作物的生产技术做单独考察。虽然葡萄等作物有其特殊的生产技术,但因资料所限,无法十分深入地了解5世纪中期至7世纪前期吐鲁番盆地葡萄类园艺作物的生产技术。卢向前曾对高昌国时期的葡萄种植技术有所提及,可以参看。见卢向前:《魏氏高昌和唐代西州的葡萄、葡萄酒及葡萄酒税》,第110-112页。

斛斗帐历》第 26 行记正月"得钱贰拾伍文,用买粪",第 30—31 行记二月"粟肆䤬(斛)贰兜(斗),供雇外(作人拾)人,用种麦"。该寺正月买粪,二月播种大麦,两事或有直接联系。另由第 32 行"麦贰䤬(斛),用买[粪□车,上□]东渠田",知是将二月份购买的粪肥直接上到田里。另外,《唐贞观十四年(640)西州高昌县弘宝寺主法绍辞稿为请自种判给常田事》:[1]

[1]贞观十四年十二月廿七日弘宝寺主法绍辞

件亩数
[2]前判得附庸上常田,为作弘宝寺田墕(业),

运粪着田中,并斫田竟。
[3]以充僧供养。今时量官田家不与。乞索
[4]作寺名,寺家自种。请以咨陈,请裁,谨辞。

(后略)

从文中十二月廿七日上辞,提到"运粪着田中,并斫田竟",可知也是在播种前施肥。

上述属于施肥方法的一种,即在播种前耕田整地时施用肥料,用作基肥。基肥可较长期地供给作物养分,发挥"垫底"的重要性。基肥的具体施用方法又分为大田撒施和集中穴施两种,后一种主要用于蔬菜类园艺作物种植,[2]麦田施肥当采用大田撒施的方法。高昌郡时期的《翟强辞为共治葡萄园事二》提到:[3]

(前略)

[2]□绩蒲陶六亩,与共分治。匸

[3]为埋。去春为出责裸匸

[4]粪十车□秋当匸

[5]望残少多,用俟结要。

(后略)

文中翟强与绩共同经营葡萄园。根据第 3、4 行推测给葡萄园施肥的时

〔1〕唐长孺:《吐鲁番出土文书》图文版(第 2 册),文物出版社,第 28 页。
〔2〕董恺忱、范楚玉主编:《中国科学技术史(农学卷)》,科学出版社 2000 年版,第 286 页。
〔3〕唐长孺:《吐鲁番出土文书》图文版(第 1 册),文物出版社,第 52 页。

间,是在春天挖出葡萄树之后,秋天收获之前。施用粪肥的种类不明,亦或是羊粪。[1] 若是,羊粪在土中分解较慢,一般在秋季或者早春施用。那么,引文中施肥的时间应该是在早春时节,所施肥料仍是用作基肥。如此,则反映当地施用基肥方法延续之长。但葡萄园施肥具体采用基肥的哪种施用方法不明。

现有资料没有反映其他的施肥方法,如追肥,或当地的实际情况即如此。中原地区亦是以基肥为主而少施追肥,这与追肥技术难以掌握,耗工量大,肥料较为缺少有密切关系。[2]

水利灌溉方面,《北史》载高昌"引水溉田",[3] 反映了绿洲农田生产对水利灌溉的依赖。至于引水之渠是有井的地下暗渠,还是无井的露天明渠,涉及吐鲁番绿洲的水渠是否为坎儿井及其起源问题,国内外学界对此一直有激烈争论。[4] 其中黄盛璋及法国学者童丕的研究深入分析了吐鲁番坎儿井的起源及其引入时间问题,认为其起源于波斯,直到18世纪才引入吐鲁番。[5] 之前吐鲁番使用的水利系统,应主要是水井、连接地上沟渠的地下渠道、各种各样的水渠。[6]

至于水资源的管理,町田隆吉指出5世纪后期的高昌国基本继承了高昌郡时期的管理体制。[7] 有关6—7世纪前期吐鲁番盆地水利管

---

〔1〕吐鲁番盆地施用的肥料有羊尿粪及其他人畜粪,或还包括"塪土",见宋晓梅:《高昌国——公元五至七世纪丝绸之路上的一个移民小社会》,第37－39页。

〔2〕参见章楷:《我国古今施肥琐论》,载《古今农业》,1989年第2期,第26页。

〔3〕《北史》卷97,第3212页。

〔4〕相关论说可参见王素:《高昌史稿——交通编》,第18－25页。关于坎儿井源于波斯的观点,另有 L. Wawrzyn Golab, "A Study of Irrigation in East Turkestan", *Anthropos*, Bd. 46, H. 1./2., 1951, p. 195.

〔5〕黄盛璋:《新疆坎儿井的来源及其发展》,载《中国社会科学》,1985年第1期,第209－224页;《再论新疆坎儿井的来源与传播》,《西域研究》,1994年第1期,第66－84页。Éric Trombert, "The Karez Concept in Ancient Chinese Sources: Myth or Reality?" *T'oung Pao*, 94, 2008, pp. 115－150.

〔6〕Arnaud Bertrand, "The Hydraulic Systems in Turfan (Xinjiang)", *The Silk Road*, 8, 2010, pp. 27－41.

〔7〕町田隆吉:《五世紀吐魯番盆地における灌漑をめぐつて——吐魯番出土文書の初歩的考察》,第125－151页。

理的资料较少,《周书》记高昌诸城设有"水曹",[1]现有吐鲁番文书及碑刻史料中却不见"水曹"字样。嶋崎昌认为"水曹"是"兵曹"与"客曹"之误。[2] 当时是否设水曹专主当地的水利灌溉,在此存疑。不过,《高昌义和三年(616)屯田条列得水谪麦斛斗奏行文书》表明 7 世纪前期吐鲁番盆地水利灌溉的管理与屯田曹存在联系,文书记载:[3]

[1] 渠,常侍绍庆息坞破,禺取水,溉自田肆亩半、阚寺 贰 亩 、匚

[2] 远元熹伍亩、袁财祐贰亩、右卫寺叁、公主寺伍亩、陈寺伍亩、画寺 陆 囗

[3] 冯僧保寺贰半、西屈(窟)壹亩半;次孔进渠:外屈(窟)、贤遮坞、赵厕之寺三家

[4] 囗破,溉孔进渠陆亩;次康保囗 溉 囗囗囗溉道壹亩;次石宕渠:麹阿园 溉

[5] 冂 壹 亩,禺取水田弃水田陆

[6] 冂 酙 (斛)柒兜(斗)半。

[7] 谨案条列得水谪麦九(斛)斗列别如右记识奏诺奉 行

[8] 　　　门下校郎　　　高

[9] 　　　侍　　郎　　和

[10] 　　　侍　　郎　　阴

[11] 　　　侍　　郎　　焦

[12] 　　　　　　　　　高

⋯⋯⋯⋯⋯⋯⋯⋯⋯⋯⋯⋯⋯⋯⋯⋯⋯⋯⋯

[13] 　　　　　　　　麹

---

[1]《周书》卷 50,第 915 页。
[2]嶋崎昌:《麹氏高昌国官制考》,载嶋崎昌著:《隋唐時代の東トゥルキスタン研究——高昌国史研究を中心として》,第 253 - 309 页。
[3]唐长孺:《吐鲁番出土文书》图文版(第 1 册),文物出版社,第 388 页。

[14]义和三年丙子□

[15]　　　　　长　史　□

[16]　　　屯　田　司　马　　　巩

[17]　　　屯　田　主　薄(簿)　田　　　祁善

[18]　　　　　　　　　　　　和　　　住儿

[19]　　　屯　田　吏　　　　王□□

[20]　　　屯　田　吏　　　　王善□

文中屯田曹按渠系条列溉田亩数,进而统计所得麦的数量。孟宪实据此指出高昌国的屯田曹负有管理渠堰的职能,并认为该文书反映的是居民正常使用渠水溉田,交纳粮食以充水费的情况。[1] 马雍亦认为"谪"同"课","渠破"不是破坏之意,而是指从渠旁开一个缺口引水溉田;夏田契中的"渠破水谪"也是指破渠引水溉田时交纳水课的义务。[2] 孙晓林认为"谪"当作"罚"解,该文书是对水渠破损或民众任意破渠偷水加以惩罚的奏文。[3] 按依傍于某一渠系的农田大体应在同一时间灌溉,而上引文中孔进渠只有三家口破,并只有六亩田地被灌溉,明显不应是孔进渠能够灌溉的全部田亩。所以,孙晓林的理解更为合理。当地或另行收取正常灌溉的水费。私自破渠引水灌溉者和未能保障渠堤完好致使水资源浪费者都会受到处罚,足见该地在水资源较为稀缺的环境下对其利用控制之严格。根据上引文书,结合同时代夏田契常见的"渠破水谪,仰耕田人(承)了",可知应与唐西州时期一样,麹氏高昌国民众需按次序灌溉并对自己农田附近的渠堤负有自行维护责任。[4] 另外,土地租佃契中"渠破水谪,仰租田人(承)了",表明当地的用水权随土地使用权的变化而变化,不同于上章提及的鄯善王国水资源

---

〔1〕孟宪实:《汉唐文化与高昌历史》,第131页。

〔2〕马雍:《麹斌造寺碑所反映的高昌土地问题》,第154-162页。

〔3〕孙晓林:《唐西州高昌县的水渠及其使用、管理》,载唐长孺主编:《敦煌吐鲁番文书初探》,第534页。

〔4〕关于唐代西州水利的论述,除上引孙晓林文外,另见刘子凡:《唐前期西州高昌县水利管理》,载《西域研究》,2010年第3期,第52-63页。王晓晖:《西州水利利益圈与西州社会》,载《西域研究》,2009年第2期,第52-60页。

使用权与土地使用权相分离的情况。这或与吐鲁番盆地水资源较西域东南部相对丰富有关,亦或是受汉人自身传统管理模式的影响。

《高昌乙酉、丙戌岁某寺条列月用斛斗帐历》第 31—32 行记载寺院在二月份"买芳贰车[供整□□渠]"。按"芳"是"棘"的不同书写形式,[1] 寺院在二月份购买棘枝以整治渠道,当是为春季灌溉做准备。这可能属于上述用水户自行修整农田附近渠堤的活动,但也可能反映的是用水户需根据官方要求出物资修整主体灌溉渠道。

当地民众有较为明确的农时观念,这在《高昌章和五年(535)取牛羊供祀帐》中有具体体现,其文记载:[2]

[1] 章和五年乙卯岁正月 日,取严天奴羊一口,供始耕。^{辰英羊 一口,供始耕。合二口。}次三月

[2] 十一日,取胡未驹羊一口,供祀风伯。次取麹孟顺羊一口,供祀树石。

[3] 次三月廿四日,康祢羊一口,供祀丁谷天。次五月廿八日,取白姚

[4] ^{洇浑堂}羊一口,供祀清山神。(后略)

文中供祀始耕及风伯等祭祀活动与农业生产密切相关。始耕,是祭祀先农的节日,祭祀先农又是中原地区的传统信仰。《后汉书》记载"正月始耕。昼漏上水初纳,执事告祠先农"。[3] 高昌国供祀始耕的时间与中原相同,都是在正月,体现了吐鲁番盆地对中原始耕日祭祀活动的传承。国家在始耕日通过祭祠先农,可颁布春令,督促农民及时耕种,彰显出农业生产在国家经济中的基础地位。

风伯亦应是中原地区的传统信仰,风伯又称风师。《通典》卷 44《礼·沿革》"风师雨师及诸星等祠"条关于风师的记载如下:[4]

---

〔1〕唐长孺:《吐鲁番文书中所见高昌郡军事制度》,第 380 – 381 页。

〔2〕唐长孺:《吐鲁番出土文书》图文版(第 1 册),文物出版社,第 132 页。

〔3〕《后汉书》志第 4,第 3106 页。

〔4〕杜佑撰、王文锦等点校:《通典》,第 1241 页。

周制,《大宗伯》"以实柴祀日月星辰,以槱燎祠司中、司命、风师、雨师"。

《月令》:立春后丑日,祭风师于国城东北。立夏后申日,祀雨师于国城西南。

后汉以丙戌日,祀风伯于戌地。以己丑日,祀雨师于丑地。东汉在丙戌日祭祀风伯,与以往政权在立春后丑日进行祭祀不同。另外,《魏书》记"又六宗、灵星、风伯、雨师、司民、司禄、先农之坛,皆有别兆,祭有常日",[1]北魏祭祀风伯有固定时间,但未记明。由《隋书》载"隋制……国城东北七里通化门外为风师坛,祀以立春后丑。国城西南八里金光门外为雨师坛,祀以立夏后申",[2]可以确定隋代祭祀风师的时间是立春后丑日。综合这几条材料,推测除东汉外,中原地区其他朝代祭祀风伯(师)的时间都是在立春之后的丑日。[3]

上引文书中高昌国祭祀风伯的时间是在三月,[4]不同于中原地区传统的立春时节,也异于东汉,[5]这当与两地自然环境存在差异及祭祀风伯的目的不同有关。由《风俗通义·祀典》记风伯"鼓之以雷霆,润之以风雨,养成万物,有功于人,王者祀以报功也",[6]知在雨水作为农业生产重要水资源的中原地区,祭祀风伯是祈求它能致风兴雨,以利于农业生产。但吐鲁番盆地干旱少雨,又是多风地区,且风主要集中在春夏季节。清代《回疆风土记》描述吐鲁番盆地鄯善东十三间房地区的大风,写道:"凡风起皆自西北来,先有声如地震,瞬息风至。屋顶多被掀去,卵大石子飞舞满空。千斤之载重车辆,一经吹倒,则所载之物,皆零星吹散,车亦飞去。独行之人畜,有吹去数十百里之外者,有竟

---

〔1〕《魏书》卷108,第2737页。

〔2〕《隋书》卷7,第147页。

〔3〕关于中原政权祭祀风伯(师)的时间,辛赖恩师李锦绣先生指教,在此谨致谢忱。

〔4〕《高昌永平二年(550)十二月三十日祀部班示为知祀人名及谪罚事》记载要在正月一日"祀风伯",见《吐鲁番出土文书》图文版(第1册),第136页。但正月一日祭祀风伯是与其他诸种祭祀一起进行,并非独立的祭祀。因而,本文只围绕三月份的独立祭祀展开论述。

〔5〕关于文书中高昌国祭祀风伯的干支不是东汉丙戌的论述,参见孟宪实:《汉唐文化与高昌历史》,第223页。

〔6〕应劭撰、王利器校注:《风俗通义校注》,中华书局1981年版,第364页。

无踪影者。其风春夏最多,秋冬绝少。"[1]春夏季节正是农作物生长的季节,大风吹蚀表层壤土甚至沙粒,形成沙尘暴天气,可埋没田渠,甚至拔掉幼苗,或使作物倒伏减产,又影响授粉,对农业生产造成严重危害。吐鲁番文书中的土地租佃契约,多写有预灾性的"风破水旱""风虫贼破"类词句,[2]说明风灾对当地的农业生产具有严重破坏性,民众将其视为经常性而又无法抵御的天灾。高昌国祭祀风伯的三月份,正是播种或田间农作物生长的时期,也是当地大风开始多发的时节,此时祭祀风伯,无疑含有祈求护佑农业生产安全的意图。当地祭祀风伯应主要出于对大风的恐惧。另外,上引材料记载中原祭祀风伯(师)之后又祠雨师,却不见高昌国有这种祭祀活动,应是缘于该地少雨的自然环境的影响。[3] 从而体现出在文化传播过程中,自然环境对文化变迁产生重要作用。

上引《高昌章和五年(535)取牛羊供祀帐》中供祀"清山神",应是对山神的祭祀。关于该神祇的属性,学界存在争议。或认为其属于祆教神,[4]或认为其属于中原汉人的传统信仰。[5] 山神崇拜在古代世界各地区普遍存在,以目前的资料,尚不能确定吐鲁番盆地祭祀山神是源于本地的信仰,还是源于外来文化的影响。中原地区祭祀名山,多是希望得到山神保佑,能够风调雨顺,五谷丰登。[6] 高昌国供祀清山神的目的或与之类似。考虑到吐鲁番盆地干旱少雨的自然环境,五月份天山冰雪已开始大量消融补给河流水量,当地于此时供祀清山神,可能更多的是祈求山神保证水源充足、水势稳定。

---

〔1〕七十一:《回疆风土记》,中华书局1936年版,第14页。

〔2〕如唐长孺:《吐鲁番出土文书》图文版(第2册),文物出版社,第100页。《吐鲁番出土文书》图文版(第1册),第354页。

〔3〕关于高昌出于恐惧而祭祀风伯,以及高昌不祭祀雨师的观点,参见孟宪实:《汉唐文化与高昌历史》,第222－226页。另,张广达认为文书中风伯的祭祀与祆教中的风神信仰有关,见张广达:《吐鲁番出土汉语文书中所见伊朗语地区宗教的踪迹》,《敦煌吐鲁番研究》(第4卷),第10－11页。

〔4〕姜伯勤:《吐鲁番所出高昌"祀天"文书考》,《敦煌吐鲁番研究》(第8卷),中华书局2005年版,第31－34页。

〔5〕薛宗正:《论高昌国的天神崇拜》,载《中南民族大学学报》,2009年第5期,第62－63页。

〔6〕袁延胜:《汉碑中所见汉代的农业》,载《农业考古》,2009年第1期,第49－50页。

以上是对吐鲁番盆地种植业生产技术的论述。关于当地的畜牧业生产技术,限于资料,只能做粗略分析。考察前引《高昌牛簿》,"实行牛"中的成年牛有牛公、大牛、草牛三种,可以推测其是以性别为划分依据。草牛为母牛,牛公当为雄性牛,即公牛,大牛为阉牛。统计簿中所列,成年牛共36头,包括草牛28头(含新入的两头),阉牛7头,公牛1头;入额牛犊共17头,其中犗牛犊2头,牸牛犊14头,特牛犊1头。成年牛中草牛最多,占成年牛总数的77.77%,只有一头公牛,其余为阉割的牛。入额牛犊中牸牛犊占82.35%,也只有一头雄性的特牛犊,其余为被阉割的犗牛犊。两组中都以雌性牛占绝对多数,应与以孳生牛畜为重要的饲养目的相关。两组牛畜各只留一头雄性牛,其余雄性牛皆被阉割,所留雄性牛当是用作种畜。这在前引《牛犊驴出入历》中也有反映。帐中第9行记在新兴县牧养的5头牛犊,包括"一头特,四头牸";在柳婆牧养的26头中,"一头特,十头□,十五头牸"。同样是每群各只有一头雄性牛,其余的是雌性牛和阉割过的牛,反映出当时畜牧业生产中分群留种技术的应用。

由《高昌牛簿》记录牛畜的毛色可以发现,两头雄性牛的毛色都是黄色。现今国内饲养的牛畜种类,仍以黄牛种为首。因黄牛可以役、乳、肉兼用。黄牛种的这种特点也迎合于当时吐鲁番盆地绿洲的社会生产与生活。前文提到"远行牛"及牛耕,又有牛畜用于祭祀的记载,说明牛畜在当地既用于种植业生产,也用于交通,又可作食肉用。簿中记载或正是当时多以黄色牛作种畜的真实反映。另外,由前文提及的牛犊在满一岁时入额,文中又有入额的两岁犗牛犊一头,可推测雄性牛犊是在满1岁后被选种,1~2岁间未被选作种畜的即被阉割。这在一定程度上显示当时吐鲁番盆地已有较成熟的选种及牛畜阉割技术。

前述对马匹采取行马入亭马的保护措施,体现出畜牧业生产中根据健康状况分群饲养的原则。

在牲畜饲料供给方面,当时已有较严格的配给标准。根据吴震《高昌乙酉、丙戌岁某寺条列月用斛斗帐历》,可发现一年中,除四月、九月两个月没有供给牛畜麦类饲料外,自十月份至来年二月,每月均供给 2 斛麦;其他月份每月均为 1.5 斛。帐历中未见购进牲畜的记录,说明该寺牛畜数量没有变化,只是牛饲料供给标准发生变化。比较这几个月份,未给麦的四月、九月正是农闲时节,又属草饲料充裕期。麦类供给量最大的十月至来年二月份中,十月是糜、粟作物收获期,属于农忙时节;之后到来年二月为草枯季节,需要较多的麦类精饲料作补充。[1] 其余月份有青草饲料,同时供给较少量的麦类精饲料,当与这几个月处于农作物生产期内有一定关系。总体上,春夏日给料少,秋冬季给料多,各有定量,遵循了"以时为差"的原则。[2]

5.3 塔里木盆地的绿洲农业

有关 5—7 世纪前期塔里木盆地绿洲的资料,远较吐鲁番盆地的为少,涉及农业方面的则少之又少。所以,以下只能对塔里木盆地绿洲的农业进行简单考察。

前文提到文献记载焉耆"气候寒,土田良沃,谷有稻粟菽麦,畜有驼马牛羊。养蚕不以为丝,唯充绵纩。俗尚蒲桃酒",龟兹"土多稻、粟、菽、麦,饶铜、铁、铅、麖皮、氍毹、铙沙、盐绿、雌黄、胡粉、安息香、良马、封牛",疏勒"土多稻、粟、麻、麦、铜、铁、锦、雌黄,每岁常供送于突厥",于阗"土多麻、麦、粟、稻、五果,多园林,山多美玉"。另有《魏书》记于阗"土宜五谷并桑麻,山多美玉,有好马、驼、骡";北魏破焉耆时,获其"橐驼马牛杂畜巨万",讨龟兹"大获驼马而还"。[3]《大唐西域记》称焉耆(阿耆尼国)"土宜糜、黍、宿麦、香枣、葡萄、梨、柰诸果……服饰毡褐",龟兹(屈支)"宜糜麦,有粳稻,出蒲萄、石榴,多梨、柰、桃、杏……服饰锦褐",姑墨"土宜、气序……同屈支国……细毡细褐,邻国所重";莎车(乌铩国)"地土沃壤,稼穑殷盛,林树郁茂,花果具繁……衣服皮褐",疏勒(佉沙国)"稼穑殷盛,花果繁茂。出细毡褐,工织细

---

［1］参见吴震:《吐鲁番出土高昌某寺月用斛斗帐历浅说》,第 64 页。

［2］李林甫等撰,陈仲夫点校:《唐六典》卷 11,中华书局 1992 年版,第 331 页。

［3］《魏书》卷 102,第 2262、2266、2267 页。

氎、氍毹",于阗(瞿萨旦那国)"出氍毹细毡,工纺绩絁绸……众庶富乐,编户安业……少服毛褐毡裘,多衣絁绸白氎"。[1]

综合这些记载,可发现塔里木盆地的焉耆、龟兹、疏勒、于阗和原莎车、姑墨等绿洲国仍是兼营种植业和畜牧业。种植业中,同于吐鲁番盆地绿洲,桑、葡萄等经济、园艺作物占重要地位,粮食作物亦多粟、麦、糜等,但与之不同的是,普遍栽植水稻。

另外,上述绿洲国中,疏勒"工织细氎",于阗"多衣絁绸白氎",说明这两地广植棉花。吴震曾分析指出:由《唐开元九年(721)于阗某寺支出簿》中"出钱伍伯贰拾文,买土絁布一,长一丈","出钱叁千玖伯壹拾文,价绛帛贰拾叁匹,匹别一百七十文",计得于阗土絁布价格是绛帛的12倍多;而《唐天宝二年(743)交河郡市估案》中,细粗绵绸每尺45～30文不等,细粗絁每尺45～10文不等,绵绸与絁布价格差距很小,同于阗地区明显不同。他进而推测唐开元(713—741)之前,于阗绿洲尚未种植棉花,也无棉布生产。[2] 实际上,比较同类物品的价格可以发现,第一件文书的绛帛与第二件文书的绵绸价格同样相差较大,绵绸价格是绛帛的10倍多;但第一件文书中每尺土絁布为52文,与第二件文书中的45文相差不多。于阗绛帛价明显低于絁布,或与两类物品的各自品质有关,棉纺织技术落后造成棉布成本颇高也当仍是重要原因。[3] 所以,不能以此否认8世纪以前于阗已有棉花生产。再者,《梁书》记渴盘陁国"风俗与于阗相类。衣古贝布"。[4] 卢勋、李根蟠认为"古贝布"即""吉贝布,指棉布,用印度木棉织就。[5] 且不论渴盘陀国的古贝布原料是否为印度木棉,考虑到上章佉卢文书出现的棉布词汇,以及渴盘陁与疏勒、于阗绿洲国相邻,于阗、疏勒在5至7世纪前期

---

〔1〕玄奘、辩机著,季羡林等校注:《大唐西域记校注》(上),中华书局2000年版,第48、54、66页;(下),第990、995、1001页。

〔2〕吴震:《关于古代植棉研究中的一些问题》,第27－36页。

〔3〕赵冈:《唐代西州的布价——从物价看古代中国的棉纺织业》,见 http://economy. guoxue. com/article. php/7864.

〔4〕《梁书》卷54,第814页。

〔5〕卢勋、李根蟠:《民族与物质文化史考略》,民族出版社1991年版,第328－331页。

普遍栽植棉花当无疑义。这两绿洲与吐鲁番盆地种植的是否是同一棉种，尚无从考察。

校注者指出《大唐西域记》中焉耆"服饰毡褐"的"毡"字，它本或作"氎"，疑此处"毡"为棉布，即白叠布。[1] 如是，"气候寒"的焉耆亦种植棉花，进行棉布生产。但不排除"毡"字本身不误，就是指毛制品，则当时焉耆即使种植棉花及生产棉布，亦不比吐鲁番盆地、疏勒、于阗等绿洲普遍。"物产与焉支(耆)略同，唯气候少温为异"[2]的龟兹的棉花种植情况也不甚明了。

从上述绿洲拥有大量驼马等牲畜及出产氎毼，民众多以毡褐、皮褐、锦褐、毛褐等为衣服，可知畜牧业在当地生产生活中的重要性，这些绿洲的畜牧业在农业生产中的比重当大于吐鲁番盆地。

焉耆、龟兹、疏勒、于阗等绿洲国的农业生产总体呈现生机勃勃的景象。《大唐西域记》指出于阗"众庶富乐，编户安业"，而《周书》单提到焉耆"国小民贫"，这与前述几国人口资源对比中，于阗等国占据优势地位而焉耆处于最劣势相对应。

文献中不见有关阗以东绿洲农业生产的记载，但《大唐西域记》对于阗"媲摩城"以东描述如下：[3]

> 媲摩川东入沙碛，行二百余里，至尼壤城，周三四里，在大泽中。泽地热湿，难以履涉。芦草荒茂，无复途径。唯趣城路，仅得通行。故往来者莫不由此城焉。而瞿萨旦那以为东境之关防也。从此东行，入大流沙。沙则流漫，聚散随风，人行无迹，遂多迷路。四远茫茫，莫知所指，是以往来者聚遗骸以记之。乏水草，多热风。风起则人畜惛迷，因以成病。时闻歌啸，或闻号哭，视听之间，恍然不知所至，由此屡有丧亡，盖鬼魅之所致也。行四百余里，至覩货逻故国。国久空旷，城皆荒芜。从此东行六百余里，至折摩驮那故

〔1〕玄奘、辩机著，季羡林等校注：《大唐西域记校注》（上），中华书局2000年版，第52页。

〔2〕《周书》卷50，第917页。

〔3〕玄奘、辩机著，季羡林等校注：《大唐西域记校注》（下），中华书局2000年版，第1030－1033页。

国,即沮末地也。城郭岿然,人烟断绝。复此东北行千余里,至纳
缚波故国,即楼兰地也。

引文中地名,除前文提到"靓货逻故国"对应于安迪尔流域的小宛外,
关于"媲摩城"的位置所在,或认为位于今乌尊塔提(Uzun - Tati)遗
址,[1]对应于汉代的渠勒绿洲国。[2] 至于尼壤的具体位置,《大唐西
域记校注》将之对应于汉代的精绝国,即尼雅遗址。但"尼壤"地名,与
精绝(Caḍ'ota)曾同时出现在佉卢文书中,不应将之比定为尼雅遗址。
在安迪尔流域发现的于阗文书中,也多次出现尼壤(Nīña)这个地名。
其中有一条是命令从 Phema(坎城)下到 spāta 官 Vimaladatta 处,由他
将内容传达给 Vaśa'ra - saṃga,内容是要求提供一头驮畜到尼壤。其
他几件文书也与命令提供去尼壤的驮畜有关。敦煌出土的 10 世纪的
于阗文书仍见"尼壤"一词,表明该绿洲直到 10 世纪仍然存在并有人
员居住。吉田丰据此指出于阗文书的"尼壤"可以比定为《大唐西域
记》中尼壤,当在今民丰附近。[3]

再看引文对上述地区的记载,尼壤城"泽地热湿""芦草荒茂",无
繁荣之象;靓货逻故国"国久空旷,城皆荒芜";尼壤与靓货逻故国之间
又是沙海茫茫、"乏水草,多热风";且末"城郭岿然,人烟断绝",更显荒
凉。文中未提及若羌 - 罗布泊地区鄯善绿洲的具体境况,但根据前文
论述,隋政权崩溃时,"其城遂废",直到贞观中(627—649),粟特人首
领康艳典留居该地,"胡人随之,因成聚落"。可知 7 世纪前期从尼壤

---

〔1〕M. A. Stein, *Ancient Khotan*: *Detailed Report of Archaeological Explorations in Chinese Turke-stan*, Vol. I, Oxford, the Clarendon Press, 1907, p.462. 中译本〔英〕奥雷尔·斯坦因著,巫新华等译:《古代和田》,第 504 - 505 页。

〔2〕余太山:《楼兰、鄯善、精绝等的名义——兼说玄奘自于阗东归的路线》,第 484 页。

〔3〕〔日〕吉田丰著,广中智之译,荣新江校:《有关和田出土 8 ~9 世纪于阗语世俗文书的札记(一)》,《敦煌吐鲁番研究》(第 11 卷),上海古籍出版社 2009 年版,第 160 - 161 页。余太山曾推测尼壤城为戎卢国王治所在。见余太山:《楼兰、鄯善、精绝等的名义——兼说玄奘自于阗东归的路线》,第 482 - 483 页。另外,长泽和俊认为应在尼雅遗址附近其他可能的地方,如现在的大麻札。见长澤和俊:《楼蘭王国史の研究》,第 585 - 586 页。刘文锁推测是在尼雅遗址以南的尼雅河沿岸,尼壤处于当时的河流尾闾洼地。见刘文锁:《"尼壤"考述》,载《西域研究》,2000 年第3 期,第 38 - 44 页。

至鄯善;一路皆是荒芜景象,与焉耆、龟兹、疏勒、于阗等形成极大反差。而在此前,尼壤城、馺货逻故国、鄯善的情况如何?前文有关绿洲人口资源部分的分析,显示自5世纪中期起,鄯善频遭战乱,人口多有离散,6世纪初的且末人口也较西汉时减少,那么农业经济的发展繁荣自然无从谈起。从而大体可推测,公元5世纪中期至7世纪前期,塔里木盆地东南部绿洲农业经济逐渐衰败而落后于其他绿洲。

上引文记尼壤城"芦草荒茂,无复途径。唯趣城路,仅得通行",似乎说明7世纪前期该城地处沟通东西的交通要道。这意味着以往经由精绝的路线不复存在,尼壤代替其成为东西的交通枢纽。文献中也不再见有关于精绝的记载,另外,罗布泊地区曾进行屯田生产的楼兰,也不再有进行农业生产的记述。学界多依据考古资料推测尼雅、楼兰遗址废弃于公元4世纪中期左右,并对这些绿洲废弃和绿洲文明消失的原因提出各种见解。主要有气候变干说、河流改道说、农业开发说、自然因素与人为因素共同作用说、社会因素说(包括政治环境与交通路线)等,但皆无充分且直接的证据,从现有资料看,绿洲经济开发活动与政治形势的关系更为密切。[1] 而对于绿洲古城文明衰废的原因,正如斯坦因所说:"对于导致遗址被废弃的直接原因,目前所掌握的考古学或历史学证据根本不足以使我们形成任何明确的结论……目前对古遗址的废弃不可能做出进一步解释,也没有任何解释可作为历史学或地理学结论的可靠基础。与大多数历史变迁一样,其原因可能比现在研究者推测的还要复杂得多。"[2]

关于塔里木盆地绿洲的农业生产技术,6世纪初宋云经过且末,该地"城中居民,可有百家,土地无雨,决水种麦,不知用牛,耒耜而田",[3]说明当时且末居民没有使用铁犁工具及牛耕技术。 其中的耒

〔1〕参见拙文:《罗布泊地区的自然环境变迁与经济开发述论》,《丝瓷之路》III,商务印书馆2013年版,第33-80页。
〔2〕[英]奥雷尔·斯坦因著,巫新华等译:《古代和田》,第400-401页。
〔3〕杨衒之著,杨勇校笺:《洛阳伽蓝记校笺》,第209页。

耜是全木制,还是安装有铁套刃,或其起土部分全为铁制,[1]不得而知。联系上章提到绿洲国已采用牛耕技术,且末绿洲的生产技术似有倒退。但这可能只是农业经济较为落后的东南部绿洲的情况,不能代表当时塔里木盆地绿洲的整体水平,其他几大绿洲的生产技术或较之先进,仍使用牛耕技术。

"决水种麦"体现了绿洲种植业生产对水利灌溉的依赖。《大唐西域记》于阗"龙鼓传说"中提到于阗一条河流"西北流,国人利之,以用溉田",反映了同样的事实。传说记载河流一度断流,国王听从罗汉建议,"祠祭河龙",满足龙女索夫的要求,又在池侧建修建僧伽蓝,城东南悬鼓,"河水遂流,至今利用"。[2] 这表明当时面对河水断流的自然灾害,绿洲民众只得祈求神灵。斯坦因在若羌地区考察时,提到巴什阔玉马勒遗址的小型佛寺年代为唐代早期,其靠近灌溉当今若羌绿洲的沟渠渠首,很可能是耕作者祈求给他们的土地带来充足灌溉用水的拜佛场所。[3] 从而显示出对上章提到的鄯善王国民众在水源边祭祀活动的延续。

上述传说中将河水断流的原因归结为龙女亡夫无主命可从,说明当地以为龙主管河流水源。龟兹"大龙池及金花王"传说提到池水中有龙,因内容涉及"近代"金花王,所以该传说距离7世纪前期并不遥远,所反映的民众信仰也当不会有太大变化。由这两传说或可推测塔里木盆地绿洲民众普遍将龙与水资源联系起来,[4]将其作为水源之主,这与中原地区信仰龙王治水的性质一致。在中原地区,龙王主管兴云布雨,消灾弥难。每当久旱不雨或久雨不止,民众就会祭祀龙王,以求风调雨顺。印度佛教中的龙王也皆有兴云致雨的职能。于阗绿洲祭

---

〔1〕参见王文涛:《两汉的耒耜类农具》,载《农业考古》,1995年第3期,第127-153页。根据王文提到早在春秋战国,随着铁器逐渐推广,中原地区的耒耜已安装有铁套刃,不排除6世纪西域绿洲也有此种形质的工具的可能。

〔2〕玄奘、辩机著,季羡林等校注:《大唐西域记》(下),中华书局2000年版,第1024-1025页。

〔3〕〔英〕奥雷尔·斯坦因著,巫新华、秦立彦、龚国强等译:《亚洲腹地考古图记》(第1卷),广西师范大学出版社2004年版,第250-251页。

〔4〕参见王青:《西域地区的龙崇拜以及对中土文化的影响》,载《西域研究》,2004年第2期,第87-93页。

祀龙,没有涉及雨水问题,而是重在祈求河水充足、流淌不绝。当地的龙与中原、印度龙王的职能稍有区别,体现出绿洲与中原及印度自然环境的不同,影响到各自水利文化中对龙的祭祀内容。学界对龙本身的起源存在争议,目前无法确定于阗等绿洲国的龙与中原的龙王及印度佛教"龙王"的具体关系。

畜牧业生产技术方面,在此主要分析塔里木盆地绿洲的养蚕技术。前引《大唐西域记》传说中,于阗"王妃乃刻石为制,不令伤杀。蚕蛾飞尽,乃得治茧。敢有犯违,明神不佑。遂为先蚕建此伽蓝……故今此国有蚕不杀,窃有取丝者,来年辄不宜蚕"。这段内容反映了于阗绿洲国对取丝方式的规定,同时包含着对当地养蚕技术的说明。当地养蚕直到蚕蛹化蛾而出茧,与中原杀死蚕蛹以取用其丝的技术不同,这种技术在塔里木盆地绿洲被普遍应用。

尼雅遗址出土的一粒蚕茧,一端有蚕蛾咬破的孔,与传说中茧破蛾出之法相合。[1] 前引焉耆"养蚕不以为丝,唯充绵纩",正是不杀蚕的体现。年代为汉晋时期的营盘墓地出土的丝织品中,属于当地所产的一类丝纤维是绵线而非长丝,也证实了"蚕蛾飞尽,乃得治茧"传统的存在。[2] 唐长孺分析指出龟兹绿洲也采用此法,吐鲁番盆地则此法与中原之法并存。至于西域绿洲普遍采用这种不杀蚕蛾技术的原因,唐先生认为是佛教戒杀之故。[3] 宋晓梅认为是中原地区对自身杀蚕取丝的方法进行封锁,于阗待蚕蛾飞尽治茧的技术,在后来被当地佛教信徒赋予上述宗教色彩。[4] 但也可能是因西域绿洲国初引蚕种,数量较少,不得不禁止杀蚕治丝,以收取种茧,这一措施借助佛教戒杀义理,最终成为定制。不论哪种原因,都反映了宗教文化对养蚕技术的影响。反过来,以桑蚕为传说主体,建立祭祀先蚕的场所,关涉佛教,显示了桑蚕业对宗教文化的作用。"王妃乃刻石为制",则体现出国家干预

----

〔1〕李吟屏:《佛国于阗》,第 77 页。

〔2〕赵丰:《新疆地产绵线织锦研究》,第 51 – 59 页。郭丹华、吴子婴、周旸:《新疆营盘出土丝纤维的形貌分析》,第 682 – 684 页。

〔3〕唐长孺:《吐鲁番文书中所见丝织手工业技术在西域各地的传播》,第 146 – 148 页。

〔4〕宋晓梅:《高昌国——公元五至七世纪丝绸之路上的一个移民小社会》,第 313 – 315 页。

·欧·亚·历·史·文·化·文·库·

农业生产,在推广生产技术方面具有重要作用。

塔里木盆地绿洲传统的毛纺织技艺,也为蚕蛾飞尽乃治茧的养蚕技术的推广、延续提供了重要条件。贾应逸在明确西域不杀蚕的基础上,深入论述当地丝织技艺的起源及特点。她指出当地将传统的毛纺织技艺应用在丝织品生产上,形成自己的织锦特点;直到清代,即使在用未被蚕蛾咬破的完整茧为原料的情况下,仍延续独具特色的纺织技艺。[1] 足见传统技艺习惯影响之深远。原有的纺织技艺,在一定程度上增强了这种特殊养蚕方法在现实生产中的活力。

另外,根据吐鲁番文书,"丘慈(龟兹)锦"行销于高昌,高昌当地甚至仿制丘慈锦,可知生产丘慈锦有相当的市场经济利益。该锦的特点是"绵经绵纬",即用以织锦的蚕丝不是治茧抽丝所得,而是治茧为绵,自绵抽丝。[2] 治茧为绵恰源于蚕蛾飞尽乃治茧的养蚕技术。再者,根据建德六年(577),北周令"庶人已上,唯听衣绸、绵绸、丝布……",胡三省注:"绵绸,纺绵为之,今淮人能织绵绸,紧厚,耐久服。"[3] 可知,蚕蛾飞尽乃治茧的技术在中原内地亦有之,虽然可能并不占主流。这种技术一直得以延续的原因之一在于,用以该技术得到的原料而织成的丝织品,有其自身独特的使用价值——厚实耐穿,这正是下层民众普遍追求的,这也应是由绵加工而成的丘慈锦流行于高昌的重要原因。进而可推测,当时塔里木盆地绿洲内蚕蛾飞尽乃治茧的养蚕技术的传承发展与市场经济利益的刺激存在一定关系。

5.4 绿洲农产品贸易概观

受资料限制,本部分内容仍主要围绕吐鲁番盆地绿洲进行论述。前述吐鲁番盆地粮食作物种植结构问题时提到,麦、糜、粟等粮食除食用外,常作为支付手段,用于支付赁租价、雇价,偿付钱款;或作为价值

---

〔1〕贾应逸:《新疆丝织技艺的起源及其特点》,载《考古》,1985年第2期,第173－181,148页。
〔2〕唐长孺:《吐鲁番文书中所见丝织手工业技术在西域各地的传播》,第146－147页。
〔3〕《资治通鉴》卷173,第5380页。

尺度,贸买其他商品。而这些贸易活动在《高昌乙酉、丙戌岁某寺条列月用斛斗帐历》中几乎全都有反映,现将帐历中的农产品贸易活动列表如下(表5-9):

表5-9 《高昌乙酉、丙戌岁某寺条列月用斛斗帐历》中的农产品贸易活动

月份	粮食品种及数量(斛)					得钱数 (文)	用途
	麦	糜	粟	糜粟	小计		
10月	10.00				10.00	10	—
	0.6				0.6	实物贸买	—
	38				38.00	38	供当寺置冬衣
	30.00				30.00	30	买某种以斛斗计之物
11月			4.50		4.50	3	供冬至日用
	0.30				0.30	实物贸买	买麻子供冬至日用
	0.5		15.00		15.50	10	买胡麻子供佛明
12月			7.00		7.00	5	供腊日用
	0.50		1.40		1.90	1	买麻子供腊日食
			16.00		16.00	10	上长生马后钱
			4.50		4.50	实物贸买	买驮被毡
正月		2.90	0.60		3.50	3	供元日用
	0.60				0.60	实物贸买	买麻子供元日食
	10.50		26.00		36.50	30	买某种以斛斗计之物
			5.00	30.00	35	25	买粪
2月			4.20		4.20		雇外作人种麦
			6.00		6.00		赁牛耕
			4.80		4.80	实物贸买	买芳整渠用
	2.00				2.00	实物贸买	买粪肥
			3.00		3.00	实物贸买	买老壹洛舆
3月			3.90		3.90	3	供三月三日用
			8.40		8.40		雇外作人用西涧垂桃中掘沟种□及食粮

月份	粮食品种及数量（斛）					得钱数（文）	用途
	麦	糜	粟	糜粟	小计		
4月		69.00			69.00	69	上三月剂道俗官绢
			2.52		2.52		雇外作人整渠及食粮
			0.50		0.50	实物贸买	买瓶
5月		3.00			3.00	3	供五月五日用
	5.00	1.20			6.20		雇外作人刈麦及食粮
6月	3.00	0.72			3.72		雇人种秋并食粮
	4.00				4.00		赁牛耕
	5.40				5.40	6	买溷施葡萄
7月	2.70				2.70	3	供七月七日用
	0.10				0.10	实物贸买	供七月七日食酪
	2.80			0.40	3.20		雇小儿薅糜及食粮
	2.50				2.50	实物贸买	贸小麦作佛饼
	0.50				0.50	实物贸买	买油作佛饼
	0.50				0.50	实物贸买	买驴调索
8月	12.00				12.00	12	上剂远行马钱
	4.00				4.00	4	买修桥用木料
	13.00				13.00	13	买车辆零配件
	0.50				0.50	实物贸买	买胶供整车用
	4.00				4.00		雇人整车并食粮
9月	1.00				1.00	1	买肉供迎枣
合计	154.00	81.82	138.32	0.40	374.54	279	

　　参见吴震:《7世纪前后吐鲁番地区农业生产的特色——高昌寺院经济管窥》,第71-73页。[1]

---

　　[1]本文在引用吴先生所列表格时,稍有更改。省略了"备注"部分,并且未列入表中的枣,因文书内容没显示枣是购买得来。而因雇人及赁牛耕支出的粮食属于农产品贸易活动,故表中增人。另外,文书内容未反映11、12、1、3、5、7月中出售粮食所得银钱是用来买食料。因而不依吴先生在"用途"一栏中的"供(买)某某日食料用"的说明,只记"供某某日用"。

表中某寺用于贸易的麦、穈粟类粮食共计 374.54 斛,约占表 5 - 6 中寺院全年支出总量的 48.68% 。从表 5 - 6 中的数据可以发现:该寺院全年的粮食支出中,六月至十月,大麦的支出量远高于穈粟,十月份大麦达到最高额,穈粟在八、九、十月份支出额最低;十一月至五月,大麦的支出量减少,低于穈粟的支出量,四月份最低,而此时穈粟达到最高额。只是在二月份,大麦与穈粟的支出量大体相当。这种变化与当地大麦、穈粟作物的收获时节相对应。大麦二月播种,五月份成熟;穈粟六月份播种,十月份收获。各主粮在各自收获期前一两个月或当月的支出量明显下降,这在一定程度上说明该寺的粮食产品是现收现用,一整年下来,所剩余粮不多。那么,上表用于贸易的 374.54 斛粮食可看作是该寺粮食产品的全部出售额,48.68% 也即可看作是该寺粮食作物的商品率,从而反映该寺粮食产品具有较高的商品率,农户与市场联系紧密。

考察表中进入农产品贸易领域的粮食的用途,其中有 111.94 斛用来购买生产工具及其配件、肥料、整渠用的材料类生产资料和劳动力等,约占总贸易额的 29.89%;97 斛用于交纳官府赋税,占总额的 25.90%;155 斛用于节日及购买日常生活的衣物、食物等(含"买某种以斛斗计之物"者),占 41.38%;用途不明者占 2.83% 。除去所占份额不多而目的不明的贸易,该寺院其他粮食贸易并非为了获取单纯的利润,这说明该寺的农业生产仍基本属于自给自足型,粮食的商业化生产水平较低。据吴震推测,该寺共占有的土地在 70 亩左右,僧徒人均占地约 10 亩,远高于当时的世俗农户。[1] 该寺的经济水平当高于普通民户,其粮食的商品性生产水平尚且如此,或可推测 5—7 世纪前期,西域绿洲国内粮食作物的商品性生产水平整体并不高。

关于粮食类农产品借贷贸易,上表没有反映,可利用其他几件文书加以考察。《高昌延昌癸卯年(583)道人忠惠等八人举麦券》记:[2]

────────────

〔1〕吴震:《7 世纪前后吐鲁番地区农业生产的特色——高昌寺院经济管窥》,第 66、83 页。以下提到吴震观点,皆引自该文,不再注出。

〔2〕张传玺:《中国历代契约会编考释》(上),第 167 - 168 页。

［1］延昌水［癸］卯岁四月十四日,［罗］□举大［麦］拾贰斛,
　　次举小麦

［2］拾伍斛;次卫□□举小麦□斛究(九)斗,次举大麦柒

［3］斛伍斗;次道人忠惠举小麦拾叁斛,次道人［众保］举

［4］小麦拾斛,次……举小麦拾伍斛,次张京子举小［麦］

［5］贰斛,次曾［僧念］举小麦拾叁斛贰斗,次八斗。合八

［6］人,从杨［宣明］边举小麦。壹斗生壹半,要到八

［7］月内,价麦生本史(使)毕。若不毕,壹斛麦价上生

［8］壹斗。(后略)

券中僧俗八人四月份贷大、小麦,须在八月偿还,在期限内大、小麦的利息率相同,即50%。过期未尝还则"壹斛麦价上生壹斗",利率变为10%。

阿斯塔那34号墓出土的《高昌延和元年(602)□□宗从左舍子边举大麦券》云:[1]

［1］延和元年壬戌岁三月卅日,□□宗从左舍子边举大麦
　　伍□

［2］究(九)觅(斗),壹觅(斗)后生麦柒昇(升),要□六月内
　　偿麦始毕,若过期□

［3］偿,壹月壹斛(斛)上生麦一斗,要麦使净好,依左觅
　　(斗)中取。(后略)

某宗在三月末贷大麦,到六月内利息是70%,高于上件文书的利率。过期不偿,月利率变为10%。同墓出土的《高昌良愿相、左舍子互贷麦、布券》亦记载:[2]

［1］□□□□□□岁四月廿二日,良愿相从左舍子边□

［2］　　　　□后生小麦五昇(升),要到七月内偿麦使毕,若过

〔1〕唐长孺:《吐鲁番出土文书》图文版(第1册),文物出版社,第303页。

〔2〕唐长孺:《吐鲁番出土文书》图文版(第1册),文物出版社,第304页。

| 期□ |

[3] 　　　　□酙(斛)上生麦一斗,要麦使净好,依左奡(斗)
　　　　中取。(后略)

文中某人四月下旬借贷小麦,至七月内的利率是 50%,过期之后
是 10%。

再看《高昌延和五年(606)严申祐等六人分举大麦合券》称:[1]

[1]□□□□丙寅岁二月廿三日,合有六人从□

[2] 　　□举大麦伍酙(斛),严申祐举大麦五酙(斛),张

[3] 　　　　□大麦伍酙(斛),赵怀祐

[4] 　　　　　　□一斗生作一斗八升,到

[5]五月内偿□　　　　　　□一月壹酙(斛)麦上生

[6]麦一斗。(后略)

文书内容虽然较残缺,但根据前引几件文书可推知是严申祐等人二月
末借贷大麦,五月内偿还,利息率是 80%,过期后一月利息率是 10%。

阿斯塔那 320 号墓出土下列两件文书,[2]一是《高昌□延怀等二
人举大小麦券》:

[1]□麦贰酙(斛),大麦一斗生作一斗半,小麦一斗生作一
　　　斗六升,到五月内偿

[2]大麦使毕。到七月内偿小麦使毕。若过月不,一月壹酙
　　　(斛)麦

[3]上生麦一斗。(后略)

券中大麦利息是 50%,小麦是 60%,过期月利率大小麦都是 10%。另
一件是《高昌延和十年(611)田相保等八人举大小麦券》:

[1]延和十年辛未岁二月一日,合右八人从赵松柏边举大小
　　　麦,大麦

---

〔1〕唐长孺:《吐鲁番出土文书》图文版(第 1 册),文物出版社,第 309 页。
〔2〕唐长孺:《吐鲁番出土文书》图文版(第 1 册),文物出版社,第 322 页。

227

[2]壹觅(斗)生作觅(斗)半,小麦壹觅(斗)生作壹觅(斗)

陆升。

(中略)

[6]□斛。大麦到五月内偿麦使毕,小麦到七月内偿小麦

使□

[7]□□□不上(偿),壹䝉(斛)生麦壹觅(斗)。(后略)

田相保等八人二月贷大、小麦,五月内偿还大麦利率是50%,七月内偿还小麦利率是60%,过期后大、小麦利率是10%。

《高昌义和三年(616)酉瓶子等四人举粟麦券》记曰:[1]

(前略)

[3]□贰䝉(斛),壹觅作二斗,到十月内上粟□

[4]□粟拾叁伍觅,壹斗生作二斗,到十月内上粟□

[5]□□举小麦贰斛,壹觅上陆䝉生,到六月内上□

[6]□粟肆䝉,壹觅作贰觅,到十月内上粟生本□

(中略)

[8]□和三年丙子岁四月廿一日□柏元使善□

[9]□和三年丙子岁四月廿一日康相元从□

(后缺)

文书第5行小麦"壹觅上陆䝉生"中的"䝉"应是"升"之误。按文意,酉瓶子等人当是四月举粟,要到十月偿还,粟的利息率皆为1斗生作2斗,即达100%;小麦从四月到六月的利率是60%。

综观上引七件贷粮契,可以发现其都属于私人借贷。除第5件借贷日不明而须分别在夏、秋偿还大、小麦外,其余六件都是春季或夏初借粮,夏、秋麦粟成熟收获时偿还。其中3件的大麦借期内利率是50%,1件是70%,1件是80%;小麦的借期内利率,2件是50%,3件是

---

[1]柳洪亮:《新出吐鲁番文书及其研究》,第58页。

60%；只有一件的贷粟契，借期内利率是100%，这一高利率当不是常态。大、小麦借期内利率高低没有与借期长短相对应，表明其并未按月计算，只以收获期为界。这种收获期利率，大麦以50%为多，小麦以50%、60%的利率借贷次数大体相当，或可推测当时吐鲁番盆地绿洲的贷粮收获期利率或以50%最为普遍，上章所引《翟强辞为负麦被批牛事》中私人贷麦利率也是50%，这一粮食借贷利率标准在吐鲁番盆地绿洲应是行之已久。但麴氏高昌时期不同类粮食也可能存在差异，如小麦或以60%的借贷利率为主。至于超期利息率，无论大、小麦，文书中有记载的都是每月10%，超期年利率则高达120%，这应是当时高昌国粮食借贷的惯例。上述借贷主要发生在春夏青黄不接的时节，无疑主要是用于维持基本的生计，而不是为了扩大再生产。

表5-9条列的农产品贸易，除麦、糜、粟类粮食贸易外，还包括肉的贸买、牲畜的租赁。其他文书对当地牲畜租赁、买卖，[1]以及用枣、梨、羊等作为支付手段的贸易活动也有记载，[2]但几乎不见蔬菜类产品的贸易，这与前面提到的吐鲁番盆地的农业生产结构相一致。由此推测该地的农产品贸易结构，是以糜、粟、麦等粮食产品为主，畜产品及园艺类作物贸易占有重要地位，蔬菜贸易额所占比重较低。再观察表5-9中寺院购买的食物，有小麦、麻子、胡麻子、油、酪、肉，其中因购买油、酪而支出的粮食最少。另外的文书中也少见关于这两类及其他加工食品买卖的记录，或反映出当时绿洲国内以农产品为原料的食品手工业总体上并不发达，这应会制约绿洲国内粮食作物商品性生产的发展。

上述贸易主要在绿洲政权内部民众间进行，至于绿洲国与外部人

〔1〕如唐长孺：《吐鲁番出土文书》图文版（第1册），文物出版社，第420页《高昌买羊供祀文书》；柳洪亮：《新出吐鲁番文书及其研究》，第54页《高昌延昌年间某部赁近行马驴残奏》；《新获吐鲁番出土文献》（上），第216页《北凉某年二月十五日残文书》。

〔2〕如唐长孺：《吐鲁番出土文书》图文版（第1册），文物出版社，第386页《高昌延昌二十八年（588）某道人从□伯崇边夏枣树券》；第283页《高昌曹、张二人夏果园券》；第133-136页《高昌永平元年（549）十二月十九日祀部班示为知祀人上名及谪罚事》《高昌永平元年（549）十二月廿九日祀部班示为明正一日知祀人上名及谪罚事》《高昌永平二年（550）十二月卅日祀部班示为知祀人上名及谪罚事》等文书。

员或政权的农产品贸易,无疑与当时的交通状况密切相关。5—7世纪前期,控制西域的势力不断变换,或多方势力共聚集于该地,展开角逐,在一定程度上阻碍了东西交通,但贸易利润的刺激,又使各势力积极维护西域的交通安全,从而为西域绿洲同外部势力贸易的发展繁荣提供了条件。[1]

《梁四公记》记天监年间(502—519)高昌国遣使梁朝,"贡盐二颗……干葡萄、刺蜜、冻酒、白麦面";[2]《梁书》载南朝梁"大同中(535—546),子(麹)坚遣使献鸣盐枕、蒲陶、良马、氍毹等物",[3]表明麹氏高昌是以矿物、农产品、手工业品发展同中原政权的贡赐贸易。其中除鸣盐枕外,余下的手工业品"冻酒""白麦面""氍毹"等,都是以农产品为原料加工而成。此外,太和二年(478),龟兹国向北魏献"名驼七十头……九月丙辰……献大马、名驼、珍宝甚众"。[4]焉耆于"保定四年,其王遣使献名马",建德三年(574),于阗王"遣使献名马"。[5]《旧唐书》亦载焉耆贞观六年(633)"贡名马",龟兹贞观四年"又遣使献马",疏勒"贞观九年,遣使献名马,自是朝贡不绝"。[6]这些记载反映出农产品在绿洲国与中原政权的贡献贸易中的基础地位,其中又以葡萄、牲畜等初级农产品为主,较以往的贡献贸易形态变化并不大。另外,前引疏勒"土多稻、粟、麻、麦、铜、铁、锦、雌黄,每岁常供送于突厥";《大慈恩寺三藏法师传》记高昌王提到"绫绢五百匹、果味两车献叶护可汗",[7]虽然这不能归于贡献贸易,但进一步证实农产品是绿洲国发展同周边势力的关系的重要资源。

---

〔1〕关于这一时期交通路线的变迁,可参见殷晴:《丝绸之路与西域经济——十二世纪前新疆开发史稿》,第181–182页。

〔2〕《太平广记》卷81,第519页。

〔3〕《梁书》卷54,第812页。

〔4〕《魏书》卷102,第146页。

〔5〕《周书》卷50,第917、918页。

〔6〕《旧唐书》卷198,第5301、5303、5305页。

〔7〕慧立、彦悰著,孙毓棠、谢方点校:《大慈恩寺三藏法师传》,中华书局2000年版,第21页。

现有研究成果表明,5—7世纪前期以粟特人为主的商胡活跃在西域,[1]带动了绿洲国商业贸易的繁荣,甚至出现"铁勒恒遣重臣在高昌国,有商胡往来者,则税之送于铁勒"的局面。[2]这无疑也为西域绿洲的"赎食贸易"提供了更大的发展空间。荣新江考察多幅年代约为4—7世纪的克孜尔石窟壁画中的"萨薄燃臂本生画",推测画中的萨薄大部分是粟特商人的形象;画中用于驮货物的牲畜包括牛、驴、骆驼。[3]另外,皮诺(Georges - Jean Pinault)分析出土于库车北边山区去往拜城途中一个废弃烽火台中的龟兹文书,推测其属于过所文书,年代为公元641—644年。他提到,文书中将人员和驮畜列出,驮畜有驴、马、牛,而以驴为主;驴对于商队显得非常重要。[4]正如上两章所述,这些商人在贸易的过程中,带着驮畜长途跋涉,需从所途经的绿洲国购买相应的生活资料或牲畜饲草料,以及替换用于交通的牲畜,从而可以促进当地绿洲政权农产品贸易的发展。

前述《高昌内藏奏得称价钱帐》反映了粟特等商胡在高昌的大宗贸易活动,交易物品包括香料、硇沙、丝、药、金、银、铜、石蜜、郁金根等,这与上章提到的4世纪的粟特古信札所反映的商品贸易有类似之处。信札中提及的货物有金、银、麝香、樟脑、胡椒、丝、毛织物、麻织品和一

---

〔1〕相关研究成果可参见姜伯勤:《敦煌吐鲁番文书与丝绸之路》,第138 - 140、150 - 162、174 - 183 页。荣新江:《西域粟特移民聚落考》,第19 - 36 页;《北朝隋唐粟特人之迁徙及其聚落》,载氏著:《中古中国与外来文明》,第37 - 110 页;《西域粟特移民聚落补考》,载《西域研究》,2005 年第2期,第1 - 11 页。É. de La Vaissière, *Sogdian traders: a history*, translated by James Ward, Leiden · Boston: Brill, 2005, pp.119 - 135.〔法〕魏义天著,王睿译:《粟特商人史》,第74 - 85 页。荒川正晴:《遊牧国家とオアシス国家共生関係》,《東洋史研究》,第67 卷第2号,2008 年,第34 - 68 页。

〔2〕《隋书》卷83,第1848 页。

〔3〕荣新江:《萨保与萨薄:佛教石窟壁画中的粟特商队首领》,载《法国汉学丛书编辑委员会》编:《粟特人在中国——历史、考古、语言的新探索》,中华书局2005 年版,第50 - 58 页。

〔4〕Chao Huashan, Simone Gaulier, Monique Maillard, Georges - Jean Pinault, *Sites divers de la région de Koutcha: épigraphie koutchéenne*, Collège de France, 1987, pp.78 - 85.

种极可能是用于化妆的白色粉末,[1]除产于印度的胡椒外,[2]没有其他农产品。总体上,现有文献几乎不见外商贩卖西域绿洲大宗农产品的记载,或正是粟特等西方商人长途贸易所经营商品情况的真实反映,即以质轻价贵、便于转运并且赢利大的奢侈品为主,较不易保存的农产品贩运成本高,没有成为国外商人经营的主要物品。这意味着在7世纪前期以前,与对外贸易相比,绿洲国内的农产品贸易对当地农业经济影响更大。不过,文书中的丝、毛织物等货物,都是以农产品为原料加工而成,结合前文有关吐鲁番盆地桑蚕业的论述,可知这类以农产品为原料制成的手工业品贸易,对绿洲国的农业生产,尤其是其生产结构有着重要影响。

上述内容表明,绿洲政权在贸易形态上既有物物交换,也有以银钱货币为中介者。表5-9用于实物贸易的麦、糜、粟共62.64斛,约占麦、糜、粟总交易量的16.72%;换取银钱的麦、糜、粟共311.90斛,占总出售量的83.28%,显示当时银钱的广泛使用。表中用于换取银钱的粮食有97斛是为交纳国家税赋,占换取银钱而出售的粮食总额的31.10%;交纳给官府的银钱占所得总银钱量的32.62%,可知该寺全年的货币支出,有近1/3是用于交纳赋税。这突显出官府征收银钱,对农产品转化为商品,促进农产品贸易,以及推动货币的流通使用起着重要作用。

其他文献记载及考古资料对7世纪前期银钱类货币通行于高昌、龟兹、焉耆等西域绿洲国内也有反映。[3]此前吐鲁番盆地经历了毯之

---

〔1〕F. Grenet, N. Sims-Williams, and É. de la Vaissière, "The Sogdian Ancient Letter V", pp. 91-93. 毕波:《粟特文古信札汉译与注释》,第73-97页。辛姆斯·威廉姆斯(N. Sims-Williams)著,Emma Wu译:《粟特文古信札新刊本的进展》,见《法国汉学丛书编辑委员会》编:《粟特人在中国——历史、考古、语言的新探索》,第73页。

〔2〕〔美〕劳费尔著,林筠因译:《中国伊朗编》,第199-201页。

〔3〕参见〔美〕斯加夫(Jonathan Karam Skaff)著,孙莉译:《吐鲁番发现的萨珊银币和阿拉伯-萨珊银币》,载《敦煌吐鲁番研究》(第4卷),第419-463页。作者在文中明确指出银币开始在吐鲁番流通是6世纪80年代麹氏高昌统治时期,银币流通高峰应出现在7世纪20年代到50年代,见文第432页。

通货地位被丝织品、叠布类替代的过程。[1] 塔里木盆地绿洲的货币使用是否也存在这种变化,缺乏相应的材料证实。但与吐鲁番盆地不同的是,《大唐西域记》提到焉耆与龟兹"货用金钱、银钱、小铜钱",[2] 即铜钱在焉耆、龟兹绿洲也被普遍使用;新疆考古工作中也发现大量龟兹无文小铜钱和龟兹文铜钱,这些铜钱出土的遗址分布范围较广,除龟兹外,包括今于田、策勒、民丰等县的遗址。[3] 从而或可推测,铜钱在塔里木盆地绿洲得以沿用,且比上一阶段使用更为普遍。铜钱、银钱类货币的广泛流通反映出西域绿洲的商业化较以往大为发展,[4] 前引文提到铁勒向往来于高昌的商胡征税,以及《高昌内藏奏得称价钱帐》的内容,也说明商业税收成为绿洲国财政收入来源之一。那么,商业在当地社会经济中占多大比重,其地位如何?目前尚难以给出明确答案。就现有资料来看,《高昌内藏奏得称价钱帐》中一年征收的银钱不足五百文,[5] 即使该文书记载的只是远程贸易中以重量售卖的货物,[6] 不能全面反映当时的商业税收,但并未见其他商税事例,高昌绿洲政权的税收来源仍主要是农业。韩森亦分析丝绸之路贸易对吐鲁番地方社会的影响时曾提到:"即使在 640 年至 755 年唐朝控制丝绸之路的黄金时期,[高昌]大部分人还是以农耕而非丝路贸易来维持生计。"[7] 她进一步综合库车出土文书、粟特地区发现的文书,指出不管丝绸之

---

〔1〕卢向前:《高昌西州四百年货币关系演变述略》,第 222 - 239 页。卢先生文中将麴氏高昌以银钱为本位的时间定在公元 560 年。

〔2〕玄奘、辩机著,季羡林等校注:《大唐西域记校注》(上),中华书局 2000 年版,第 48、54 页。

〔3〕张平:《再论龟兹的地方铸币》,第 47 - 51 页。

〔4〕关于 5—7 世纪西域绿洲的货币使用情况,还可参见 Helen Wang, *Money on the Silk Road: The evidence from Eastern Central Asia to C. AD800*, pp. 75 - 94.

〔5〕關尾史郎:《トゥルファン出土高昌国税制関係文書の基礎の研究——條記文書の古文書学の分析を中心として》(七),《人文科学研究》第 86 辑,1994 年,第 3 - 6 页。

〔6〕参见〔美〕斯加夫(Jonathan Karam Skaff)著,孙莉译:《吐鲁番发现的萨珊银币和阿拉伯 - 萨珊银币》,第 441 页。

〔7〕〔美〕韩森(Valerie Hansen)著,王锦萍译:《丝绸之路贸易对吐鲁番地方社会的影响:公元 500—800 年》,载《法国汉学丛书编辑委员会》编:《粟特人在中国——历史、考古、语言的新探索》,第 127 页。

路贸易规模如何,它对丝路沿线居民的影响极小。[1] 所以,公元5—7世纪前期西域绿洲中,商业经济虽然占有重要地位,但可能农业经济的主导地位没有改变。

5.5 小结

公元5世纪中期至7世纪前期,西域东南部绿洲人口数量锐减,部分地区呈现荒芜景象,若羌-罗布泊地区,鄯善绿洲人口也大为减少,人口资源优势尽失。于阗人口亦曾遭受损耗,但其人口数量在南道仍是首屈一指。北道东部吐-哈盆地的人口较以往明显增加,特别是吐鲁番盆地的绿洲政权高昌王国发展成为新的人口大国。疏勒、龟兹仍是北道人口大国,龟兹人口当多于高昌。相较于阗、疏勒、龟兹、高昌,焉耆的也丧失了以往的人口资源优势。绿洲人口构成虽更趋复杂,但总体上仍以欧洲人种为主,吐鲁番盆地则成为以汉族为主体的多民族聚居地。

这一时期,可以明确水稻在塔里木盆地绿洲得到广泛种植,但尚无资料证实其是否也在吐鲁番有所种植。另外,龟兹绿洲曾养殖孔雀和封牛,还可能引种了安息香。至于吐鲁番盆地是否栽植漆树,尚无从考察。

吐鲁番盆地以汉人为主的绿洲政权,自北凉余绪统治时期至麴氏高昌国继承秦汉以来中原政权制度,在中央和地方设有屯田曹、田曹、劝农掾等机构、官职管理种植业生产,并实施贷民以种粮的政策。对屯田等官田,实行以"部"为单位组织兵卒生产、租佃与民户、征发民户等经营方式,官田中经济、园艺作物的种植更为普遍。对于畜牧业的经营,除承袭北凉高昌郡时期的按赀配生马制度外,高昌国官府还饲养官畜,其牧养方式之一即征发民众来负责,民众交纳的饲草料则是官

---

[1]〔美〕韩森(Valerie Hansen)著,王锦萍译:《从吐鲁番、撒马尔罕文书看丝绸之路上的贸易》,载新疆吐鲁番学研究院编:《吐鲁番学研究:第三届吐鲁番学暨欧亚游牧民族的起源与迁徙国际学术研讨会论文集》,上海古籍出版社2010年版,第623-640页。

畜饲料来源之一。官府对牲畜实施严格的簿籍管理,而且在牲畜保护、畜皮入藏、牲畜死损赔偿等方面也制定有相应的政策、措施。当地百姓人均占有土地面积逐渐缩小,出现人多地少的矛盾。受人口压力的影响及自然环境的制约,该地区农业以粮食生产为主,其中又以粟种植比重最大,糜与大麦居次,小麦种植比重最小,属于典型的旱作农业类型。桑树、葡萄、枣树、棉花等非粮食作物在农业生产中占有重要地位,受商业经济利益的刺激,其中桑的种植或更为普遍。在具体的生产中,该地利用施基肥的方法增强地力,农户对自己农田附近的渠堤负有自行维护的责任。另外,吐鲁番民众在沿袭中原传统的同时,又根据本地实际自然环境加以改变,形成了独具特点的农时观念。当地百姓还兼营畜牧业,以饲养羊、牛为主,并已掌握分群牧养、留种、选种及阉割、严格的饲料供给标准等技术;但该地承袭上一阶段的特点,畜牧业经济仍居次要地位。当时的农业生产经营中,奴隶仍非主要劳动力,而"作人"类隶属民在劳动力构成中占多大比重,尚不明晰。生产中雇佣、租佃等经营方式在整体上似较 3、4 世纪鄯善王国有所进步,人身依附关系减弱。

塔里木盆地焉耆、龟兹、疏勒、于阗等政权农业呈繁荣景象,其中焉耆农业发展似相对处于劣势。自然环境较脆弱且人口资源严重损耗的东南部地区却逐渐走向衰败,西域绿洲农业经济发展的不平衡性加剧。这一阶段,塔里木盆地域绿洲亦仍兼营种植业和畜牧业,经济、园艺类作物的重要地位没有改变,而畜牧业在农业经济中的比重当大于吐鲁番盆地。该地域的农业生产技术较以往似乎并没有明显进步,只是当地采取蚕蛾飞尽乃治茧的养蚕技术,明显区别于流行在吐鲁番盆地和中原地区的杀蚕取丝技术。蚕蛾飞尽乃治茧的养蚕技术的流行,或与西域绿洲浓厚的佛教文化、自身熟练的毛纺织技术有关。

这一时期,绿洲农产品已具有较高的商品率,但仍主要限于自给自足的性质,农业商品性生产水平整体并不高。农产品贸易仍以国内贸易为主,粮食贸易居主导地位,畜产品及园艺类产品贸易也占有重要地位,蔬菜贸易额所占比重较小。在与外部人员或政权贸易方面,农产品仍是绿洲国与中原政权贡献贸易的重要物资。东西交通的发展则为绿洲的赎食贸易提供了更大的发展空间,但农产品贩卖鲜见于外商的长途贸易中。当时的农产品贸易形态,除物物交换外,银钱类货币逐渐在西域绿洲得到广泛流通;与吐鲁番盆地不同的是,塔里木盆地绿洲还普遍使用铜钱。西域绿洲的商品经济明显较以往发展,但农业在社会经济中的主导地位或没有改变。

结　语

　　自公元前 2 世纪至公元 7 世纪前期,西域绿洲农业历经近八百年的发展变迁。在总的发展趋势上,始终具有地域发展不平衡性,但东北部吐鲁番盆地绿洲农业逐渐发展繁荣,一定程度上改变了西域绿洲农业经济由于自然条件形成的西强东弱的格局。这一发展趋势又呈现出阶段性。

　　公元前 2 世纪至公元 1 世纪初,西汉逐步将匈奴势力驱逐出西域,维持西域各绿洲政权的相对独立性。以欧洲人种为主的各绿洲政权田畜兼营,整体上畜牧业经济比重可能大于种植业,但两者所占的具体比重存在地域性差异。自然条件优越、人口资源丰富的龟兹、疏勒、莎车、于阗、扜弥等绿洲的种植业所占比重相对较大,其次是开都河－孔雀河流域的焉耆、危须等绿洲,而自然条件较差、人口资源处于劣势的若羌－罗布泊地区的鄯善、吐鲁番盆地的车师前国等绿洲的种植业比重较小。在此基础上,种植业相对发达的绿洲国成为近旁缺少耕地和谷物的畜牧业经济政权的"寄田"与"仰谷"对象,实行粗放经营的"寄田"生产成为西域绿洲国较普遍的一种农业开发方式。以"寄田""仰谷"为纽带,该地域形成多个以种植业相对发达的当道绿洲国为中心的经济圈。

　　西汉政权作为另一支农业开发力量,为对抗驱逐匈奴势力,在处于交通要道且具有重要战略地位的绿洲中积极开展屯田。屯田规模最初较小,后来偏东部若羌－罗布泊地区、吐鲁番盆地的屯田区形成较大的聚落,出现较大规模的民屯。屯田生产具有较强的政治、军事性质,是西汉政权一手造就的独立于西域绿洲国的再生产组织,其以谷物种植为主,兼营畜牧业,应用中原较为先进的生产技术,在推动所在地区经济开发,使近旁绿洲国在政治、军事上有所倚重的同时,也使屯

·欧·亚·历·史·文·化·文·库·

田区与绿洲政权农业生产技术出现两极分化的态势。为满足自身对谷物的需求,屯田区还从近旁绿洲国换购谷物,以屯田区为中心的"积谷"贸易圈由此形成。藉助屯田积谷,西汉保障了东西交通的畅通与安全,绿洲政权同西汉的"贡献"贸易,绿洲过往人员的"赎食"贸易随之发展起来,其与"积谷""仰谷"物物交换贸易共同刺激着当地农产品贸易的发展及农业的商品性生产。

公元1世纪初,西汉势力(含新莽政权)退出西域。其后及至5世纪前期,先后虽有多支外部势力进入西域,但皆未能对该地实现较为持久稳固的统治。经过政治、军事力量的重新整合,西域出现鄯善、于阗、疏勒、龟兹、焉耆等绿洲国称霸的局面,人口资源随之向这几大绿洲王国集中。另有大量外部人群徙入,最为突出的是偏东部地区,鄯善王国成为贵霜移民的聚居地,楼兰与吐鲁番盆地的高昌地区,特别是高昌地区成为汉人的移居地。在此人口迁移及伴生的东西文化交流的背景下,桑、蚕、棉花、石榴、桃、杏、核桃等诸多新作物品种被引入西域绿洲,为当地农业发展提供了丰富的物种资源。

继西汉之后的中原政权的屯田规格较西汉降低,经营范围也较之缩小,主要局限在若羌-罗布泊地区的楼兰与吐鲁番盆地的高昌。在中原政权相对持续的经营下,这两地区生产规模扩大,成为新兴农业区。高昌则由屯田区进一步发展为郡,成为稳定的农业经济区。两地的屯田生产,除直接役使兵卒外,或还实行了可能带有一定强制性质的租佃经营;并且高昌郡的屯田已广泛种植桑树类经济作物。高昌郡以家庭为主要经营单位的私营农业,存在租佃、雇佣等经营方式,兼营种植业和畜牧业,后者经济地位似乎逊于前者,而桑树和葡萄等非粮作物生产在种植业经济中占有重要地位。新农业区水利灌溉设施修筑、维护、使用由官府机构负责,生产工具仍以犁等铁制为主,另有少量木制工具;生产中已普遍应用中耕除草技术,但对土地的利用尚未实行复种制度。新兴农业区的农产品贸易,最初在中原政权的经营下以物物交换为主,兼用钱币,随着政治形势的变化,特别是前凉以后,鲜见钱币流通。

以鄯善为代表的绿洲王国通过利益调节及立法保护招徕人口,积极促进国内农业生产。绿洲国亦田畜兼营,但其畜牧业经济所占比重远高于楼兰、高昌两新兴农业区。与畜牧业的重要地位相对应,官府制定了一系列相关的政策、法规,为本国畜牧业的发展繁荣提供了保障,当地民众掌握应用的畜牧业生产技术也已较为全面、成熟。绿洲国私营农业以家庭和庄园、领地为经营单位,且庄园、领地类大土地所有者多设置管家管理生产,生产中雇佣、租佃的经营方式具有较强的人身依附性,畜牧业中还实行寄养代牧的经营方式。这一时期,绿洲国已拥有较为完备的灌溉设施体系及相应的管理体制。在中原政权向绿洲国推广先进生产技术的背景下,牛耕技术在当地得到应用,但并不普遍,生产工具仍以木质工具为主,实行粗放经营,与偏东部的新农业区的种植业生产技术还存在明显差距。当时,绿洲国的农产品既是商品,也发挥着货币的职能,但农产品贸易形态不再是单纯的物物交换,已使用钱币,只是钱币的使用似乎在绿洲国民众之中并不普遍。从而在总体上,绿洲国的农业经济明显区别于深受汉地政治形势及汉文化影响的楼兰、高昌新农业区,西域绿洲农业发展的地域不平衡性趋于明显。

自公元 5 世纪中期,西域外部先后兴起柔然、吐谷浑、高车、嚈哒、突厥及铁勒等多支游牧势力,各游牧势力在西域竞相展开角逐,时有东部中原政权的参与,直到 7 世纪前期唐朝势力进入,重新统一西域。在此期间,自然环境较脆弱的东南部绿洲人口数量锐减,部分地区在 7 世纪前期变得荒无人烟,原本称霸的鄯善也丧失了原有的人口资源优势。从而,东南部绿洲的农业呈现衰败景象。塔里木盆地自然条件较优越的于阗、疏勒、龟兹、焉耆等绿洲政权的农业,依然保持蓬勃发展之势,但其中焉耆似逊于其他几个绿洲国。这一阶段,塔里木盆地绿洲普遍种植水稻,孔雀和封牛在龟兹绿洲得到养殖,尚不明确其他绿洲是否也引入了这两物种,龟兹还可能引种了安息香。该地域绿洲仍兼营种植业和畜牧业,经济、园艺类作物的重要地位没有改变,但其农业生产技术似乎较以往也没有明显进步,当地流行的蚕蛾飞尽乃治茧的养蚕技术,或与西域绿洲浓厚的佛教文化、自身熟练的毛纺织技术有关。

东北部吐－哈盆地人口数量显著增加,特别是吐鲁番盆地绿洲政权崛起为新的人口大国。与塔里木盆地绿洲仍以欧洲人种为主不同,吐鲁番盆地成为以汉族为主体的多民族聚居地。该地政权承袭秦汉以来的中原政权制度,在中央和地方设有相应的管理机构、官职负责国内农业生产。当地包括屯田在内的官田,实行以"部"为单位组织兵卒生产、租佃与民户、征发民户等经营方式,官田中经济、园艺类作物的种植更为普遍。官府还饲养官畜,对牲畜实行严格的簿籍管理,并制定有其他相关的政策、措施。该地区百姓虽仍是田畜兼营,但种植业占主导地位,畜牧业经济所占比重远低于塔里木盆地绿洲国。生产中雇佣、租佃等经营方式在整体上似较上一阶段的绿洲王国有所进步,人身依附关系减弱。当地人均占有土地面积逐渐缩小,人地矛盾突出。种植业在以粮食生产为主的同时,桑、棉、葡萄等非粮食作物占有重要地位,受商业经济利益的刺激,桑的种植或更为普遍。因自然环境及人口压力的影响,吐鲁番盆地粮食作物的生产结构属于典型的旱作农业类型。在具体的生产中,该地民众深入开展集约经营,精耕细作,除广泛实行一年两熟的复种制外,还利用施基肥的方法增强地力,对中原传统加以沿袭变通,形成当地独特的农时观念。人口资源丰富的吐鲁番盆地成为西域绿洲农业经济发达区,与农业生产技术没有明显进步的塔里木盆地绿洲,尤其是东南部农业生产呈衰败之势的鄯善等绿洲形成鲜明相比。西域绿洲农业发展的不平衡性进一步增强,最初西强东弱的农业经济生产格局也由此发生变化。

这一时期,以吐鲁番盆地为代表的绿洲的农产品已具有较高的商品率,但主要限于自给自足的性质,农业商品性生产水平整体不高。农产品依旧是绿洲国发展与中原政权"贡献"贸易的重要物资,东西交通的发展为绿洲的"赎食"贸易提供了更大的发展空间,但外商长途贩卖贸易中鲜见农产品商品,绿洲农产品贸易仍以国内贸易为主。当时的农产品贸易形态,除物物交换外,银钱类货币的使用逐渐普遍。与吐鲁番盆地不同的是,塔里木盆地绿洲还广泛流通铜钱。

不难发现,公元前 2 世纪至公元 7 世纪前期,西域绿洲农业的发展变迁是自然环境与政治、交通、经济、文化等社会诸因素综合作用的结果。各因素在影响农业的同时,相互间亦存在制约、渗透的作用。较突出的是,西域绿洲农业的发展变迁深受周边游牧和中原农耕等势力的影响。

参考文献

一、中文文献

史料类

史记.北京:中华书局,1982.

汉书.北京:中华书局,1962.

后汉书.北京:中华书局,1965.

三国志.北京:中华书局,1982.

晋书.北京:中华书局,1982.

魏书.北京:中华书局,1984.

宋书.北京:中华书局,1983.

南齐书.北京:中华书局,1972.

梁书.北京:中华书局,1983.

周书.北京:中华书局,1983.

隋书.北京:中华书局,1982.

北史.北京:中华书局,1983.

旧唐书.北京:中华书局,1975.

新唐书.北京:中华书局,1975.

旧五代史.北京:中华书局,1976.

新五代史.北京:中华书局,1974.

资治通鉴.北京:中华书局,1956.

全唐诗(增订本).北京:中华书局,1999.

太平广记.北京:中华书局,1961.

太平御览.北京:中华书局,1960.

唐会要.北京:中华书局,1955.

杜佑.通典.王文锦,等,点校.北京:中华书局,1988.

段公路.北户录.北京:中华书局,1985.

法显.法显传校注.章巽,校注.北京:中华书局,2008.

韩非.韩非子新校注.陈奇猷,校注.上海:上海古籍出版社,2000.

慧立,彦悰.大慈恩寺三藏法师传.孙毓棠,谢方,点校.北京:中华书局,2000.

李林甫,等.唐六典.陈仲夫,点校.北京:中华书局,1992.

郦道元.水经注校证.陈桥驿,校证.北京:中华书局,2007.

黎翔凤.管子校注.梁运华,整理.北京:中华书局,2004.

七十一.回疆风土记.北京:中华书局,1936.

慧皎.高僧传.汤用彤,校注.北京:中华书局,1992.

僧祐.出三藏记集.苏晋仁,萧錬子,点校.北京:中华书局,1995.

王钦若,等.册府元龟:校订本.周勋初,等,校订.南京:凤凰出版社,2006.

王应麟.玉海.北京:文物出版社,1992.

徐松.西域水道记(外二种).朱玉麒,整理.北京:中华书局,2005.

玄奘,辩机.大唐西域记校注.季羡林,等,校注.北京:中华书局,2000.

严可均.全后汉文.许振生,审定.北京:商务印书馆,1999.

杨衒之.洛阳伽蓝记校笺.杨勇,校笺.北京:中华书局,2006.

应劭.风俗通义校注.王利器,校注.北京:中华书局,1981.

张华.博物志校证.范宁,校证.北京:中华书局,1980.

俄罗斯科学院东方研究所,俄罗斯科学出版社东方文学部,上海古籍出版社.俄藏敦煌文献(1~17册).上海:上海古籍出版社,1992-2001.

甘肃省文物考古研究所,等.居延新简.北京:文物出版社,1990.

侯灿,杨代欣.楼兰汉文简纸文书集成.成都:天地出版社,1999.

林梅村,李均明.疏勒河流域出土汉简.北京:文物出版社,1984.

林梅村.楼兰尼雅出土文书.北京:文物出版社,1985.

林梅村.沙海古卷:中国所出佉卢文书(初集).北京:文物出版社,1988.

荣新江,李肖,孟宪实.新获吐鲁番出土文献.北京:中华书局,2008.

沙知,吴芳思.斯坦因第三次中亚考古所获汉文文献(非佛经部分).上海:上海辞书出版社,2005.

唐长孺.吐鲁番出土文书(图文版1~4册),北京:文物出版社,1992-1996.

王冀青.斯坦因第三次中亚探险所获甘肃新疆出土汉文文书.兰州:甘肃人民出版社,1993.

谢桂华,李均明,朱国炤.居延汉简释文合校.北京:文物出版社,1987.

著作类

陈国灿.斯坦因所获吐鲁番文书研究.武汉:武汉大学出版社,1995.

岑仲勉.汉书西域传地里校释.北京:中华书局,1981.

陈梦家.汉简缀述.北京:中华书局,1980.

陈直.两汉经济史料论丛.北京:中华书局,2008.

陈直.居延汉简研究.北京:中华书局,2009.

董恺忱,范楚玉.中国科学技术史(农学卷).北京:科学出版社,2000.

樊自立.塔里木河流域资源环境及可持续发展.北京:科学出版社,1998.

冯承钧.西域南海史地考证论著汇辑.香港:中华书局香港分局,1976.

傅小锋.绿洲经济可持续发展研究.北京:科学出版社,2008.

韩儒林.穹庐集——元史及西北民族史研究.上海:上海人民出版社,1982.

侯灿.高昌楼兰研究论集.乌鲁木齐:新疆人民出版社,1990.

胡平生,张德芳.敦煌悬泉汉简释粹.上海:上海古籍出版社,2001.

黄烈.黄文弼历史考古论集.北京:文物出版社,1989.

黄盛璋.绿洲学研究.北京:科学出版社,2003.

黄文弼.罗布淖尔考古记.北京:国立北平研究院史学研究所,1948.

黄文弼.吐鲁番考古记.北京:科学出版社,1954.

黄文弼.塔里木盆地考古记.北京:科学出版社,1958.

姜伯勤.敦煌吐鲁番文书与丝绸之路.北京:文物出版社,1994.

李大龙.两汉时期的边政与边吏.哈尔滨:黑龙江教育出版社,1996.

李江风.塔克拉玛干沙漠和周边山区天气气候.北京:科学出版社,2003.

李锦绣,余太山.《通典》西域文献要注.上海:上海人民出版社,2009.

李吟屏.佛国于阗.乌鲁木齐:新疆人民出版社,1991.

林幹.中国古代北方民族通论.呼和浩特:内蒙古人民出版社,1998.

林梅村.西域文明——考古、民族、语言和宗教新论.北京:东方出版社,1995.

林梅村.汉唐西域与中国文明.北京:文物出版社,1998.

林梅村.古道西风——考古新发现所见中西文化交流.北京:三联书店,2000.

刘光华.汉代西北屯田研究.兰州:兰州大学出版社,1988.

刘乐贤.睡虎地秦简日书研究.北京:文津出版社,1994.

刘文锁.沙海古卷释稿.北京:中华书局,2007.

刘义棠.中国西域研究.台北:正中书局,1997.

柳洪亮.新出吐鲁番文书及其研究.乌鲁木齐:新疆人民出版社,1997.

卢勋,李根蟠.民族与物质文化史考略.北京:民族出版社,1991.

罗振玉,王国维.流沙坠简.北京:中华书局,1993.

马雍.西域史地文物丛考.北京:文物出版社,1990.

孟凡人.楼兰新史.北京:光明日报出版社,新西兰霍兰德出版有限公司,1990.

孟凡人.楼兰鄯善简牍年代学研究.乌鲁木齐:新疆人民出版社,1995.

孟宪实.汉唐文化与高昌历史.济南:齐鲁书社,2004.

穆舜英.楼兰文化研究论集.乌鲁木齐:新疆人民出版社,1995.

钱云,金海龙,等.丝绸之路绿洲研究.乌鲁木齐:新疆人民出版社,2010.

荣新江.中古中国与外来文明.北京:三联书店,2001.

水涛.中国西北地区青铜时代考古论集.北京:科学出版社,2001.

宋晓梅.高昌国——公元五至七世纪丝绸之路上的一个移民小社会.北京:中国社会科学出版社,2003.

苏北海.西域历史地理.乌鲁木齐:新疆大学出版社,1993.

苏北海.西域历史地理(第2卷).乌鲁木齐:新疆大学出版社,2000.

汤奇成,郭知教,张蕴威.新疆水文地理.北京:科学出版社,1966.

唐长孺.魏晋南北朝史论拾遗.北京:中华书局,1983.

唐长孺.山居存稿.北京:中华书局,1989.

唐嘉弘.先秦史新探.开封:河南大学出版社,1988.

田余庆.秦汉魏晋史探微.重订本.北京:中华书局,2004.

王炳华.西域考古历史论集.北京:中国人民大学出版社,2008.

王国维.观堂集林(附别集).北京:中华书局,1959.

王素.吐鲁番出土高昌文献编年.台北:新文丰出版社,1997.

王素.高昌史稿——统治编.北京:文物出版社,1998.

王素.高昌史稿——交通编.北京:文物出版社,2000.

王仲荦.敦煌石室地志残卷考释.郑宜秀,整理.上海:上海古籍出版社,1993.

夏训诚.中国罗布泊.北京:科学出版社,2007.

谢丽.清代至民国时期农业开发对塔里木盆地南缘生态环境的影响.上海:上海人民出版社,2008.

新疆克里雅河及塔克拉玛干科学探险考察队.克里雅河及塔克拉玛干科学探险考察报告.北京:中国科学技术出版社,1991.

新疆农业地理编写组.新疆农业地理.乌鲁木齐:新疆人民出版社,1980.

杨际平.敦煌吐鲁番文书研究文选.台北:新文丰出版社,2007.

殷晴.丝绸之路与西域经济——十二世纪前新疆开发史稿.北京:中华书局,2007.

余太山.塞种史研究.北京:中国社会科学出版社,1992.

余太山.西域文化史.北京:中国友谊出版公司,1995.

余太山.两汉魏晋南北朝与西域关系史研究.北京:中国社会科学出版社,1995.

余太山.西域通史.郑州:中州古籍出版社,2003.

余太山.两汉魏晋南北朝正史西域传研究.北京:中华书局,2003.

余太山.两汉魏晋南北朝正史西域传要注.北京:中华书局,2005.

张波.西北农牧史.西安:陕西科学技术出版社,1989.

张传玺.中国历代契约会编考释.北京:北京大学出版社,1995.

张广达,荣新江.于阗史丛考.增订本.北京:中国人民大学出版社,2008.

张泽咸.汉晋唐时期农业.北京:中国社会科学出版社,2003.

张政烺.中西交通史料汇编(1～4册).朱杰勤,校订.北京:中华书局,2003.

赵俪生.中国土地制度史.济南:齐鲁书社,1984.

赵俪生.古代西北屯田开发史.兰州:甘肃文化出版社,1997.

中共新疆维吾尔自治区委员会政策研究室,等.新疆牧区社会.北京:农村读物出版社,1988.

中国科学院考古研究所.居延汉简甲编.北京:科学出版社,1959.

中国科学院新疆综合考察队,中国科学院植物研究所.新疆植被及其利用.北京:科学出版社,1978.

《中国少数民族社会历史调查资料丛刊》新疆维吾尔自治区编辑组.南疆农村社会.乌鲁木齐:新疆人民出版社,1979.

中日·日中共同尼雅遗迹学术考察队.中日·日中共同尼雅遗迹学术调查报告书(第2卷).京都:中村印刷株式会社,1999.

周连宽.大唐西域记史地研究丛稿.北京:中华书局,1984.

朱雷.敦煌吐鲁番文书论丛.兰州:甘肃人民出版社,2000.

巴音郭楞蒙古自治州文管所.且末县扎洪鲁克古墓葬1989年清理简报.新疆文物,1992(2).

毕波.粟特文古信札汉译与注释∥文史:第67辑.北京:中华书局,2004.

曹旅宁.秦律《厩苑律》考.中国经济史研究,2003(3).

陈戈.新疆米兰古灌溉渠道及其相关的一些问题.考古与文物,1984(6).

陈戈.焉耆尉犁危须都城考.西北史地,1985(2).

陈国灿.对高昌国某寺全年月用帐的计量分析——兼析高昌国的租税制度∥魏晋南北朝隋唐史资料:第9、10期.1988.

陈国灿.高昌国的占田制度∥魏晋南北朝隋唐史资料:第11期.1991.

陈国灿.略论敦煌吐鲁番文献研究中的史学断代问题.敦煌研究,2006(6).

陈慧生.两汉屯田和统一新疆的关系∥秦汉史论丛:第3辑.西安:陕西人民出版社,1986.

陈良文.吐鲁番文书中所见的高昌唐西州的蚕桑丝织业.敦煌学辑刊,1987(1).

陈良文.从《高昌乙酉、丙戌岁某寺条列月用斛斗帐历》看高昌寺院经济.湘潭师范学院·社会科学学报,1987(2).

陈明."商胡辄自夸":中古胡商的药材贸易与作伪.历史研究,2007(4).

陈锐.克里雅河流域全新世绿洲环境变迁.第四纪研究,2002(3).

陈习刚.葡萄、葡萄酒的起源及传入新疆的时代与路线.古今农业,2009(1).

陈跃.南疆历史农牧业地理研究.西北大学硕士学位论文,2009.

陈跃.魏晋南北朝西域农业的新发展.中国经济史研究,2012(3).

陈仲安.试析高昌王国文书中之"剂"字——麹朝税制管窥//武汉大学历史系魏晋南北朝隋唐史研究室.敦煌吐鲁番文书初探(二编).武汉:武汉大学出版社,1990.

程喜霖.吐鲁番文书中所见的麹氏高昌的计田输租与计田承役//中国文物研究所.出土文献研究.北京:文物出版社,1985.

戴双喜,包英华.法律视域中的苏鲁克制度.内蒙古社会科学(汉文版,2007(6).

冻国栋.麹氏高昌役制研究.敦煌学辑刊,1990(1).

杜斗城,郑炳林.高昌王国的民族和人口结构.西北民族研究,1988(1).

杜忠潮.中国近两千多年来气候变迁的东西分异及对丝绸之路兴衰的影响.干旱区地理,1996(3).

樊志民.战国秦汉农官制度研究.史学月刊,2003(5).

高荣.汉代戊己校尉述论.西域研究,2002(2).

关尾史郎.从吐鲁番带出的"五胡"时期户籍残卷两件//新疆吐鲁番地区文物局.吐鲁番学研究:第二届吐鲁番学国际学术研讨会论文集.上海:上海辞书出版社,2006.

郭丹华,吴子婴,周旸.新疆营盘出土丝纤维的形貌分析.浙江理工大学学报,2009(5).

韩国磐.从《吐鲁番出土文书》中夏田券来谈高昌租佃的几个问题//韩国磐.敦煌吐鲁番出土经济文书研究.厦门:厦门大学出版社,1986.

何双全.居延汉简所见汉代农作物小考.农业考古,1986(2).

洪涛.汉代西域都护府研究述评.新疆师范大学学报,2007(2).

胡平生.楼兰木简残纸文书杂考.新疆社会科学,1990(3).

胡平生.楼兰文书释丛.文物,1991(8).

胡平生.魏末晋初楼兰文书编年系联:上、下.西北民族研究,1991(1、2).

胡如雷.几件吐鲁番出土文书反映的十六国时期租佃契约关系.文物,1978(6).

黄敬愚.简牍所见西汉马政.南都学坛,2006(3).

黄清连.唐代的雇佣劳动.中央研究院历史语言研究所集刊,1978(3).

黄盛璋.新疆水利技术的传播和发展.农业考古,1984(1、2).

黄盛璋.新疆坎儿井的来源及其发展.中国社会科学,1985(1).

黄盛璋.再论新疆坎儿井的来源与传播.西域研究,1994(1).

贾丛江.西汉属部朝贡制度.西域研究,2003(4).

贾丛江.关于西汉时期西域汉人的几个问题.西域研究,2004(4).

贾丛江.西汉戊己校尉的名和实.中国边疆史地研究,2006(4).

贾丛江.西汉伊循职官考疑.西域研究,2008(4).

贾应逸.新疆尼雅出土"司禾府印".文物,1984(9).

贾应逸.新疆丝织技艺的起源及其特点.考古,1985(2).

姜伯勤.吐鲁番所出高昌"祀天"文书考//敦煌吐鲁番研究:第8卷.北京:中华书局,2005.

蒋洪恩,李肖,李承森.新疆吐鲁番洋海墓地出土的粮食作物及其古环境意义.古地理学报,2007(5).

孔祥星.唐代新疆地区的交通组织长行坊.中国历史博物馆馆刊,1981(3).

孔祥星.唐代前期的土地租佃关系.中国历史博物馆馆刊,1982(4).

劳干.汉代西域都护与戊己校尉.中央研究院历史语言所集刊:第

28本上,1956.

李安宁."东国公主传蚕种木板画"研究.新疆艺术学院学报,2005(1).

李宝通.试论魏晋南北朝高昌屯田的渊源流变.西北师大学报,1992(6).

李宝通.两汉楼兰屯戍源流述考//甘肃省文物考古研究所,西北师范大学历史系.简牍学研究:第1辑.兰州:甘肃人民出版社,1997.

李宝通.蜀汉经略楼兰史脉索隐//甘肃省文物考古研究所,西北师范大学历史系.简牍学研究:第2辑.兰州:甘肃人民出版社,1998.

李炳泉.西汉西域渠犁屯田考论.西域研究,2002(1).

李炳泉.两汉戊己校尉建制考.史学月刊,2002(6).

李炳泉.西汉西域伊循屯田考论.西域研究,2003(2).

李根蟠.精耕细作、小农经济与传统农业的改造散论. http://economy. guoxue. com/article. php/236.

李根蟠.战国秦汉小农家庭的规模的及其变化机制//张国刚.家庭史研究的新视野.北京:三联书店,2004.

李文瑛.营盘及其相关遗址考——从营盘遗址非"注滨城"谈起.新疆文物,1998(2).

李肖.吐鲁番新出壁画"庄园生活图"简介.吐鲁番学研究,2004(1).

李吟屏.和田蚕桑史述略.新疆地方志,1987(2).

李吟屏.克里雅河末端古遗址踏察简记及有关问题.新疆文物,1991(1).

李志忠.塔里木盆地12000年来的环境变迁.大自然探索,1997(3).

林梅村.敦煌出土粟特文古书信的断代问题.中国史研究,1986(1).

林梅村.新疆和田出土汉文于阗文双语文书.考古学报,1993(1).

林梅村.楼兰公主与蚕种西传于阗和罗马.文物天地,1996(4).

林梅村.犍陀罗语文学与古代中印文化交流.中国文化,2001(17－18).

林梅村.勒柯克收集品中的五件犍陀罗语文书.西域研究,2004(3).

林日举.高昌郡赋役制度杂考.中国社会经济史研究,1993(2).

刘戈,郭平梁."大宛汗血天马"揭秘——兼说中国家畜家禽阉割传统.敦煌学辑刊.2008(2).

刘国防.西汉比胥鞬屯田与戊己校尉的设置.西域研究,2006(4).

刘进宝.不能对古代新疆地区棉花种植估计过高.中国边疆史地研究,2005(4).

刘进宝.唐五代敦煌种植"红蓝"研究.中华文史论丛,2006(3).

刘秋根.中国封建社会农业金融发展阶段初探.人文杂志,2007(2).

刘文锁.安迪尔新出汉佉二体钱考.中国钱币,1991(3).

刘文锁."尼壤"考述.西域研究,2000(3).

刘文锁.尼雅浴佛会及浴佛斋祷文.敦煌研究,2001(3).

柳洪亮.十六国时期高昌郡水利考.新疆社会科学,1985(2).

柳洪亮.略谈十六国时期高昌郡的水利制度——吐鲁番出土文书研究.新疆大学学报,1986(2).

刘锡淦.关于西域都护与僮仆都尉问题的质疑.新疆大学学报,1983(1).

刘永连.吐鲁番文书"桃"与葡萄关系考辨.中国典籍与文化,2008(1).

卢向前.麹氏高昌和唐代西州的葡萄、葡萄酒及葡萄酒税.中国经济史研究,2002(4).

卢开万.试论麹氏高昌时期赋役制度//唐长孺.敦煌吐鲁番文书初探.武汉:武汉大学出版社,1983.

卢开万.麹氏高昌未推行均田制度论.敦煌学辑刊,1986(1).

吕卓民,陈跃.两汉南疆农牧业地理.西域研究,2010(2).

马国荣.汉唐时期和田地区之经济述略.新疆历史研究,1985(3).

马国荣.浅谈汉代西域屯田//《西域史论丛》编辑组.西域史论丛:第1辑.乌鲁木齐:新疆人民出版社,1985.

马国荣.两汉时期的新疆农业.新疆文物,1992(1).

马怡.扁书试探//孙家洲.额济纳汉简释文校本.北京:文物出版社,2007.

毛佩琦.历史研究中的"三重证据法".科学时报,2006-11-16。

孟凡人.Supiya人与婼羌的关系略说.新疆大学学报,1991(3).

孟凡人.论鄯善国都的方位//黄盛璋.亚洲文明:第2集,合肥:安徽教育出版社,1992.

孟凡人.于阗国都城方位考//马大正,等.西域考察与研究.乌鲁木齐:新疆人民出版社,1994.

孟宪实.两汉戊己校尉新论.广西社会科学,2004(1).

乜小红.从吐鲁番敦煌雇人放羊契看中国7—10世纪的雇佣关系.中国社会经济史研究,2003(1).

乜小红.略论十六国以来高昌地区的丝织业.西北师大学报,2003(5).

乜小红.略论《俄藏敦煌文献》中的两件十六国买卖券.中国经济史研究,2008(2).

乜小红.对古代吐鲁番葡萄园租佃契的考察.中国社会经济史研究,2011(3).

钮仲勋.历史时期新疆地区的农牧开发.中国历史地理论丛,1987(1).

钮仲勋.两汉时期新疆的水利开发.西域研究,1998(2).

钮仲勋.魏晋南北朝时期新疆的水利开发.西域研究,1999(1).

裴成国.吐鲁番新出北凉计赀、计口出丝帐研究.中华文史论丛,2007(4).

平一."司禾府印"小考.新疆文物,1990(2).

钱伯泉.北胥鞬考.新疆社会科学,1985(2).

钱伯泉.魏晋时期鄯善国的土地制度和阶级关系.中国社会经济史研究,1988(2).

裘锡圭.从出土文字资料看秦和西汉时代官有农田的经营//臧振华.中国考古学与历史学之整合研究:上.台北:中央研究院历史语言研究所出版品编辑委员会,1997.

屈罗木图.匈奴对西域的统治及统治措施.内蒙古师范大学硕士学位论文,2008.

饶瑞符.米兰古代水利工程与屯田建设.干旱区地理,1982(Z1).

荣新江.萨保与萨薄:佛教石窟壁画中的粟特商队首领//法国汉学丛书编辑委员会.粟特人在中国——历史、考古、语言的新探索.北京:中华书局,2005.

荣新江.西域粟特移民聚落补考.西域研究,2005(2).

荣新江.吐鲁番新出《前秦建元二十年籍》研究.中华文史论丛.2007(4).

荣新江,文欣.和田新出汉语—于阗语双语木简考释//敦煌吐鲁番研究:第11卷.上海:上海古籍出版社,2009.

沙比提.从考古发掘资料看新疆古代的棉花种植和纺织.文物,1973(10).

尚衍斌.汉唐时期龟兹经济的几个问题.新疆师范大学学报,1989(4).

施丁.汉代轮台屯田的上限问题.中国史研究,1994(4).

施伟青.汉代居延官俸发放的若干问题.中国经济史研究,1997(1).

施之勉.屯田轮台在昭帝时.大陆杂志,49(1),1974.

沈志忠.汉代五谷考略.中国农史,1998(1).

舒强,钟巍,熊黑钢,等.南疆尼雅地区4000a来的地化元素分布特征与古气候环境演化的初步研究.中国沙漠,2001(1).

苏北海.别失八里名称源于北胥鞬考.中国历史地理论丛.1994(4).

孙安国.中国是大麻的起源地.中国麻作.1983(3).

孙振玉.试析麴氏高昌王国对葡萄种植经济以及租酒的经营管理//敦煌吐鲁番学新疆研究中心,《新疆文物》编辑部.吐鲁番学研究专辑(内部资料).乌鲁木齐,1990.

唐长孺.吐鲁番文书中所见丝织手工业技术在西域各地的传播//中国文物研究所.出土文献研究.北京:文物出版社,1985.

童丕.据敦煌写本谈红蓝花——植物的使用//胡素馨.佛教物质文化:寺院财富与世俗供养国际学术研讨会论文集.上海:上海书画出版社,2003.

吐尔逊·艾沙.罗布淖尔地区东汉墓发掘及初步研究.新疆社会科学,1983(1).

吐鲁番地区文管所.鄯善苏巴什古墓葬发掘简报//新疆文物考古研究所.新疆文物考古新收获(1979—1989).乌鲁木齐:新疆人民出版社,1995.

吐鲁番地区文管所.托克逊县英亚依拉克古墓群调查//新疆文物考古研究所.新疆文物考古新收获(1979—1989).乌鲁木齐:新疆人民出版社,1995.

吐鲁番地区文物局.新疆吐鲁番地区阿斯塔那古墓群西区408、409号墓.考古,2006(12).

王炳华.新疆农业考古概述.农业考古,1983(1).

王克孝.Дx·2168号写本初探——以"蓝"的考证为主.敦煌学辑刊,1993(2).

王青.西域地区的龙崇拜以及对中土文化的影响.西域研究,2004(2).

王瑟.中国小麦最早在新疆种植有新佐证.光明日报,2007-12-16.

王素.略谈香港新见吐鲁番契券的意义.文物,2003(10).

王素.高昌戊己校尉的设置.新疆师范大学学报,2005(3).

王素.吐鲁番新获高昌郡文书的断代与研究//土肥議和.敦煌·

255

吐鲁番出土漢文文書の新研究.東京:東洋文庫,2009.

王素,李方.《梁四公记》所载高昌经济地理资料及其相关问题.中国史研究,1984(4).

王文涛.两汉的耒耜类农具.农业考古,1995(3).

王欣.古代鄯善地区的农业与园艺业.中国历史地理论丛,1998(3).

王欣.麹氏高昌王国的祭祀制度//胡厚宣,等.出土文献研究:第3辑.北京:中华书局,1998.

王欣,常婧.鄯善王国的畜牧业.中国历史地理论丛.2007(2).

王艳明.从出土文书看中古时期吐鲁番的葡萄种植业.敦煌学辑刊.2001(1).

王艳明.晋唐时期吐鲁番的植棉和棉纺织业.敦煌研究,2005(1).

王勇.秦汉地方农官建置考述.中国农史,2008(3).

王裕昌,宋琪.汉代的马政与养马高峰.西北师大学报,2004(6).

王仲荦.唐代西州的缣布.文物,1976(1).

魏长洪.新疆丝绸蚕桑的传入与发展.新疆大学学报,1979(1-2).

韦正.试谈吐鲁番几座魏晋、十六国早期墓葬的年代和相关问题.考古,2012(9).

卫斯.我国汉唐时期西域栽培水稻疏议.农业考古,2005(1).

卫斯.从佉卢文简牍看精绝国的葡萄种植业.新疆大学学报,2006(6).

魏迎春.古代高昌地区畜牧业状况管窥.敦煌学辑刊.2000(1).

温乐平.论秦汉养牛业的发展及相关问题.中国社会经济史研究,2007(3).

文欣.于阗国"六城"(kṣa au)新考//朱玉麒.西域文史:第3辑.北京:科学出版社,2008.

文欣.于阗国官号考//敦煌吐鲁番研究:第11卷,上海:上海古籍出版社,2009.

吴玉贵.试论两件高昌供食文书.中国史研究,1990(1).

吴震.介绍八件高昌契约.文物,1962(7-8).

吴震.麴氏高昌国土地形态所有制试探.新疆文物,1986(1).

吴震.吐鲁番出土高昌某寺月用斛斗帐历浅说.文物,1989(11).

吴震.7世纪前后吐鲁番地区农业生产的特色——高昌寺院经济管窥//殷晴.新疆经济开发史研究:上册.乌鲁木齐:新疆人民出版社,1992.

吴震.吐鲁番出土券契文书的表层考察//敦煌吐鲁番研究:第1卷.北京:北京大学出版社,1996.

吴震.关于古代植棉研究中的一些问题//新疆吐鲁番地区文物局.吐鲁番学研究:第二届吐鲁番学国际学术研讨会论文集.上海:上海辞书出版社,2006.

武敏.从出土文书看古代高昌地区的蚕丝与纺织.新疆社会科学,1987(5).

武敏.吐鲁番古墓出土丝织品新探//敦煌吐鲁番研究:第4卷.北京:北京大学出版社,1999.

夏雷鸣.从"浴佛"看印度佛教在鄯善国的嬗变.西域研究,2000(2).

谢丽.绿洲农业开发与楼兰古国生态环境的变迁.中国农史,2001(1).

谢重光.麴氏高昌寺院经济试探.中国经济史研究,1987(1).

谢重光.麴氏高昌赋役制度考辨.北京师范大学学报,1989(1).

新疆博物馆.新疆民丰大沙漠中的古代遗址.考古,1961(3).

新疆考古研究所.鄯善县洋海、达浪坎儿古墓群清理简报.新疆文物,1989(4).

新疆维吾尔自治区博物馆文物队,轮台县文教局.轮台县文物调查.新疆文物,1991(2).

新疆维吾尔自治区文化厅文物处,新疆大学历史系文博干部专修班.哈密焉不拉克墓地发掘报告.考古学报,1989(3).

新疆文物考古研究所,法国科学研究中心 315 所中法克里雅河考古队.新疆克里雅河流域考古调查概述.考古,1998(12).

新疆文物考古研究所,和静县博物馆.和静县察吾呼沟一号墓地//新疆文物考古研究所,新疆维吾尔自治区博物馆.新疆文物考古新收获:续.乌鲁木齐:新疆美术摄影出版社,1997.

新疆文物考古研究所,吐鲁番地区文管所.鄯善苏贝希墓群一号墓地发掘简报.新疆文物,1993(4).

新疆文物考古研究所,吐鲁番地区文物局.吐鲁番考古新收获——鄯善县洋海墓地发掘简报.新疆文物,2004(1).

新疆文物考古研究所,新疆维吾尔自治区博物馆.和硕县新塔拉和曲惠遗址调查.考古与文物,1989(2).

新疆文物考古研究所.哈密五堡墓地 151、152 号墓葬.新疆文物,1992(3).

新疆文物考古研究所.新疆尉犁县营盘墓地 1995 年发掘简报.文物,2002(6).

新疆文物考古研究所.新疆罗布泊小河墓地 2003 年发掘简报.文物,2007(10).

薛瑞泽.从《楼兰尼雅出土文书》看汉魏晋在鄯善地区的农业生产.中国农史,1993(3).

薛宗正.论高昌国的天神崇拜.中南民族大学学报,2009(5).

严耀中.十六国时期高昌官地上的"佃役"与"共分治"//严耀中.魏晋南北朝史考论.上海:上海人民出版社,2010.

阎文儒.新疆天山以南的石窟.文物,1962(7,8).

杨富学.佉卢文书所见鄯善国之货币——兼论与回鹘货币之关系.敦煌学辑刊,1995(2).

杨际平.试考唐代吐鲁番地区"部田"的历史渊源.中国经济史研究,1982(1).

杨际平.麴氏高昌与唐代西州、沙州租佃制研究//韩国磐.敦煌吐鲁番出土经济文书研究.厦门:厦门大学出版社,1986.

杨际平. 麹氏高昌土地制度试探. 新疆社会科学,1987(3,4).

杨际平. 再谈麹氏高昌与唐代西州"部田"的历史渊源. 中国史研究,1988(2).

杨际平. 麹氏高昌赋役制度管见. 中国社会经济史研究,1989(2).

杨际平. 敦煌吐鲁番出土雇工契约研究∥敦煌吐鲁番研究:第2卷. 北京:北京大学出版社,1997.

杨际平. 从东海郡《集簿》看汉代的亩制、亩产与汉魏田租额. 中国经济史研究,1998(2).

杨际平. 再谈汉代的亩制、亩产——与吴慧先生商榷. 中国社会经济史研究,2000(2).

杨际平. 秦汉农业:精耕细作抑或粗放耕作. 历史研究,2001(4).

杨剑虹. 汉代居延的商品经济. 敦煌研究,1997(4).

姚崇新. 麹氏高昌王国官府授田制初探∥中国吐鲁番学学会秘书处. 中国吐鲁番学学会第一次学术研讨会论文集(内部资料). 乌鲁木齐,1991.

殷晴. 新疆古代畜牧业的发展. 西域研究,1993(4).

殷晴. 物种源流辨析——汉唐时期新疆园艺业的发展及有关问题. 西域研究,2008(1).

于绍杰. 中国植棉史考证. 中国农史,1993(2).

于振波. 从籴粟记录看汉代对西北边塞的经营——读《额济纳汉简》札记. 中国社会经济史研究,2006(4).

于志勇. 关于尼雅聚落遗址考古学研究的若干问题. 新疆文物,2000(1,2).

袁庭栋. 棉花是怎样在中国传播开的. 文史知识,1984(2).

袁延胜. 汉碑中所见汉代的农业. 农业考古,2009(1).

张波. 绿洲农业的起源. 中国历史地理论丛. 1992(3).

张德芳. 从悬泉汉简看两汉西域屯田及其意义. 敦煌研究,2001(3).

张俊民. "北胥鞬"应是"比胥鞬". 西域研究,2001(1).

张南.古代新疆的葡萄种植与酿造业的发展.新疆大学学报,1993(3).

张平.新疆砍土镘农具的产生及其发展.新疆文物,1989(1).

张平.再论龟兹的地方铸币.西域研究,1999(1).

张齐政.从古代农书看公元前一世纪西汉与罗马的农业生产水平.中国农史,1999(2).

张绪山.中国育蚕术西传拜占庭问题在研究//余太山,李锦绣.欧亚学刊:第8辑.北京:中华书局,2008.

张玉忠.新疆出土的古代农作物简介.农业考古,1983(1).

张芸,孔昭宸,阎顺,等.新疆地区的"中世纪温暖期"——古尔班通古特沙漠四厂湖古环境的再研究.第四纪研究,2004(6).

张运德.两汉时期西域屯垦的基本特征.西域研究,2007(3).

张泽咸.汉唐间河西走廊地区农牧生产述略(之一).中国史研究,1998(1).

张泽咸.汉唐间西域地区的农牧生产述略//荣新江.唐研究:第4卷,北京:北京大学出版社,1998.

章楷.我国古今施肥琐论.古今农业,1989(2).

赵丰.红花在古代中国的传播、栽培和应用.中国农史,1987(3).

赵丰.新疆地产绵线织锦研究.西域研究,2005(1).

赵华.吐鲁番东晋时期的墓室壁画.新疆文物,1992(2).

赵梦涵.西汉的养马业.中国社会经济史研究,1987(4).

赵文润.隋唐时期吐鲁番地区租佃制发达的原因.陕西师范大学学报,1987(1).

郑学檬.高昌实物田租探讨——《吐鲁番出土文书》读后札记//韩国磐.敦煌吐鲁番出土经济文书研究.厦门:厦门大学出版社,1986.

中国科学院塔克拉玛干沙漠综考队考古组.若羌县古代文化依存考察.新疆文物,1990(4).

中国社会科学院考古所新疆队,新疆巴音郭楞蒙古自治州文管所.新疆轮台群巴克古墓葬第一次发掘简报.考古,1987(11).

中国社会科学院考古所新疆队,新疆巴音郭楞蒙古自治州文管所.新疆轮台县群巴克墓葬第二、三次发掘简报.考古,1991(8).

钟盛.《吐鲁番出土文书》中所见的南北朝时期高昌地区的奴婢状况.内蒙古社会科学,2004(1).

钟巍,熊黑钢.塔里木盆地南缘4 ka B.P.以来气候环境演化与古城镇废弃事件关系研究.中国沙漠,1999(4).

钟巍,塔西甫拉提·特依甫,王立国,等.塔里木盆地南缘历史时期气候环境变化的过程与特征.中国沙漠,2004(3).

钟巍,熊黑钢,塔西甫拉提,等.南疆地区历史时期气候与环境演化.地理学报,2001(3).

周连宽.汉婼羌国考//中亚学刊:第1辑.北京:中华书局,1983.

周伟洲.两汉时期新疆的经济开发.中国边疆史地研究,2005(1).

周轩.北胥鞬新考.中国历史地理论丛.1995(3).

朱宏斌.两汉西域屯田及其在中西农业科技文化交流中的作用.中国农史,2003(2).

二 、中文译著

〔巴基斯坦〕A. H. 丹尼,〔俄〕A. M. 马松.中亚文明史:第1卷.芮传明,译.北京:中国对外翻译出版公司,2002.

〔匈牙利〕J. 哈尔马塔.中亚文明史:第2卷.徐文堪,芮传明,译.北京:中国对外翻译出版公司,2002.

〔俄〕B. A. 李特文斯基.中亚文明史:第3卷.马小鹤,译.北京:中国对外翻译出版公司,2003.

〔法〕伯希和.沙州都督府图经及蒲昌海之康居聚落.冯承钧,译//冯承钧,译.西域南海史地考证译丛:第2卷第7编.北京:中华书局,1962.

〔法〕L. 布尔努瓦.丝绸之路.耿昇,译.乌鲁木齐:新疆人民出版社,1982.

〔法〕莫尼克·玛雅尔.古代高昌王国物质文明史.耿昇译,北京:中华书局,1995.

〔法〕沙畹.宋云行纪笺注.冯承钧,译∥冯承钧,译.西域南海史地考证译丛:第2卷第6编.北京:中华书局,1962.

〔法〕沙畹.西突厥史料.冯承钧,译.北京:中华书局,2004.

〔法〕魏义天.《粟特商人史》.王睿,译.桂林:广西师范大学出版社,2012.

〔加拿大〕盛余韵.中国西北边疆六至七世纪的纺织生产:新品种及其创始人.雷闻,译∥敦煌吐鲁番研究:第4卷.北京:北京大学出版社,1999.

〔美〕爱德华·谢弗.唐代的外来文明.吴玉贵,译.西安:陕西师范大学出版社,2005.

〔美〕韩森.丝绸之路贸易对吐鲁番地方社会的影响:公元500—800年.王锦萍,译∥法国汉学丛书编辑委员会,编.粟特人在中国——历史、考古、语言的新探索.北京:中华书局,2005.

〔美〕韩森.从吐鲁番、撒马尔罕文书看丝绸之路上的贸易.王锦萍,译∥新疆吐鲁番学研究院,编.吐鲁番学研究:第三届吐鲁番学暨欧亚游牧民族的起源与迁徙国际学术研讨会论文集.上海:上海古籍出版社,2010.

〔美〕拉铁摩尔.中国的亚洲内陆边疆.唐晓峰,译.南京:江苏人民出版社,2008.

〔美〕劳费尔.中国伊朗编.林筠因,译.北京:商务印书馆,1964.

〔美〕邵瑞祺.尼雅新出的一件佉卢文书.黄盛璋,译.新疆社会科学,1986(3).

〔美〕邵瑞祺.中亚新出土的两件佉卢文书.杨富学,黄建华,译.新疆文物:译文专刊,1992.

〔美〕斯加夫.吐鲁番发现的萨珊银币和阿拉伯-萨珊银币.孙莉,译.敦煌吐鲁番研究:第4卷.北京:北京大学出版社,1999.

〔美〕许倬云.汉代农业.王勇,译.桂林:广西师范大学出版社,2005.

〔日〕白鸟库吉.康居粟特考.傅勤家,译.商务印书馆,1936.

〔日〕白鸟库吉.塞外史地论文译丛.王古鲁,译.商务印书馆,1940.

〔日〕长泽和俊.魏晋楼兰屯戍考.陈世良,译.新疆社科情报,1986 (5-6).

〔日〕长泽和俊.丝绸之路史研究.钟美珠,译.天津:天津古籍出版社,1990.

〔日〕池田温.中国古代籍帐研究.龚泽铣,译.北京:中华书局,2007.

〔日〕宫崎纯一.关于八世纪以前的中亚农业问题——以塔里木盆地地区为中心.白玉美,译//农业考古.1987(1).

〔日〕关尾史郎.论"作人".侯世新,译;柳洪亮,校.西域研究,1995 (1).

〔日〕吉田丰.有关和田出土8~9世纪于阗语世俗文书的札记 (二).荣新江,广中智之,译//西域文史:第3辑.北京:科学出版社,2008.

〔日〕吉田丰.有关和田出土8~9世纪于阗语世俗文书的札记 (一).广中智之,译;荣新江,校//敦煌吐鲁番研究:第11卷.上海:上海古籍出版社,2009.

〔日〕堀敏一.均田制的研究.韩国磐,林立金,李天送,译.福州:福建人民出版社,1984.

〔日〕堀敏一.六朝时期隶属民的诸形态.韩昇,译//刘俊文.日本学者研究中国史论著选译:第4卷.北京:中华书局,1992.

〔日〕利光有纪.蒙古的家畜寄养惯例.晓克,译//内蒙古近代史译丛.呼和浩特:内蒙古人民出版社,1988.

〔日〕米田贤次郎.秦汉帝国的军事组织.余太山,译//中国社会科学院历史研究所战国秦汉史研究室,编.简牍研究译丛:第2辑.北京:中国社会科学出版社,1987.

〔日〕松田寿男.古代天山历史地理学研究.陈俊谋,译.北京:中央民族学院出版社,1987.

〔日〕藤田丰八.西域研究.杨鍊,译.上海:商务印书馆,1935.

〔日〕藤田丰八,等.西北古地研究.杨鍊,译.上海:商务印书馆,1935.

〔日〕尾形勇.汉代屯田制的几个问题——以武帝、昭帝时期为中心.吕宗力,译∥中国社会科学院历史研究所战国秦汉史研究室,编.简牍研究译丛:第1辑.北京:中国社会科学出版社,1983.

〔日〕羽田亨.西域文明史概论(外一种).耿世民,译.北京:中华书局,2005.

〔日〕西嶋定生.碾硙寻踪——华北农业两年三作制的产生.韩昇,译∥刘俊文主编.日本学者研究中国史论著选译:第4卷.北京:中华书局,1992.

〔日〕伊藤敏雄.魏晋时期楼兰屯戍中的交易活动.羊毅勇,译.新疆文物,1999(2).

〔苏〕杰夏托夫斯卡娅.论楼兰王国的人身依附关系.秦卫星,译.新疆文物:译文专刊,1992.

〔英〕奥雷尔·斯坦因.西域考古图记.中国社会科学院考古研究所,主持翻译.桂林:广西师范大学出版社,1998.

〔英〕奥雷尔·斯坦因.亚洲腹地考古图记.巫新华,秦立彦,龚国强,等,译.桂林:广西师范大学出版社,2004.

〔英〕奥雷尔·斯坦因.沿着古代中亚的道路.巫新华,译.桂林:广西师范大学出版社,2008.

〔英〕奥雷尔·斯坦因.古代和田.巫新华,等,译.山东人民出版社,2009.

〔英〕贝罗.新疆出土佉卢文残卷译文集.王广智,译.油印本.

〔英〕辛姆斯·威廉姆斯.粟特文古信札新刊本的进展.Emma Wu,译.法国汉学丛书编辑委员会,编.粟特人在中国——历史、考古、语言的新探索.北京:中华书局,2005.

三、日文论著及译著

A.ヘルマン.楼蘭:流砂に埋もれた王都.松田寿男,訳.東京:平凡社,1963.

白鳥庫吉.西域史研究.東京:岩波書店,1971.

長澤和俊.東西文化の交流.東京:白水社,1979.

長澤和俊.楼蘭王国史の研究.東京:雄山閣出版株式会社,1996.

長澤和俊.古代西域南道考//護雅夫,編.内陸アジア・西アジアの社会と文化.東京:山川出版社,1983.

池田温.《西域文化研究》第二《敦煌吐魯番社会経済資料(上)》批評と紹介.史学雑誌:69編第8号,1960.

池田温.中国古代の租佃契(上,中,下).東洋文化研究所紀要:第60,65,117冊.1973,1975,1992.

池田温.中國古代買田・買園券の一考察——大谷文書三點の紹介を中心として//西嶋定生博士還暦記念:東アジア史における国家と農民.東京:山川出版社,1984.

嶋崎昌.隋唐時代の東トゥルキスタン研究——高昌國史研究を中心として.東京:東京大學出版會,1977.

關尾史郎.《田畝作人文書》小考——トゥルファン出土高昌国身份制関係文書研究序説.新潟史学:第26、27号,1991.

關尾史郎.高昌《田畝(得・出)銀錢帳》について(上,中,下).吐魯番出土文物研究会会報:第64-66号,1991.

關尾史郎.高昌田租試論——二系列の田租を論じて土地制度に及ぶ.吐魯番出土文物研究会会報:第71号,1991.

關尾史郎.《田畝作人文書》の周辺——アスターナー五四号墓出土作人関係文書の分析.東アジア——歴史と文化:創刊号,1992.

關尾史郎.《高昌延壽元年(624)六月勾遠行馬價錢敕符》をめぐる諸問題:上.東洋史苑:第42、43合併号,1994.

關尾史郎. 高昌国時代の〈馬帳〉について——《吐魯番出土文書》札記(一一):上,中,下. 吐魯番出土文物研究会会報:第 91,92,93 号,1993.

關尾史郎. トゥルファン出土高昌国税制関係文書の基礎的研究(一~九). 人文科学研究:第 84~99 輯,1988–1999.

關尾史郎. サンクトペテルブルグ蔵、Дх 02683v + Дх 11074v 初探——トゥルファン盆地の水利に関する一史料. 中国水利史研究:第 30 号,2002.

關尾史郎. 翟彊をめぐる断章(上,中,下):《吐魯番出土文書》劄記(12). 資料学研究:巻 1,2,3,2004、2005、2006.

關尾史郎. トゥルファン新出《前秦建元廿(384)年三月高昌郡高寧縣都郷安邑里戸籍》試論. 人文科学研究:第 123 輯,2008.

荒川正晴. 麴氏高昌国における郡県制の性格をめぐって:主としてトゥルファン出土資料による. 史学雑誌. 第 95 編第 3 号,1986.

荒川正晴. 麴氏高昌国の遠行車牛について(1、2). 吐魯番出土文物研究会会報:第 16、17 号,1989.

荒川正晴. トゥルファン出土《麴氏高昌国時代ソグド文女奴隷売買文書》の理解をめぐって. 内陸アジア言語の研究:第 5 号,1990.

荒川正晴. オアシス国家とキャラヴァン交易. 東京:山川出版社,2003.

荒川正晴. 遊牧国家とオアシス国家共生関係. 東洋史研究:第 67 巻第 2 号,2008.

荒川正晴. 麴氏高昌国の灌漑水利と税役. 西北出土文献研究:第 7 号,2009.

荒川正晴. ユーラシアの交通・交易と唐帝国. 名古屋:名古屋大学出版会,2010.

吉田豊,森安孝夫,新疆ウイグル自治区博物館. 麴氏高昌国時代ソグド文女奴隷売買文書. 内陸アジア言語の研究:第 4 号,1989.

榎一雄. シルクロードの歴史から. 東京:研文出版,1979.

間野英二,堀川徹.中央アジアの歴史、社会、文化.東京:放送大学教育振興会,2004.

蓮池利隆.西域南道と西域北道のカローシュティー文字資料の比較 // 森安孝夫.中央アジア出土文物論叢.京都:朋友書店,2004.

米田賢次郎.オァシス農業と土地問題.鷹陵史学:第 11 号,1986.

山本光朗."寄田仰穀"考.史林:第 67 巻第 6 号,1984.

山本光朗.パルヴァタ考.東洋史研究:第 46 巻第 4 号,1988.

山本光朗.カロシュテー文書 No. 580 について.北海道教育大学紀要(第 1 部 A):第 48 巻第 1 号,1997.

山本光朗.カロシュテー文書 No. 435 について.北海道教育大学紀要(人文科学・社会科学編):第 49 巻第 1 号,1998.

山本光朗.カロシュテー文書 No. 582 について.北海道教育大学紀要(人文科学・社会科学編):第 50 巻第 1 号,1999.

山本光朗.カロシュテー文書 No. 714 について.北海道教育大学紀要:第 52 巻第 2 号,2002.

山本光朗.鄯善(楼蘭)国の税ハルガについて.北海道教育大学紀要(人文科学・社会科学編):第 54 巻第 1 号,2003.

寺本婉雅.于闐国史.京都:丁子屋書店,1921.

松田寿男.伊吾屯田考 // 和田博士古稀記念:東洋史論叢.東京:講談社,1961.

松田寿男.ィラン南道論 // 松田寿男博士古稀記念出版委員会.東西文化交流史.東京:雄山閣,1975.

松田寿男.砂漠の文化——中央アジアと東西交渉.東京:岩波書店,1994.

町田隆吉.五世紀吐魯番盆地における灌漑をめぐつて——吐魯番出土文書の初歩的考察 // 佐藤博士退官記念:中国水利史論叢.東京:国書刊行会,1984.

町田隆吉.六~八世紀トゥルファン盆地の穀物生産——トゥルファン出土文書からみた農業生産の一側面 // 堀敏一先生古稀記念:

中国古代の国家と民衆.東京:汲古書院,1995.

町田隆吉.麹氏高昌国時代における僧侶の経済活動∥野口鉄郎先生古稀記念論集刊行委員会,編.中華世界の歴史的展開.東京:汲古書院,2002.

土肥義和.敦煌・吐魯番出土漢文文書の新研究.東京:東洋文庫,2009.

西北出土文献を読む会.トゥルファン出土漢語文書校訂稿(Ⅳ).http://www. human. niigata - u. ac. jp/ ~ ssekio/prof/research/seihoku - 04. pdf.

西北出土文献を読む会.トゥルファン出土漢語文書校訂稿(Ⅴ).http://www. human. niigata - u. ac. jp/ ~ ssekio/prof/research/seihoku - 05. pdf.

小田義久.大谷文書集成(1~3巻).京都:法藏館,1984 - 2003.

伊瀬仙太郎.中国西域経営史研究.東京:巌南堂書店,1968.

伊藤敏雄.魏晋楼蘭屯戍の基礎的整理(一)∥東洋史論:第五号.1983.

伊藤敏雄.魏晋楼蘭屯戍の基礎的整理(二)∥東洋史論:第六号.1988.

伊藤敏雄.魏晋楼蘭屯戍における水利開発と農業活動——魏晋楼蘭屯戍の基礎的整理(三).歴史研究:第28巻,1991.

伊藤敏雄.魏晋楼蘭屯戍の諸活動——魏晋楼蘭屯戍の基礎的整理(四)∥東洋史論:第八号,1992.

伊藤敏雄.楼蘭(鄯善)国都考.西北出土文献研究:第6号,2008.

中日共同尼雅遺迹学术考察队,日中共同ニヤ遺跡學術考察隊.中日・日中共同尼雅遺跡学術調査報告書(第1巻).京都:株式会社法藏館,1996.

四、西文文献

A F P Hulsewé, M A N Loewe. China in Central Asia:the early

stage: 125 B C – A D 23. Leiden: E J Brill, 1979.

A M Boyer, E J Rapson, E Senart, and P S Noble. Kharoṣṭhī Inscriptions: Discovered by Sir Aurel Stein in Chinese Turkestan. Parts I – III. Clarendon Press, 1920 – 1929.

Arnaud Bertrand, "The Hydraulic Systems in Turfan (Xinjiang)". The Silk Road, 8, 2010.

Ch Atwood. "Life in Third – fourth Century Cadh'ota: A Survey of information gathered from the Prakrit documents found north of Minfeng (Niyä)". Central Asiatic Journal, Vol. 35, No. 3 – 4, 1991.

É de La Vaissière. Sogdian traders : a history, translated by James Ward. Leiden · Boston: Brill, 2005.

Éric Trombert. "Des fleurs rouges en galettes, Une plante tinctoriale dans la chine ancienne: le carthame". Journal Asiatique, tome285, no. 2, 1997.

Éric Trombert. "The Karez Concept in Ancient Chinese Sources: Myth or Reality?". T'oung Pao, 94, 2008.

Éric Trombert. "Notes pour une Évaluation Nouvella de la Colonization des Contrées d'Occident au Temps des Han". Journal Asiatique, tome 299, no. 1, 2011.

Dorian Q Fuller, Ling Qin, Yunfei Zheng, et al. "The Domestication Process and Domestication Rate in Rice: Spikelet Bases from the Lower Yangtze". Science, Vol. 323 (2009). from http: // news. sina. com. cn/o/ 2009 – 03 – 23/175315353606s. shtml.

Enoki Kazuo. "The Location of the capital of Lou – lan and the date of the Kharoṣṭhī Documents". Memoirs of the Research Department of the Toyo Bunko, Vol. 22, 1963.

F Grenet, N Sims – Williams & E de la Vaissière. "The Sogdian Ancient Letter V" Bulletin of the Asia Institute, (new series), Vol. 12, 1998.

F W Thomas. "Some Notes on the Kharoṣṭhī Documents from Chinese Turkestan". Acta Orientalia, Vol. XII, 1934.

F W Thomas. "The Early Population of Lou – lan – Shan – shan". The Journal of the Greater India Society, Vol. XI, 1944.

F W Thomas. "Some Notes on Central – Asian Kharoṣṭhī Documents", Bulletin of the School of Oriental and African Studies, Vol. XI, 1945,

H W Bailey. Khotanese Texts, Vol. IV, Cambridge, 1961.

F W Thomas. Dictionary of Khotan Saka, Cambridge, 1979.

Helen Wang. Money on the Silk Road: The evidence from Eastern Central Asia to C. AD800, The British Museum Press, 2004.

J Brough. "Comments on Third – Century Shan – Shan and the History of Buddhism". Bulletin of the School of Oriental and African Studies, Vol. 28, No. 3. 1965.

Jonathan Karam Skaff. "The Sogdian Trade Diaspora in East Turkestan during the Seventh and Eighth Centuries". Journal of the Economic and Social History of the Orient, Vol. 46, No. 4, 2003.

Lin Meicun. "A Formal Kharoṣṭhī Inscription from Subashi" // 敦煌研究院. 段文杰敦煌研究五十年纪念文集. 北京:世界图书出版公司,1996.

Lin Meicun. "Two Tokharo – Gāndhārī Bilingual Documents from Kizil in the Le Coq Collection" // 荣新江,李孝聪. 中外关系史:新史料与新问题. 北京:科学出版社,2004.

L Wawrzyn Golab. "A Study of Irrigation in East Turkestan". Anthropos, Bd. 46, H. 1./2., 1951.

M A Stein. Ancient Khotan: Detailed Report of Archaeological Explorations in Chinese Turkestan. Vol. I – II, Oxford: the Clarendon Press, 1907.

M A Stein. Serindia: Detailed Report of Exploration in Central Asia and Westernmost China, Vol. I. Oxford: the Clarendon Press, 1921.

M A Stein. "Note on a Map of the Turfan Basin". The Geographical Journal, Vol. 82, No. 3, 1933.

N Sims – Williams. "The Sogdian Fragments of the British Library". Indo – Iranian journal, Vol. 18, 1976.

P O Skjærvø. Khotanese manuscripts from Chinese Turkestan in the British Library: A complete catalogue with texts and translations. the British Library, 2002.

P O Skjærvø. "kings of khotan in the eighth century". P Bernard & F Grenet, eds. Histoire et cultes de l'Asie centrale préislamique, sources écrites et documents archéologiques: Actes du colloque international du CNRS(Paris, 22 – 28 novembre 1988), Paris, 1991.

R Ch Agrawala. "Position of Slaves and Serfs as depicted in the Kharoṣṭhi documents from Chinese Turkestan". Indian historical quarterly, Vol. 29, No. 2, 1953.

R Ch Agrawala. "Form of Taxation as depicted in the Kharoṣṭhi documents from Chinese Turkestan". Indian historical quarterly, Vol. 29, No. 4, 1953.

R De Crespigny. "Some Notes on the Western Regions in Later Han". Journal of Asian History, Vol. 40, No. 1, 2006.

T Burrow. "Further Kharoṣṭhi Documents from Niya". Bulletin of the School of Oriental Studies, Vol. 9, No. 1, 1937.

T Burrow. The Language of the Kharoṣṭhi Documents from Chinese Turkestan. the Cambirdge University Press, 1937.

T Burrow. A Translation of the Kharoṣṭhi Documents from Chinese Turkestan, The Royal Asiatic Society, London, 1940.

Yoshida Yutaka. "On the Taxation System of Pre – Islamic Khotan". Acta Asiatica, Vol. 94, 2008.

Chao Huashan, Simone Gaulier, Monique Maillard, Georges – Jean

Pinault. Sites divers de la région de Koutcha: épigraphie koutchéenne, Collège de France, 1987.

Georges - Jean Pinault. "Aspects du bouddhisme pratiqué au nord du désert du Takla - makan, d'après les documents tokhariens". Fukui Fumimasa et Gérard Fussman éd. , Bouddhisme et cultures locales. Paris: École française d'Extrême - Orient,1994.

田
作
畜
牧
︱
︱
公
元
前
2
世
纪
至
公
元
7
世
纪
前
期
西
域
绿
洲
农
业
研
究

索　引

·欧·亚·历·史·文·化·文库·

·欧·亚·历·史·文·化·文·库·

P

皮山　23,40,41,66,72

蒲昌海　18,21,261

蒲犂　45,67,69

蒲陶(葡桃、浮桃)　43,100,102,108,178,207,230

Q

漆树　173-175,234

羌　14,15,19,22,23,25,40,53,58,69,76,87,220,260

且末　14,15,17,21,22,35,40-47,49,61,66,69,74,75,126,128,138,139,142,166,168,170,218-220,248

且末河　22,35,40,44,105

清山神　211,213

龟兹　4,20,36,40-42,45,49,53,54,68,72,74-76,81,87,104,105,108,126,161,163,168-175,215-217,219-222,230-235,237-239,254,260

龟兹川　19,20

渠勒　40,41,72,218

渠犂(渠犁)　7,20,21,40-42,49,51-53,55-59,64,68,69,251

R

戎卢　40-42,63,72,74,218

柔然(蠕蠕)　72,76,166-168,171,239

婼羌　42,61,69,253,261

若羌-罗布泊　70,78,218,234,237,238

S

塞种　42,69,247

桑蚕　8,78,80-82,163,195,221,232

桑树　8,78-80,96,100,102,153,164,194,235,238

莎车　19,40-42,45-47,49,55,56,67-69,72,74,76,78,118,215,216,237

莎阇　116,117,128,146,147,150

山国(墨山国)　21,40,41,45,61,67,69,72,108

鄯善　3,5,6,16,19,21,22,30-32,40-46,54,57,59,61,66-69,71-76,79-81,85,95,103-105,108-115,117-119,124-128,131-135,140,141,145-151,156,157,160-164,

277

后 记

　　本书在我的博士论文基础上修改而成。我在搜集资料和写作过程中有幸得到诸多师长、朋友的帮助,在此谨致以深深的谢意。

　　首先衷心感谢余太山先生和博士导师李锦绣先生,是两位先生将我引入西域史的研究领域,鼓励指引我前行。承蒙两位先生不弃,耳提面命,在学业上给予我悉心指导,生活上亦对我关爱有加。但工作之后,自觉学业上无所长进,心中满是愧疚。

　　其次要感谢中国人民大学的王炳华先生。王先生不仅就研究西域绿洲的方法提出建议,给我很大启发,还慷慨地向我提供了许多难以搜寻的资料。感谢中国社会科学院历史研究所陈高华、吴玉贵、马怡和上海社会科学院的芮传明等诸位先生,北京大学的林梅村教授、唐晓峰教授、清华大学张绪山教授、华盛顿大学邵瑞祺(Richard Salomon)教授、德国柏林科学院吐鲁番学研究中心 Desmond Durkin – Meister-ernst 教授、慕尼黑大学 Stefan Baums 博士、新疆社会科学院艾力·吾甫尔先生、西南大学的张彦老师,以及刘清华学长,他们曾在本书的内容修改、资料收集方面提供宝贵意见和帮助,或为我排难解疑。硕士导师杨军教授和大学老师吴凤霞教授也一直关心我的学业,时常给予我鞭策与鼓励。在此,一并致谢。

　　我还要特别感谢中国社会科学院中外关系史研究室的青格力、李花子、乌云高娃、贾衣肯、聂静洁、李伟丽、孙昊、李鸣飞等师长和朋友,他们一直给予我无私的关怀和帮助。

　　一路走来,始终有家人和挚友相伴。他们的关心、支持与鼓励,给予我前进的力量,让我感受到生活中充满无尽的幸福。

　　自知学识浅陋、功底薄弱,书中存在诸多疏漏甚至错误之处,付梓之际,不免惶恐,但求方家批评指正。